프랑스 언어학의 이해

프랑스 언어학의 이해

Comprendre la linguistique française

김이정·전재연·최내경 지음

Platon Aristote Ferdinand de
Saussure Luis Jorge Prieto
Charles Sanders Peirce Nikolai
Trubetzkoy André Martinet Roman Jakobson
Lucien Tesnière Leonard Bloomfield Charles
Fries Charles Francis Hockett Bernard Bloch
Zellig Harris Maurice Gross Noam Chomsky Jean-Paul Boons Alain Guillet Charles
Leclère Gaston Gross Jacqueline Giry-Schneider Lélia Picabia Michel Bréal Jerrold
Katz Jerry Alan Fodor George Lakoff James David McCawley Ray Jackendoff Bernard
Pottier Oswaldo Ducrot Raymond Queneau Catherine Fuchs Herman Parret Otto
Jerspersen Paul Imbs Reichenbach Robert Martin Gustave Guillaume Joseph Vendryes
Maurice Grevisse Zeno Vendler Jean-Pierre Desclés Antoine Culioli Kenny Alexander
P.D. Mourelatos Ludwig Wittgenstein John Langshaw Austin Charles William Morris
Paul Grice Dan Sperber Deirdre Wilson Paul Broca Carl Wernicke Burrhus Frederic
Skinner Jean Piaget Lev Vygotsky William Labov Peter Trudgill Uriel Weinrich Joshua
Fishman Deborah Cameron Jennifer Coates Edward Sapir Benjamin Lee Whorf Brent
Berlin Paul Kay Joachim du Bellay François de Malherbe Jules Ferry abbé Grégoire

봄짝

언어 연구는 인간에 대한 연구이다

인간을 가장 인간답게 하는 요소들 가운데서 언어만한 것이 있을까. 언어는 음식이나 공기와 같이 인류의 생존과 진화에 중대한 역할을 수행한다. 언어 연구는 고대 인도와 그리스에서부터 시작되어, 20세기에 혁명적인 인식의 전환을 가져왔으며 오늘날에는 다른 학문들과 융합 지식의 추구에 한 몫을 담당하고 있다.

이 책은 2013년 2월 출간된 『프랑스어학 개론』이 첫걸음이다. 공저자들의 은사이며 학계 원로이신 정계섭 교수님의 의지로 시작된 이 언어학 입문서는 '언어의 연구는 인간에 대한 연구'라는 믿음을 바탕으로 하였고, 출간 이후 7년간 저자들의 언어학 수업과 연구의 근간이 되었다. 반면, 당시 지면과 시간에 쫓겨 책을 완성하는 데 좀 더 세심한 노력을 기울이지 못한 점이 아쉬움으로 남았다. 또한 이후 언어학 개론 강의를 거듭하면서 내용이 좀 더 쉽고 간결했으면 하는 바람이 생겼다. 아울러 연습문제를 수정·보완해야겠다는 필요성을 느꼈다. 그래서 새로운 입문서 출간 계획을 세웠고, 마침내 제법 긴 시간을 투자해 『프랑스 어학 개론』의 기본 틀을 유지하면서 구성과 내용을 수정하고 보완하기에 이르렀다.

대학의 프랑스어·문학에 기초한 학과들이 교육 과정에 프랑스 언어학 기초를 대부분 포함하고 있는데 〈프랑스 어학 개론〉, 〈언어학 개론〉, 〈프랑스 언어학〉, 〈프랑스 언어학의 이해〉 혹은 〈프랑스 어학의 이해〉 등 다양한 이름으로 개설되어 있다. 하지만 이 다양한 교과목이 추구하는 바는 결국 프랑스어라는 하나의 자연 언어가 작동하는 방식을 탐구하는 것이다.

『프랑스 언어학의 이해』는 이전 공저인 『프랑스어학 개론』과 동일한 목표를 지향한다. 언어학을 처음으로 접하는 학생들을 대상으로 프랑스 언어학을 구성하는 여러 분야들을 기본 개념과 관련 언어학자들을 위주로 소개했다. 특히 핵심 사항을 정확하고 통일된 용어로 안내하는 데 중점을 두었다.

이 책은 크게 총 4부로 이루어져 있다. 언어의 일반 사항을 다루는 제1부(제1장)를 시작으로 제2부(제2~5장)에서는 프랑스어의 소리와 어휘, 제3부(제6~9장)에서는 프랑스어의 통사와 의미, 제4부(제10~11장)에서는 다른 학문 분야와 연계된 언어학을 소개한다. 제1장은 언어를 기호들로 이루어진 체계로 보는 구조주의 언어학의 기본 개념들을 상세히 다루고 있다. 스위스의 언어학자 소쉬르Ferdinand de Saussure가 창시한 구조주의 언어학으로부터 탄생한 언어학 용어들과 소쉬르의 뒤를 이은 야콥슨Roman Jakobson이 제시한 의사소통의 기능을 소개한다. 제2장과 제3장은 프랑스어를 구성하는 소리의 종류와 특성 그리고 소리의 체계에 관한 이론을 음성학과 음운론으로 나누어 다룬다. 프랑스어 형태론에 관해 제4장에서는 단어를 구성하는 최소의 의미 단위인 형태소 개념을 기본으로 파생, 굴절, 합성 같은 단어의 형성 원리를 설명한다. 제5장에서는 현대 언어학에서 어휘 문제와 처리 방식이 중요하게 부각된다는 점을 감안하여 어휘론을 독립적으로 소개한다. 제6장 통사론에서는 프랑스어의 문장 구조를 전통 문법의 관점부터 어휘문법과 변형생성문법에 이르는 현대 언어학적 관점까지 살펴본다. 프랑스어 의미에 관한 문제는 제7장 의미론과 제8장 화용론에서 소개한다. 의미론 단원에서는 단어와 문장 차원에서 의미의 문제를 검토하고, 화용론에서는 문장 차원을 넘어서 발화 상황과 발화자의 의도를 고려하는 의미의 문제를 중요하게 다루고 있다. 언어학이 확장된 여러 응용 언어학 분야에서 이 책은 신경언어학과 사회언어학 두 분야를 선정하였다. 전자는 언어를 인간의 내부인 뇌를 통해 설명하고 후자는 인간의 외부인 사회를 통해 설명하기 때문이다. 제10장 신경언어학에서는 인간 언어 발생의 기원이자 언어 사용과 가장 직접적으로 연관되는 뇌의 구조와 기능을 다룬다. 또한 인간 언어의 사용과 뇌의 관계를 언어 습득의 측면에서 살펴본다. 제11장에 소개된 사회언어학은 언어 사용의 사회적 측면을 연구하는 학문 분야이다. 사회학에서 활발히 연구하는 분야이지만 이 책에서는 언어를 사회 현상의 일부로 접근하고 프랑스 언어 정책의 변천 과정 및 현재 프랑스의 언어 정책을 소개한다.

개정판 격인 이 책이 출간되기까지 꽤 오랜 시간과 용기가 필요했다. 저자들은 책의 완성도를 높이기 위해 정확하고 통일된 용어 사용과 내용 설명, 그리고 서지 정보에 공동의 노력을 기울였다. 그럼에도 여전히 오류와 부족한 점이 많으리라 생각한다. 그 점에 대해서 미리 독자의 넓은 이해와 아량을 구한다. 더불어 따뜻한 꾸짖음과 가르침, 격려를 기다린다.

프랑스 언어학 개론 교과목에서 사용할 수 있는 한국어 교재가 많지 않은 상황이다. 그런 점에서 이 책은 대학의 한 학기 강의 15주 또는 16주에 맞추어 유연하게 활용할 수 있도록 11개의 장으로 구성했다. 적절한 교재를 선정하는 일은 늘 어렵지만 이 책이 많은 교수자, 학자, 학생들에게 좋은 참고가 되길 기대한다.

끝으로 '언어학'이 인간의 이해에 반드시 필요한 연구이며, 학문의 여정이 즐겁지만 결코 가볍지 않음을 일깨워 주신 은사 정계섭 교수님과 장승일 교수님께 이 자리를 빌려 깊은 감사의 인사를 올린다. 또한 이 책이 출간되기까지 도움을 준 봄싹 출판사 이민호 대표, 꼼꼼하게 편집해 준 신미연 선생님에게도 진심으로 감사드린다.

2020년 8월

김이정·전재연·최내경

제1부

언어 일반

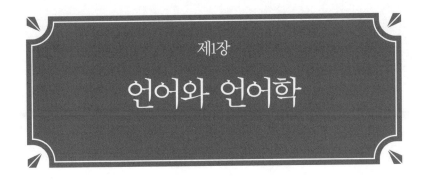

제1장

언어와 언어학

1. 언어란 무엇인가? 언어학은 무엇인가?

첫 장은 가장 근원적인 질문, 즉 언어란 무엇인가라는 질문으로 시작해 보자. 언어는 인간이 지닌 능력이다. 또한, 인간이 최소 비용으로 언어 외적 세계에 대해 말할 수 있는 가능성을 제공해 주는 도구이다. 언어 없는 일상은 상상할 수 없다. 언어는 모든 사회 제도와 규약의 수행 기제이기 때문이다. 아니 생활 그 자체이다. 또한 언어는 모든 학습의 전제 조건이다. 동시에 한 세대가 축적한 지식을 다음 세대로 전수하기 위한 전제 조건이기도 하다.

언어는 소리와 의미가 결합된 체계로 다양한 측면에서 접근할 수 있다. 언어를 다양한 측면에서 연구하는 학문이 바로 언어학이다.

그렇다면 언어학이란 무엇인가? 언어에 관련된 연구는 무엇이든 언어학의 영역에 포함된다. 언어학의 연구 대상은 구체적으로 어떤 것일까? 언어 연구는 고대 플라톤Platon과 아리스토텔레스Aristote 시대로 거슬러 올라가지만 과학의 한 분야로서 언어학 연구가 본격적으로 시작된 것은 19세기에 들어서이다. 현대에 이르러서는 외국어 교육, 인간 혹은 기계 번역 등과 같은 응용 언어학으로도 연구가 확장되고 있다. 언어의 기원을 다루는 언어 유형학, 언어 발생론, 언어 친족론, 어린이가 모국어를 습득하는 과정과 그 과정에서 개입되는 여러 가지 상황을 연구하는 분야들도 있다. 이 모든 분야들은 논리학, 심리학, 철학, 사회학, 생리학, 일반 자연 과학 등 인접 학문들과 학제적 협력으로 더욱 발전하고 있다. 이처럼 언어학은 언어의 여러 측면을 다루는 학문이다.

2. 프랑스 언어학의 기본 개념

근대 프랑스 언어학은 스위스의 언어학자 소쉬르Ferdinand de Saussure (1857~1913)[1]에서 비롯되었다. 그는 언어를 기호로 이루어진 하나의 체계système, 즉 구조structure로 보았다. 그렇게 하여 구조주의 언어학이 등장한 것이다. 언어학의 여러 분야들을 살펴보기 전에 구조주의 언어학

---

1) 스위스의 언어학자. 근대 구조주의 언어학의 창시자. 1906년부터 1910년까지 그가 스위스 제네바 대학교에서 강의한 내용을 제자들이 1916년 『일반 언어학 강의Cours de linguistique générale』로 출간하였다.

에서 다루어지는 기본 개념들에 대해 먼저 살펴보도록 하자.

2.1 기호^{signe}

일반적인 의미에서 기호는 그것이 무엇을 대신할 때 사용되는 것이다. 기호에는 언어적 기호^{signe linguistique}와 비언어적 기호가 있다. 예를 들어, 십자가는 교회를 표시하고, 시각 장애인용 지팡이는 소지자가 앞을 보지 못함을 나타낸다. 언어 역시 기호에 속한다.

기호를 연구하는 학문인 기호학^{sémiologie}에서는 학자에 따라 기호 및 그와 관련된 개념을 다음과 같이 구분한다.

2.1.1. 프리에토의 기호론

20세기의 대표적인 언어학자이자 기호학자 프리에토^{Luis Jorge Prieto}(1926~1996)는 구조주의 원리를 언어학 연구에 적용하였다. 그는 의사소통의 의도 여부를 기준으로 지표^{indice}와 신호^{signal}를 다음과 같이 구분한다.[2]

① **지표**^{indice}: "지표는 새로운 사실을 예측할 수 있게 해 주는 즉각적으로 지각되는 사실이다." 예를 들어 불이 났음을 예측하게 하는 연기, 비가 곧 쏟아질 것임을 알 수 있게 해 주는 먹구름이 잔뜩 낀 하늘 등

---

2) L. Prieto(1968), p.42 참조.

은 지표이다. 지표는 자연 현상처럼 의사소통의 의도가 없다.

② **신호**signal: "신호는 지표로 쓰이도록 인위적으로 만들어진 어떤 사실이다." 어떤 것이 신호가 되기 위해서는 다음의 두 가지 조건이 충족되어야 한다. 무엇인가를 전달하려는 의도로 만들어져야 하고 이 의도는 쉽게 알아차릴 수 있어야 한다.[3] 신호는 상징symbole과 기호signe로 나뉜다. 상징은 유추analogie해서 어떤 대상이나 개념을 표상하는 것을 말한다. 따라서 가리키는 대상과의 유사성이 특징이다. 예를 들어 도로 교통 표지판의 커브 모양은 커브 길을 연상시킨다. 상징은 주어진 문화권 내에서만 통용되는 경우가 많고 같은 상징이라 하더라도 문화권에 따라 다를 수 있으므로 학습할 필요가 있다. 반면, 기호는 의사소통의 의도를 갖고 어떤 대상을 가리키는 언어적 혹은 비언어적 체계이며 가리키는 대상과의 유사성이 없는 약속 체계이다. 가령, 수심이 깊은 물가에 붉은색 깃발이 꽂혀 있다면 그것은 '수영이 금지된 곳'임을 나타내는 비언어적 기호이다. 프랑스어로는 사람을 homme/ɔm/라고 하는데 이것은 언어 공동체의 약속인 언어 기호이다. 따라서 프리에토의 기호signe는 반드시 언어적이지는 않다. 다시 말해, 그는 기호의 개념을 의사소통 행위 전체로 확장하고 있다.

2.1.2 퍼스의 기호 이론

퍼스Charles Sanders Peirce(1839~1914)는 미국의 철학자이자 기호학의 창

---

3) C. Germain & R. LeBlanc(1982), vol.6: *La sémiologie de la communication*, p.29 참조.

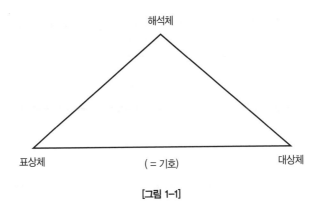

[그림 1-1]

시자이다. 퍼스는 사고와 기호를 동일시하여 '언어가 곧 사고'라고 주장한다. 그는 기호가 사고의 표현이라는 전통적인 언어관을 뒤집고 우리가 기호 안에 있다는 가설을 내세운다. 퍼스는 기호를 [그림 1-1]과 같이 3원적인 존재로 규정한다. 이것이 퍼스의 3항 구조 모델이다.

예를 들어 욕실 수도꼭지에 표시된 붉은 글씨의 'H'자는 하나의 기호이다. 이 기호는 수도꼭지에서 더운 물이 나올 것이라는 정신적 인식(해석체)과 더운 물이라는 대상체를 연결시킨다.

소쉬르가 기호에 의한 의미 작용을 대상(지시체)과 무관하게 이루어진다고 보았던 반면, 퍼스는 기호가 여전히 지시 대상과 일정 관계를 유지하고 있다고 믿었다. 소쉬르의 기호 이론이 발신자 중심이라면 퍼스의 이론은 의미 해석에 비중을 두고 있으므로 수신자 중심이라고 할 수 있다.

기호는 대상체를 대표하는 역할을 하고 해석체를 연상시킨다. 다시 말해, 어떤 대상을 대표하고 해석체를 앞세운다. 이 두 기능이 곧 기호의 기능인 것이다. 예를 들어 '별'이라는 말을 들으면 별을 볼 수 없는 한낮에도 그것의 의미와 추상적인 대상을 떠올릴 수 있다. 퍼스는 지시 대상과의 관계를 기준으로 기호를 도상, 지표, 상징으로 분류한다.

① **도상**icone: 도상은 실제 지시 대상과 닮은 기호를 말한다. 아파트 설계 도면은 아파트 자체는 아니지만 아파트의 구조를 나타낸다. 컴퓨터 화면에 있는 프린터 형상의 아이콘은 프린터는 아니지만 인쇄 명령을 실행시키는 데 사용된다.

② **지표**indice: 도상 기호가 대상과의 유사성을 근거로 하고 있는 반면, 지표 기호는 지시 대상과의 관계가 공간, 시간적인 인접성 혹은 인과성을 바탕으로 이루어진 기호이다. 하늘에 있는 먹구름은 곧 비가 올 것임을 예측할 수 있게 해 주는 지표이며 산에서 피어오르는 연기는 불이 났음을 알려 주는 지표이다. 먹구름과 연기 같은 물리적 현상은 자연 지표에 속한다. 온도계는 대표적인 인공 지표로서 온도가 올라가면 눈금이 올라가는 인과 관계에 근거하고 있다.

③ **상징**symbole: 상징은 표상체와 대상체 사이에 연관성이나 유사성이 없이 자의적으로 만들어진 기호이다. 따라서 상징은 그것이 속한 문화권에서만 이해되는 것이므로 그것을 이해하기 위해서는 학습을 해야 한다는 특성이 있다. 태극기는 대한민국을 상징하는 기호이고 신호등은 빨간불에서 정지, 노란불에서 주의, 초록불에서 진행을 의미하는 상징 기호이다. 이것은 일종의 약속이며 협약이다. 이러한 관습성 혹은 협약성이 상징 기호의 특징이고 언어 기호가 대표적인 예이다.

2.1.3. 소쉬르의 기호 이론

소쉬르는 기호를 '자의적 관계로 이루어진 기표와 기의의 결합체'로 정의한다. 소쉬르의 이론에 따르면 언어 기호는 비언어적 기호에는 없는 다음과 같은 고유의 특징들을 지닌다.

① **기호의 양면성**: 소쉬르의 기호 이론에서 언어 기호는 음성적 형식 forme sonore이며 청각적 영상image acoustique인 기표signifiant(Sa, 시니피앙)와 의미적 내용contenu sémantique 혹은 개념concept인 기의signifié(Sé, 시니피에)로 나뉜다. 소쉬르 이론에서 기표와 기의의 관계는 퍼스 이론에서 표상체와 해석체 사이의 관계와 비슷하다고 볼 수 있다.

② **자의성과 필연성**: 기표와 기의 사이의 관계는 자의적arbitraire이면서 동시에 필연적nécessaire이다. 어떤 생각을 표현하기 위해 기표를 선택하는 것은 자유롭게 이루어지기 때문에 자의적이지만 주어진 언어를 사용하는 집단 내에서 약속을 전제로 하기 때문에 필연적이다. 즉, 언어 기호는 약속의 체계이며 이것은 언어 집단에 의해서 반드시 지켜져야 한다.

③ **선조성**linéarité: 언어 기호는 시간적 순서의 제약을 받아서 청각적인 측면에서 시간의 선상에서만 실현되며 그 구성 요소는 하나의 연쇄를 이룬다. 다시 말해 주어진 한 순간에 동시에 두 개의 기호를 말할 수는 없다. 기호를 문자로 표현해도 공간적인 선상에서 시간적으로 나타난다. 시각적인 기호가 평면이라는 차원에서 여러 가지 기호의 요소가 동시 다발적으로 나타날 수 있는 경우와 비교하면 언어 기호와 비언어 기호의 차이는 명확해진다.

④ **불연속성**: 언어 기호는 불연속적discontinu 속성을 지니는 이산적, 대립적 단위이다. 예를 들어 pierre /pjɛʀ/와 bière /bjɛʀ/에서 /p/와 /b/가 지니는 의미의 차이는 서로 간 대립 관계(유성/무성의 대립)에 따라 결정

된다.

2.2. 언어 활동langage, 랑그langue, 파롤parole

프랑스 언어학의 기본 개념들 가운데 항상 함께 다루면서 구분하는 세 가지 개념이 있다. 이것은 소쉬르의 언어에 대한 방법론적 분류이다. 우선, 언어 활동langage은 인간의 생득적 능력faculté, 즉 기호학적 기능의 존재를 전제로 음성 기호를 사용하여 의사소통할 수 있는 능력을 말한다. 랑그langue(기호체계)는 언어 공동체에서 사용하는 약속 체계code로서의 언어를 말하며 파롤parole(언어행위)은 이 약속 체계로서 언어가 구체적으로 사용되고 개별적으로 발화된 것을 말한다. 다시 말해 랑그는 언어 활동에서 사회적이며 체계적인 언어의 측면을, 파롤은 사회 구성원 각각에 의해 랑그가 개별적으로 실현된 측면을 가리킨다. 언어학의 목표는 인간이 지니고 있는 언어 구사 능력이 어떠한 형태의 기호체계로 존재하며 그 체계가 어떠한 개별적 사용 행태를 통해 드러나는가를 관찰하는 것이다.

2.3. 형식forme과 실체substance

어떤 곡을 여러 연주자들이 연주해도 같은 곡이듯이 서로 다른 두 화자가 생성한 발화는 형식은 동일하나 실체는 다른 것이다. 기표의 측면에서 볼 때 형식은 발화를 구성하는 소리, 즉 음소이다. 실체는 발화자 개개인의 목소리라 할 수 있다. 소쉬르에 따르면 언어학의 연구 대상인 언어는 실체가 아니라 형식이다.

2.4. 이중 분절double articulation

마르티네André Martinet(1908~1999)는 인간의 언어와 동물의 언어를 구별하는 특성은 이중 분절에 있다고 규정하였다.[4] 그는 언어를 '이중으로 분절된 의사소통의 도구'로 정의한다. 마르티네에 따르면 이중 분절은 경험을 소리와 의미로 나누는 것으로서 모든 발화체énoncé는 두 가지 층위에서 분절되는 특징을 지닌다. 1차 분절première articulation은 발화체를 최소 의미 단위인 기호소monème 또는 형태소morphème로 나눈다. 이 최소의 의미 단위는 형태(기표)와 의미(기의)를 모두 갖춘 계열체적 단위를 말한다. J'ai mal à la tête.라는 발화체는 J'-ai-mal-à-la-tête와 같이 6개의 형태소로 나뉜다(1차 분절). 2차 분절deuxième articulation은 의미는 없지만 의미 변화에 기여하는 최소 단위인 음소phonème로 이 형태소들을 다시 나누는 것이다. 음소는 기표의 구성 요소로서 음성적 형태는 갖추고 있지만 의미는 지니고 있지 않은 단위이다. 오로지 해당 형태소를 다른 형태소와 구별해 주는 기능만 있다. 따라서 J'ai mal à la tête.는 /ʒemalalatɛt/처럼 7가지 변별적 소리 단위로 나뉜다(2차 분절). 음소는 '최소 변별 단위unité distinctive minimale'라고도 불리는데 인간 언어에서 음소는 불연속성([-continu])의 특징을 지닌다. 이것은 인간 언어가 지닌 생산성productivité을 설명해 주는 특성이다. 이에 비하면 동물의 언어

---

4) A. Martinet(1961) 참조.

는 연속적인 일종의 신호 체계라 할 수 있다.

이중 분절은 창조적인 측면에서 인간의 자연 언어가 지닌 보편적 특성이다. 즉, 우리는 유한한 수의 음소들을 갖고 무수히 많은 단어를 만들어 내며 결과적으로 무한히 많은 발화체를 생성해 낼 수 있다.[5] 마르티네는 이중 분절의 경제성에 대해 '의사소통 및 정보 전달의 유용한 수단'이라고 평가하였다.

2.5. 공시태synchronie와 통시태diachronie

소쉬르는 인간이 언어를 사용하는 능력을 랑그와 파롤로 구분하는

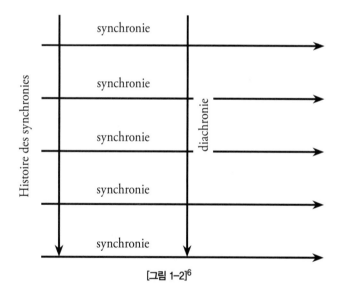

[그림 1-2][6]

─────
5) 유한수의 음소로 만들 수 있는 단어는 발화체와는 달리 그 수가 아무리 많아도 유한 집합이다.

한편 언어 사실을 연구하는 두 가지 시각을 공시태와 통시태로 구분하고 공시태에 대한 기술을 중시하였다. 공시태는 일정 시기에 하나의 '체계'를 이루는 것으로 언어 사실의 총체를 가리키고 통시태는 시간에 따라 변화하는 언어 국면을 말한다. 소쉬르 이전의 언어학은 언어가 시간의 흐름에 따라 어떤 변화를 거치는지에 관심을 두는 역사 언어학, 즉 통시적 연구가 주류였다. 그러나 소쉬르 이후의 언어학에서는 공시적 연구가 중심이 되었다.

이러한 공시태와 통시태의 구별은 단지 방법론적인 관점이다. 근대 언어학에서 공시태를 중요시한 것은 역사적 산물로서의 언어가 아니라 하나의 체계로서의 언어에 대해 연구하기 위해서 이다.

2.6. 기술적 연구travaux descriptifs와 규범적 연구travaux prescriptifs

언어학에서는 어떤 용법을 하나의 사실로 기록한다. 언어 연구는 그것이 공시적이든 통시적이든 기술적descriptif이기 때문이다. 반면, 문법 연구는 규범적prescriptif이어서 어떤 용법을 제시하고 강요하는 경향이 있다.

2.7. 결합 관계rapport syntagmatique와 계열 관계rapport paradigmatique

모든 발화체에서는 언제나 결합 관계와 계열 관계가 함께 관여한다.

---

6) G. Guillaume(1985), p.23.

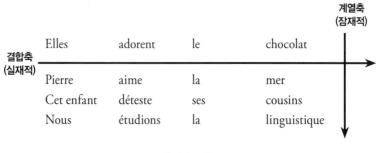

[그림 1-3]

한 문장 내에서 언어 기호는 앞뒤에 놓인 다른 기호와 연합적associatif 관계를 형성한다. 이러한 관계를 결합 관계라 하고 이러한 기호의 연쇄를 결합체syntagme 혹은 구句7)라고 한다. 이것은 모든 발화체 내에서 직접 확인할 수 있는 선조성 차원에 놓이는 요소들 사이의 관계이다.

또 한편으로 언어 기호는 문장 내에서 동일한 계열에 속하는 다른 기호들과의 대립 관계에 놓인다. 이것은 일종의 잠재적 관계로 해당 언어 기호가 같은 계열의 다른 언어 기호들과 맺는 유사성 혹은 상이성으로 대립 관계를 구성한다. 다시 말해 이것은 문장 내에는 실제로 나타나지 않지만 같은 계열에 속한 요소들과 어떤 언어 요소가 맺는 관계이며, 이를 계열 관계라고 한다. 이처럼 계열 관계에 놓이게 되는 여러 요소들을 계열체paradigme라고 한다. 계열 관계에 속하는 여러 요소들 가운데 하나가 선택되고 이러한 요소들이 나열되어 결합 관계를 형성한다.

위 도식에서 볼 수 있듯이 결합 관계에 있는 요소들은 좌우 선상에

---

7) 'syntagme'라는 용어는 일반적으로 언어학 혹은 문법적 맥락에서 '구'로 해석된다.

배열되어 있고 계열 관계를 이루는 요소들 중에서 하나가 선택되면 나머지 요소들은 배제되고 결국 통사·의미적 규칙에 따라 올바른 문장이 이루어지게 된다. 예를 들어 문장의 주어 위치에 올 수 있는 계열체들 가운데서 Nous라는 대명사가 선택되고, 동사 위치에 올 수 있는 요소들 가운데서 étudier가 선택되고, 이 동사의 목적어로 올 수 있는 요소들 중 한정사와 명사가 선택되면 나머지 후보들은 선택에서 탈락되면서 'Nous étudions la linguistique'라는 문장이 만들어지는 것이다.

2.8. 언어 가치^{valeur linguistique}

체스나 장기에서 어떤 말^{pion}의 가치는 무엇일까? 그 말이 지니는 의미는 바로 이동 규칙(가령 앞으로 한 칸 가기, 혹은 앞으로 한 칸 가서 다시 대각선으로 한 칸 가기 등)이고, 이 의미는 전체 놀이를 구성하는 다른 말들과 비교했을 때 생긴다. 다시 말해서 말 하나는 체스 혹은 장기라는 전체 체계가 전제되어야 가치를 지닌다. 언어 가치도 마찬가지이다. 언어 단위의 가치는 그것이 언어 체계 속에서 차지하는 상대적 위치에 따라 규정된다. 소쉬르는 언어를 하나의 체계로 보고 이 체계를 '차이의 체계'로 규정하였다. 하나의 언어 기호는 그 자체로는 무의미하고 다른 기호들과의 차이에 의해서만 규정된다는 것이다. 즉, 한 요소의 의미는 부정형^{négation}에 의해서 정의되므로, A라는 요소의 정의는 'A를 제외한 나머지가 아닌 것'이 된다는 것이다. 이처럼 소쉬르주의에서 언어 가치는 언어 체계 내에서 다른 요소들과의 대립을 통해 얻게 되는 상대적 가치이다.

언어 기호가 세계를 분절하는 방식은 언어마다 다르다. 예를 들어, 영어에서 양고기를 가리키는 mutton과 살아 있는 동물을 가리키는 sheep은 프랑스어에서는 mouton 한 가지로만 나타난다. 영어에서 mutton의 의미는 실제 경험 세계와의 관계에서뿐만 아니라 그것이 sheep과 맺고 있는 관계로도 정해진다. 여기서 mutton의 의미는 영어라는 한 언어 내에서 sheep의 존재로 가치를 지니게 된다. sheep 역시 체계 내에서 mutton과의 관계를 통해 가치를 지니게 되는 것이다. 이것은 연속적이고 비분절적인 언어 외적 경험 세계를 분절적인 언어 기호로 재단하는 데서 발생하는 문제이다. 개별 언어에서는 이처럼 각 단어가 자의적으로 선택된 이후 약속에 따라 사용되고 있음을 알 수 있다. 이것이 의미하는 바는 각 언어마다 세계를 재단하는 방식을 자의적으로 선택한다는 것이다. 이는 소쉬르주의에서 기표와 기의 간에 존재하는 자의적 관계의 근원이라 할 수 있다.

유럽 구조주의 언어학의 시초는 소쉬르 사후에 출간된 『일반 언어학 강의Cours de linguistique générale』(1916) 이후라고 볼 수 있다. 소쉬르의 언어학은 위에서 살펴본 랑그와 파롤, 그리고 형식과 실체와 같이 이항적 용어의 대립으로 집약될 수 있다. 20세기 구조주의 언어학의 주요 학파로는 트루베츠코이Nikolai Trubetzkoy(1890~1938)와 야콥슨Roman Jakobson(1896~1982)으로 대표되는 프라그Prague 학파, 옐름슬레우Louis Hjelmslev(1899~1965)가 소속된 코펜하겐Conpenhague 학파, 그리고 퍼스의 런던 학파가 있다.

3. 야콥슨의 의사소통 이론

언어는 의사소통의 도구라 할 수 있다. 하지만 '의사소통'이라는 것이 인간 언어에만 국한되는 것은 아니다. 인간이 사용하는 자연 언어의 의사소통 체계와 그 외 언어의 의사소통 체계가 보이는 차이가 무엇인지를 밝히는 것이 중요하다. 언어의 특수성은 의사소통의 기능 자체에 있는 것이 아니다. 인간 언어 외에 다른 의사소통 수단들도 이런 기능을 모두 갖고 있기 때문이다. 예를 들면, 도로 표지판, 국제 해양 신호 체계, 지도, 복잡한 부호 체계 등은 언어가 아니지만 의사소통의 기능을 한다고 볼 수 있다. 그 뿐만 아니라, 어떤 사람이 전하는 메시지는 언어적인 내용 자체 외에도 그 메시지 발화자énonciateur의 자체 정보를 청자에게 전달하는 경우가 있다. 물론 발화자가 의도하지 않았다 해도 그러하다. 메시지를 전하는 발화자의 음성을 통해 그의 나이와 성별, 체격, 건강 상태, 출신지, 사회 계층, 말하는 순간의 감정 같은 것들을 청자는 파악할 수 있게 된다. 메시지를 전하면서 웃거나 어떤 표정, 손짓을 하는 것은 발화자의 메시지 내용을 직접 전달하는 태도이다. 이러한 지표indice들을 의식적으로, 그리고 체계적으로 사용하는 것은 언어 외적인 의사소통 체계에 속한다. 웃거나 미소 짓는 행위는 친절, 예의 그리고 사회적 관계를 표시하는 것이고 공연 예술에서 일반적으로 행하는 행동이기도 하다.

20세기에는 언어학 이론과 의사소통 이론이 함께 발전을 이루었다. 의사소통 이론은 '발신자destinateur', '수신자destinataire', 그리고 '메시지message'라는 매우 단순한 구성 요소로 이루어진 의사소통의 일반적인

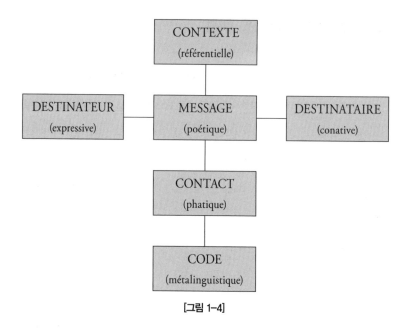

[그림 1-4]

도식을 바탕으로 하고 있다. 그와 더불어 전달되는 내용의 배경인 '상황 contexte'을 고려해야 하고 신호의 총체인 '코드code'와 코드화된 이 신호들이 전달되는 매개체인 통로canal 형식의 '접촉contact'을 통해 메시지가 제시되어야 한다. 의사소통의 최종 목표는 의사 전달이다.

야콥슨 같은 언어학자들은 의사소통 행위에 필요한 요소를 여섯 가지로 구분하고 다음과 같이 모형화하였다. 이 모형을 구성하고 있는 발신자, 수신자, 상황, 메시지, 코드, 접촉(혹은 통로)은 의사소통 행위 시에 반드시 발생하는 요소들이다.

이 여섯 가지 요소들 각각은 언어가 담당하는 기능들 중 한 가지씩을 수행한다. 우선, 발신자가 수행하는 기능으로 표현적 기능fonction expressive을 들 수 있다. 이 요소의 기능은 발신자의 감정, 태도, 지위, 계급을 표현하는 기능이다. 이것은 메시지를 개인적인 차원으로 만든다. 따라서 뉴스와 같은 메시지에서는 가급적 배제하는 기능이기도 하다. 두 번째로 권유적 기능fonction conative [8]은 수신자에 대하여 전달된 메시지가 지니는 효과를 말하는 것으로 발신자는 수신자가 자신의 말에 따라 능동적으로 움직이기를 기대한다. 이 기능은 명령이나 선전에서 매우 중요하게 여기지만 다른 유형의 의사소통에서는 그렇지 않다. 세 번째로 지시적 기능fonction référentielle은 메시지의 실질성을 판정하는 기능이다. 이것은 객관적이고 사실적인 의사소통에서 가장 우선적으로 고려하는 요소로서 발화체의 정보적 측면, 즉 '진실성'이나 '정확성'과 관련된 요소이다. 네 번째 기능은 발신자와 수신자 간 접촉contact이 수행하는 기능으로 친교적 기능fonction phatique이다. 이것은 발신자와 수신자 간 의사소통 경로를 열어서 양자의 관계 및 양자 간 의사소통을 확인하는 기능이다. 다섯 번째로 코드가 수행하는 메타언어적 기능fonction métalinguistique은 양측 대화자 간에 사용되는 코드, 즉 언어 자체에 대한 기능이다. 모든 언어학적 용어들, 사전의 정의들이 메타언어에 속한다. 마지막으로 시적 기능fonction poétique은 메시지 자체에 대한 기능으로서 발화체의 기의보다는 기표를 고려할 때 나타나는 기능이다. 언어는 시적 기능을 통해 단지 의사 전달의 도구를 넘어서서 그 자체가 갖는 심미적 특성을 부각시킬 수 있게 된다. 이에 따라 언어 능력과 관련하여 언어 활동이 이루어지는 모든 상황에서 상황과 발신자, 수신자, 메

---

8) 야콥슨의 여섯 가지 기능 중 가장 다양하게 번역되고 있는 것이 바로 이 기능이다. 학자에 따라 능동적 기능, 유발 기능, 명령적 기능, 사역적 기능이라고도 한다.

시지가 있고, 이 메시지는 개별 언어langue에 해당하는 코드code와 접촉 방식contact으로 실현된다. 접촉 방식이란 구두로 이루어지는 의사소통에서는 청각적 접촉이, 그리고 문서로 이루어지는 의사소통에서는 문자적 접촉이 될 것이다.

모든 의사소통이 언어 활동인 것은 아니다. 발신된 신호가 분절된다는 조건을 갖추어야 언어 활동이다. 이것은 인간의 의사소통과 동물의 의사소통을 구별하는 매우 중요한 특성이다. 동물의 '언어'는 ― 만일 그것을 언어라고 부를 수 있다면 ― 일종의 신호 체계로서 기존의 신호를 통해 항상 동일한 기지旣知의 사실을 나타낸다. 반면, 인간의 언어는 기호체계로서 기지의 기호를 통해 기지의 사실은 물론이고 미지의 사실도 표현할 수 있다.

4. 언어를 이루는 각종 단위들

언어의 단위들 사이에는 다음과 같은 위계가 존재한다. 이 가운데서 문장, 구, 단어, 형태소는 의미를 지니고 있는 단위들이고 음소는 의미를 지니고 있지 않고 형태만 지닌 단위이다. 문장은 여러 개의 구로, 구는 단어들로, 단어는 형태소들로, 형태소는 음소들로 이루어져 있다.

① **문장**phrase: 완전한 의미를 이루는 단어군群을 말한다.
② **구**syntagme: 단어보다 큰 단위, 즉 단어가 확장된 단위이다. 예를 들

어 livre, fille와 같은 명사nom는 관사나 다른 수식어와 결합하여 le livre, la fille라는 명사구syntagme nominal를 형성하고 acheter, aimer와 같은 동사는 acheter un livre, aimer le cinéma와 같은 동사구syntagme verbal를 형성한다.

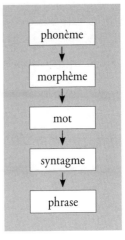

[그림 1-5]

③ **단어**mot: 의미 단위를 이루는 소리 혹은 철자군群을 말한다. 그런데 단어가 가장 작은 단위인가? 단어보다 더 작은 단위가 있는가? 우리는 단어를 다시 의미를 지닌 더 작은 단위로 나눌 수 있다. 그것이 바로 의미를 지닌 최소 단위, 형태소morphème이다.

④ **형태소**morphème: 의미를 지닌 가장 작은 단위로 기호소monème라고도 불린다. 예를 들어, 단어 rapidement은 rapide+ment과 같이 두 개의 형태소로 나뉜다. 그렇다면 형태소가 최소의 단위일까? 형태소는 다시, 그 자체로 의미를 지니지 않지만 의미 변화에 기여하는 더 작은 단위인 음소phonème로 나뉜다.

⑤ **음소**phonème: 그 자체로는 의미가 없지만 의미 변화를 일으킬 수 있는 변별적 단위를 말한다. 예를 들어, pain과 bain 두 단어의 의미를 구별하는 요소는 바로 음소 /p/와 /b/의 차이이다.

문자 언어에서 구별하는 단위들은 다음과 같다. 우선, 글자lettre가 문자 언어를 구성하는 최소 단위이다. 단어는 문자들로 이루어져 있으며 각 단어의 경계는 띄어쓰기로 구분한다. 문장의 첫 글자는 대문자이며,

한 문장은 마침표로 끝난다. 이러한 단위들은 인쇄 기술과 연관된 관습에 따른 것이며, 이것이 진정한 언어학적 단위를 정의하는 기준이 되지 않는다. 따라서 진정한 언어적 단위는 문자 언어에서 사용하는 단위가 아니라 구어langue orale의 단위라고 할 수 있다.

✔ 연습 문제

1. 소쉬르Saussure 이론에서 언어 연구와 관련한 공시태synchronie와 통시태 diachronie의 차이가 무엇인지 설명하시오.

2. 다음 용어들을 사용하여 마르티네Martinet의 이중 분절double articulation을 설명하시오.

   음소, 기호소, 1차 분절, 2차 분절, 언어의 경제성

3. 야콥슨Jakobson의 언어의 기능과 관련된 이론에서
   ① 언어의 권유적 기능fonction conative은 무엇이며, 의사소통의 어떤 요소와 결부되는지 예를 들어 설명하시오.
   ② 아래 문장들이 나타내는 지배적인 언어의 기능은 무엇이며 각 기능이 의사소통 도식에서 어느 요소와 관련 있는지 설명하시오.

   - Je m'excuse d'interrompre cette réunion, mais je dois malheureusement partir.
   - ...ça va ?
   - Je ne comprends pas pourquoi il y a un 's' à 'conclus'.
   - Il sera à Paris pour les vacances de Noël.
   - Soignez le mal par le malt ! (slogan de Kronenbourg)
   - Regarde ce que tu as fait !

4. 다음 예들은 프리에토^{Prieto}의 신호^{signal}, 지표^{indice}, 상징^{symbole} 중 어느 것에 해당하는지 쓰시오.

① ☎

② 해수욕장의 빨간색 깃발

③ ♡

④ 먹구름 낀 하늘

5. 위계를 이루는 문장 구성단위들을 가장 작은 것부터 차례대로 나열하시오.

6. 한국어의 '꼬끼오'가 프랑스어에서는 'cocorico', 영어에서는 'cock-a-doodle-doo', 독일어에서는 'kikeriki'로 발음됩니다. 이것은 언어 기호의 어떤 특성과 관계있는지 설명하시오.

7. 소쉬르의 언어 활동^{langage}, 랑그^{langue}, 파롤^{parole}의 정의를 쓰시오.

8. 소쉬르가 말하는 기표^{signifiant}와 기의^{signifié}의 관계를 설명하시오.

제2부

음성과 어휘

제2장

음성학 La phonétique

- 프랑스어의 소리

1. 음성학은 무엇인가?

음성학la phonétique은 인간 언어가 내는 물리적 실체로서 소리를 연구 대상으로 삼는 학문이다. 동물의 소리나 기타 소리 혹은 사람이 내는 소리 가운데서도 무의미한 소리, 즉 소음은 음성학의 연구 대상에서 제외된다. 음성학은 음향 음성학, 청취 음성학, 조음 음성학으로 세분된다. 음향 음성학la phonétique acoustique은 인간 언어의 음성이 지니는 물리적, 음향적 특성 및 그 특성을 바탕으로 한 음파의 전달을 연구하며, 청취 음성학la phonétique auditive은 인간이 음성을 청취하고 감지하는 방식을 연구한다. 조음 음성학la phonétique articulatoire은 인간의 음성이 산출되는 방식을 연구하는데, 사람의 목소리가 발성 기관을 통해 만들어 내는 소음과 소리 중에서 실제로 의미를 전달하기 위해 사용하는 소리, 즉 말소리만을 연구 대상으로 한다. 따라서 발성 기관에 따른 조음의 방법과 위치를 기준으로 소리를 분류한다.

프랑스어 음성학의 연구 대상은 오늘날 프랑스어의 분절articulation에 필요한 요소들이다. 소리를 내기 위해서는 인두, 성대, 구강, 목젖, 연구개, 치아, 입술, 혀, 비강과 같이 다양한 기관을 사용한다. 음성학의 과제는 음성이 어떤 과정을 통해서 생성되는가를 밝히는 것이다. 음성을 생성하는 신체 기관에는 발동 기관, 발성 기관, 조음 기관이 있다. 발동 기관은 폐(허파)이고, 발성 기관은 성대이며, 조음 기관은 구강과 비강 등 입과 코에 있는 여러 기관이다.

음성의 생성 단계[9]

발동 기관 (폐)	⇨	발성 기관 (성대)	⇨	조음 기관 (비강/구강)

① 발동 기관

폐에서 형성된 기류가 공기 입자를 진동시키게 되면 음파가 생성되고, 음성은 이 음파의 형태로 청자의 귀에 도달한다. 이러한 음파의 생성에 필요한 기류를 일으키는 작용이 발동이다.

---

9) 김기혁 외(2010), 100~101쪽.

② 발성 기관

폐에서 생성된 기류는 발성 기관을 거치면서 1차로 변형된다. 폐에서 발동된 기류가 후두를 통과하면서 후두 속에 있는 얇은 막인 성대의 작용으로 변형되어 말소리 성격을 띠게 된다. 후두에서 성대에 일어나는 모든 종류의 기류 조정 작용을 발성이라 한다.

③ 조음 기관

기류의 2차 변형이 이루어지는 곳이 조음 기관인데 소리다운 소리는 여기서 이루어진다. 조음 기관은 성대 위에 있는 성도(소리 통로)를 이루는 기관으로 후두를 통과한 기류를 변형시켜 특정한 음가를 지닌 음성을 만드는 곳이며 다양한 부분으로 이루어져 있다. 성문을 통과한 공

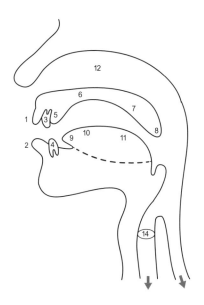

1. la lèvre supérieure (labial)
2. la lèvre inférieure (labial)
3. les dents supérieures (dental)
4. les dents inférieures (dental)
5. les alvéoles (alvéolaire)
6. le palais dur (palatal)
7. le palais mou / le vélum (vélaire)
8. la luette / l'uvula (uvulaire)
9. la pointe de la langue (apicale)
10. la partie antérieure de la langue
11. le dos de la langue (dorsal)
12. la cavité nasale (nasal)
13. la cavité buccale (oral)
14. les cordes vocales (voisé)

[그림 2-1] 구강 해부도

기의 흐름이 인두(목구멍 길)의 상부에 도달하면 두 갈래의 갈림길을 만난다. 하나는 비강을 통해 코로 나가는 길이고, 또 하나는 구강을 통해 입으로 나가는 길이다. 비강은 조음에서 그다지 큰 역할을 하지 않는 반면, 구강에는 조음과정에 없어서는 안 되는 구개, 혀, 이, 잇몸 등이 있다.

다음은 프랑스어의 소리들을 국제 음성 기호Alphabet Phonétique International[10]로 나타낸 것이다.

〈표 2–1〉 12 구강 모음voyelles orales

API	철자	API	철자
a	patte, papa	ɛ	mer, fête
ɑ	pâte, tas	o	sot, seau, sceau, saut
ə	fenêtre, je	ɔ	porte, mort
ø	feu, deux	i	ami, six
œ	fleur, beurre	u	coup, août
e	été, nez	y	sur, nu

〈표 2–2〉 4 비강 모음voyelles nasales

API	철자
ã	rang, avant
ɛ̃	rein, brin, pain
ɔ̃	bon, ombre
œ̃	un, parfum

---

10) 국제 음성 기호는 언어학에서 주로 사용하는 음성 기록 체계이다. 현존하는 모든 언어의 소리를 독자적으로 정확하고 표준적인 방법으로 표시하기 위해 고안된 기호체계이다. 107개의 기본 문자 + 55개의 구별 기호(2005년에 확장된 형태)로 구성된다.

〈표 2-3〉 17 자음^{consonnes}

〈표 2-3〉 17 자음 consonnes

API	철자	API	철자
b	bal, robe	n	neveu, non
s	souris, pièce	ɲ	agneau, signe
k	qui, kilo, cage	p	petit, absolu
d	date, demain	ʀ	radio, par
f	face, phrase	t	ta, sept
g	gare, bague	v	vélo, wagon
ʒ	jardin, gorge	z	zèbre, rose
l	la, ciel	ʃ	chariot, chocolat
m	madame, femme		

〈표 2-4〉 3 반자음/반모음 semi-consonnes/semi-voyelles

API	철자
j	yeux, ail
w	voir, oiseau
ɥ	lui

2. 프랑스어의 모음, 자음, 반모음

사람의 말소리는 모음, 자음, 그리고 반모음(또는 반자음)으로 분류한다. 사람의 발성 기관을 통해서 소음 및 '모음'의 소리들과 그 결합체, 그리고 우리가 흔히 '자음'으로 부르는 소리들이 발생된다. 사람의 말소리는 철자와 구별하여 '[　]' 안에 넣어 표시한다. 예를 들어, août는 문자 언어로 3개의 모음과 1개의 자음으로 이루어졌고 구어로는 1개의 모음 [u]와 1개의 자음[t]로 이루어졌다. oiseau는 문자 언어에서 5개의 모음과 1개의 자음으로, 구어에서는 1개의 반모음 [w], 2개의 모음 [a], [o], 그리고 1개의 자음 [z]로 구성된다.

2.1. 프랑스어의 모음

모음이 발성될 때는 언제나 성대가 진동하는 것이 특징이다. 따라서 모음은 모두 유성음이다. 모음은 일반적으로 조음 방식(구강/비강 모음)과 입의 모양(원순/평순), 혀의 높낮이(개모음/폐모음 혹은 고모음/저모음), 혀의 위치(전설/후설 모음)를 기준으로 기술한다. 보통 [i], [u], [a], [ɑ]를 정점으로 모음 사각도를 편성한다.

발음할 때 입술의 모양이 둥근지 아닌지에 따라 원순 모음voyelles arrondies과 평순 모음voyelles non arrondies을 구분한다. [y], [u], [ø], [o], [œ], [ɔ]는 원순 모음이고, 나머지는 평순 모음이다. 모음을 발음할 때 공기가 입을 통해 빠져나가는 모음을 구강 모음voyelles orales(i, y, u…)이라 하고, 공기가 입으로 빠져나가면서 배출된 공기의 일부가 비강을 울리는 모음을 비강 모음voyelles nasales(ɑ̃, ɔ̃, ɛ̃, œ̃)이라고 한다. 발음 기호에 표시된 '~(비음 부호 tilde)'는 이러한 비강 모음화nasalisation를 나타낸다.

모음은 혀의 위치에 따라 전설 모음voyelles antérieures, 중설 모음voyelles centrales, 후설 모음voyelles postérieures으로, 혀의 높낮이에 따라 폐모음voyelles fermées [i], [y], [u], 반폐모음voyelles mi-fermées [e],[ø],[o]과 반개모음voyelles mi-ouvertes [ɛ],[œ],[ɔ], 개모음voyelles ouvertes [a], [ɑ]으로 나

넌다. 발음할 때 혀가 구개 방향으로 올라가고 공기가 자유로이 빠져나
갈 통로가 좁아지면서 모음 소리가 나는데, 유연한 근육으로 이루어져
있는 혀가 구개 쪽으로 올라가면서 가볍게 앞으로 뻗으면 전설 모음이,
다시 뒤로 물러나면 후설 모음이 발음된다.

프랑스어의 16번째 모음인 schwa [ə]는 일명 '묵음 e(e muet)'이라고
도 불린다. 이 발음은 지역에 따라 혹은 형식적인 이유(두 개의 자음 사이
에 있을 때)로 발음되기도 하고 발음되지 않기도 한다.

꼭 발음되는 경우는 예를 들면 requin에서는 [ə]를 꼭 발음해야 하
며 r'quin은 허용하지 않는다. 다음의 예들에서는 경우에 따라 [ə]를 발
음하기도 하고 발음하지 않기도 한다.

(1a) casserole/cass'role

(1b) Genève/G'nève

(1c) ce que je ne veux pas / c'quej'veuxpas.

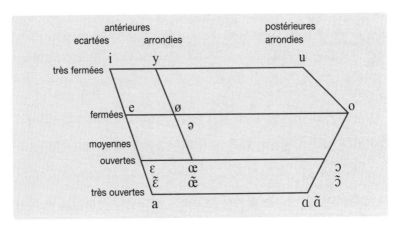

[그림 2-2] 프랑스어의 모음 사각도

2.2. 프랑스어의 자음

자음은 공기가 구강, 혹은 구강과 비강으로 빠져나갈 때 완전히, 혹은 부분적으로 방해를 받음으로써 발성된다. 조음 기관과 방법에 따라 아래 표에서와 같이 구분한다.

〈표 2-5〉 조음 기관에 따른 프랑스어 자음의 분류

조음 기관/위치	소리의 종류	
입술lèvres	순음labiale, 양순음bilabiale	순치음labio-dentale
치아dents	치음dentale	
설단pointe de la langue	설단음apicale	
치아+설단	설단치음apico-dentale	
치조alvéoles dentaires	치조음alvéolaire	
경구개palais dur	경구개음palatale	
연구개palais mou	연구개음vélaire	
구강cavité orale	구강음orale	
비강cavité nasale	비강음nasale	
성대corde vocale	유성음/무성음sonore/sourde	

자음은 성대의 진동, 조음 위치, 조음 방법의 세 가지 기준에 따라 분류한다. 성대의 진동에 따라 분류하면 발음할 때 성대가 떨리는 유성음sonores과 떨리지 않는 무성음sourdes으로 나눈다. 조음 위치에 따라 분류하면 양 입술을 붙여서 발음하는 양순음bilabiale, 입술과 치아로 발음하는 순치음labio-dentale, 치아와 잇몸 사이에서 발음되는 치조

음alvéolaire[11], 혀끝과 치아에서 나는 설단치음apico-dentale[12], 경구개음 palatale, 연구개음vélaire, 구개수음uvulaire이 있다. 조음 방법에 따라 분류 하면 비음은 공기가 입(구강)과 코(비강)로 동시에 빠져 나오면서 내는 소 리로, [n], [m], [ɲ]이 있다. 이 세 소리는 유성음이며, 폐쇄음(조음 방식에 따라)과 공명음(음소의 성질에 따라)으로도 분류된다. 나머지 자음 소리는 모두 구강 자음이다. 또한 공기의 흐름이 완전히 막히면서 나는 소리는 폐쇄음occlusive, 부분적으로 막히면서 나는 소리는 마찰음fricative이다.

〈표 2-6〉 조음 방식에 따른 프랑스어의 자음 분류

	조음 위치								
	자음	양순음	순치음	설단치음	치조음	구개음	연구개음	구개수음
조음 방식 · 폐쇄음occlusives	무성음	p		t			k	
조음 방식 · 폐쇄음occlusives	유성음	b (비음)		d			g	
조음 방식 · 폐쇄음occlusives		m		n		ɲ		
조음 방식 · 마찰음fricatives	무성음		f		s	ʃ		
조음 방식 · 마찰음fricatives	유성음		v		z	ʒ		
조음 방식 · 공명음consonantes	비음	m		n		ɲ		
조음 방식 · 공명음consonantes	설측음					l		
조음 방식 · 공명음consonantes	진동음							R

11) 혀끝과 치조가 좁혀져서 나는 소리.

12) 혀끝이 윗니 뒤에 직접 닿아서 나는 소리.

2.3. 반모음 혹은 반자음

반모음semi-voyelles 혹은 반자음semi-consonnes은 조음 방식이 모음과 유사하고, 음절 안에서 자음과 같은 기능을 한다는 점에서 자음과 유사하다. [j]는 [i]와 다른 모음을 연속해서 발음할 때 생겨나고(yeux, piano), [w]는 [u]와 다른 모음을 연속해서 발음할 때(avoir), 그리고 철자 oi를 발음할 때(oiseau) 발생한다. [ɥ]는 [y]와 그 뒤에 나오는 모음을 연결해서 발음할 때 생성된다(lui, huit).

✔ 연습 문제

1. 음성학을 정의하고 음성학 연구에는 어떤 하위 분야들이 있는지 쓰시오.

2. 모음의 분류 기준과 자음의 분류 기준을 쓰시오.

3. 인간이 음성을 생성하는 신체 기관을 음성의 생성 단계에 따라 제시하시오.

4. 프랑스어 단어 *joueur*, *genou*, *Jacqueline*의 첫 글자의 소리 [ʒ]를 특징짓는 음성적 자질들을 쓰시오.

5. 다음 문장들을 국제 음성 기호(이하 API)로 옮겨 쓰시오.
   ① Ma sœur sera là.
   ② Un éléphant géant se couche par terre.

6. 프랑스어의 4개의 비강 모음 중 실제로 지각되고 사용되는 비강 모음 3개가 무엇인지 쓰고 각각의 예를 들어보시오.

7. 프랑스어에서 [i]와 [o]는 어떤 특성으로 대립되는지 쓰시오.

8. 다음의 특성들을 보고 어떤 자음(들)과 관련되는지 API로 나타내시오.
   ① nasale, apico-dentale, sonore
   ② occlusive, vélaire, sonore
   ③ fricative, alvéolaire, non sonore

9. 다음의 특성들을 보고 어떤 모음과 관련되는지 API로 나타내시오.

① 전설, 구강, 반개모음, 평순
② 후설, 구강, 반폐모음, 원순
③ 후설, 비강, 개모음, 평순
④ 전설, 구강, 폐모음, 원순

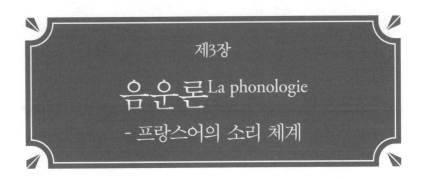

제3장

음운론 La phonologie
- 프랑스어의 소리 체계

이 장은 프랑스어 음소들의 체계와 결합 관계를 다룬다. 음운론이라는 명칭은 트루베츠코이Nikolai Trubetzkoy에서 비롯했으며, 음운론은 주로 기능주의적 관점에서 프라그 학파를 중심으로 연구되었다. 트루베츠코이 외에도 마르티네André Martinet, 야콥슨Roman Jakobson 같은 학자들이 음운론 연구를 주도하였다.

1. 음성학과 음운론의 차이

음성학이 인간이 내는 말소리에 관한 연구라면 음운론은 그 소리의 체계에 관한 연구라 할 수 있다. 음성학은 자연 과학적 관점에서 실험적인 방법을 사용해 여러 소리의 다양한 특성을 밝혀내는 데 관심을 둔다. 반면, 음운론은 인문 과학적 관점에서 인간 언어 소리의 기능 작용을 이해하는 모형 설정에 목표를 둔다. 음성학에서는 소리([ ]로 표시) 자체의 특성을 다루고, 음운론에서는 소리이되 의미 결정에 관여하는 소리, 즉 음소phonème(/ /로 표시)의 결합 관계를 연구한다. 음소는 그 자체로는 의미를 갖지 않으나 대치commutation 작용을 통해 의미 결정에 관여하는 소리의 단위를 말한다. 음운론의 연구 단위는 변별적이고 대립적인 음소이다.

하나의 체계로서 랑그는 다양한 요소들의 대립 관계에 기초해 작용한다. 이러한 체계 내에서 각 음소는 그 체계 내의 다른 음소들과의 대립을 통해서만 가치를 지닌다. 음소의 체계는 언어마다 다르다. 가령, 프랑스어에서 /z/와 /s/는 서로 다른 음소이다. caser/casser, 혹은 raser/racé는 이 음소들에 따라 서로 구별되는 의미 단위들이다. 하지만 에스파냐어에서 [s]와 [z]는 하나의 동일한 음소여서 의미의 변화를 유발하지 않으며 단지 같은 음소가 두 개의 다른 소리로 실현된 변이체로 간주된다.

2. 기능주의 방법론

음운론은 2차 분절 단위인 음소에 관한 연구이다. 음소는 의미를 결정하는 수단이며 의사소통 행위의 기능에 따라 랑그 차원의 기능 작용에 기여하는 요소이다. 기능주의적 관점에서 음소는 그 변별적 특성으로 단어들을 서로 구분할 수 있게 한다.

2.1. 대치

음소에 대한 기능주의적 분석은 대치에 기초해 음운 체계를 결정한다. 서로 다른 소리들은 동일한 음운 환경 내에서 서로 대치됨으로써 전달하는 내용의 의미를 변화시킨다. 소리들은 이때에만 다른 음소들로 간주된다. 다음과 같이 계열축axe paradigmatique(상하 관계)에서 한 단위를 다른 단위로 교체하는 작용을 대치라고 한다.

대치의 예를 들어 보자. 아래 계열축에서 [p], [m], [t] 소리는 결합축 axe syntagmatique(좌우 관계)의 동일한 위치에서 서로 대립적 관계에 있다. 다시 말해 이 세 개의 소리를 대치함으로써 동일한 음운 환경에서 의미의 차이가 유발되는 것이다(paire, mer, terre). 따라서 이 세 개의 소리는 음소이다.

ex) père[pɛʀ], mère[mɛʀ], terre[tɛʀ]

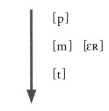

[p]

[m] [ɛʀ]

[t]

AXE PARADIGMATIQUE

결합축에서 두 요소의 위치를 서로 바꾸는 작용을 치환permutation이
라고 한다. 아래 결합축에서 [ε]와 [ʀ] 두 소리가 치환될 때 동일한 음
운 환경에서 의미의 차이가 유발된다(terre, trait). 따라서 이 두 개의 소
리는 음소이다.

[t]　　　[ε　　ʀ]　〉terre

━━━━━━━━━━━━━━━━━━━━━━━━━━▶ AXE SYNTAGMATIQUE

[t]　　　[ʀ　　ε]　〉trait

이와 같이, 음소는 대치와 치환 작용을 통해 추출된다. 대치에 따라
추출된 음소들의 관계를 대립opposition으로, 치환에 따라 추출된 음소
들의 관계를 대조contraste라 부르기도 한다.

2.2. 변별 자질

하나의 음소는 변별 자질들traits distinctifs의 집합으로 간주된다. 변별
자질은 하나의 음소를 체계 내의 다른 모든 음소들과 구분해 준다. 예
를 들어 음소 /d/는 설단음[+apicale] 자질을 띠어 순음[+labiale]의 자
질을 띠는 /b/와 구별되고, 유성음[+sonore] 자질 때문에 /t/와 구별되
며, 폐쇄음[+occlusive] 자질로 /z/와 구별된다.

3. 프랑스어의 음소

프랑스어의 음소는 17개의 자음, 16개의 모음과 3개의 반모음(또는 반자음)으로 구분된다. 이 36개의 소리는 불연속적인 것이 특징이다. 불연속적이기 때문에 상호 간 결합이 가능하다.

3.1. 모음

모음은 허파에서 빠져나온 공기가 방해받지 않고 분출되어 나오는 소리를 말한다. 모음은 음절syllabe의 최소 단위이다. 모음을 분류하는 기준은 조음 시 입술의 모양(원순, 평순), 혀의 높낮이 및 위치(폐음, 개음, 전설, 후설), 그리고 비강의 개입(구강 모음, 비강 모음)여부이다. 원순 모음으로는 [y], [u], [o], [ɔ], [ø], [œ]가 있고, 나머지는 평순 모음이다. 전설 모

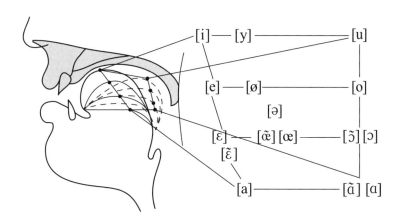

[그림 3-1] 구강 내부에서 모음의 조음 위치[14]

음은 소리를 낼 때 혀의 위치가 앞에 오며 평순 모음에 해당한다. [i],
[e], [ɛ], [a]와 비모음인 [ɛ̃]이 전설 모음이다. 혀의 위치가 뒤편인 후설
모음에는 [u], [o], [ɔ], [ɑ]와 비모음 [ɔ̃], [ɑ̃]이 있다. 발음할 때 공기가
입으로만 빠져나오면 구강 모음voyelle orale, 입과 코로 동시에 빠져나오
면 비강 모음voyelle nasale이다.

3.1.1 구강 모음

① **전설 모음**: 전개도의 위에서부터 아래로 [i] [e] [ɛ], [a]의 순서로
입이 크게 벌어지며 혀의 위치는 위에서 아래로 내려간다.

[i]: fini, rire   [e]: été, présent

[ɛ]: père, tête   [a]: ami, jardin

② **후설 모음**: [u] [o] [ɔ] [ɑ]의 순서로 혀 높이가 차차 낮아지고 윗니
와 아랫니 사이가 벌어지며 입이 점점 크게 열린다.

[u]: tout, coup   [o]: eau, jaune

[ɔ]: objet, robe   [ɑ]: bâtiment, pas

---

13) http://blog.daum.net/kp180/2374492.

3.1.2. 비강 모음

[ɛ̃], [œ̃], [ɔ̃], [ɑ̃]이 있고 구강 모음일 때의 조음 위치에서 공기를 코로 내뿜는다.

[ɛ̃]: **pain, symbole**   [œ̃]: **un, brun**

[ɔ̃]: **bonbon, pompier**   [ɑ̃]: **jambe, ensemble**

3.1.3. 반모음

모음 [i], [u], [y] 뒤에 연속해서 다른 모음이 오게 되면 완전한 모음 소리를 내지 못하여 아주 짧게 이어서 발음하게 되는데 소리는 모음과 비슷하나 음절을 형성하지 못하므로 이를 반모음semi-voyelles 혹은 반자음semi-consonnes이라고 부른다.

[i]→[j], [u]→[w], [y]→[ɥ]

[j]: **piano, ciel, yeux, bien**

[w]: **oui, Louis, moi, voit**

[ɥ]: **depuis, nuit, juillet, huit**

3.2. 자음

자음은 구강으로 빠져나가는 공기가 방해를 받아서 나오는 소리이다.

공기가 구강으로 빠져나가는 구강 자음consonnes orales(아래 3.2.1., 3.2.2., 3.2.3.의 자음)과 비강으로도 빠져나가는 비강 자음consonnes nasales(아래 3.2.4.의 자음)이 있다. 또한 성대를 진동시켜 내는 유성음sonore과 진동시키지 않는 무성음sourde으로 나뉜다. 조음 방식에 따라서 폐쇄음occlusive, 마찰음fricative, 설측음latérale으로 나뉘고, 조음이 일어날 때 입의 어느 부분이 사용되는가에 따라 순음labiale, 설단음apicale, 치조음alvéolaire, 구개음palatale, 연구개음vélaire 등으로 나뉜다.

3.2.1 폐쇄음

구강을 통과하는 숨이 일단 막힌 뒤 갑자기 열려서 생기는 소리이다.

[p]: **p**orte, **pr**airie   [b]: **b**é**b**é, li**b**erté

[t]: **t**erre, ques**t**ion   [d]: **d**ébut, ai**d**e.

[k]: **k**iosque, **cr**ayon, **qu**artier   [g]: **gu**erre, **g**lace

3.2.2 마찰음

공기의 경로가 좁혀지면서 마찰로 생기는 소리이다.

[f]: ca**f**é, **F**rance, e**ff**et   [v]: **v**ictoire, **w**agon

[s]: **s**ervice, **ç**a, a**ss**iette   [z]: **z**èbre, vali**s**e, si**x**ième

[ʃ]: **ch**eval, **d**imanche   [ʒ]: **g**éant, **j**ardin, **G**eorges [ʀ]: radio, mer

3.2.3. 설측음

혀의 양 옆으로 바람이 빠지면서 나는 소리이다.

[l]: livre, palme, sel

3.2.4. 비강 자음

입의 한 부분에서 공기의 흐름이 방해를 받고 코로 빠져나가는 소리
이다.

[m]: midi, emmener
[n]: nombre, nuit
[ɲ]: champagne, Espagne

이 비강 자음들은 폐쇄음과 공명음consonnante에도 속한다.

3.3. 최소 대립쌍

앞에서 음소를 추출하는 대치와 치환의 방법에 대해 설명하였다. 보
다 구체적으로 음소를 확인하는 방식은 최소 대립쌍paires minimales을 추

출하는 것이다. 하나의 음소는 체계 내에서 다른 모든 음소들과 대립 관계에 있다. 다음과 같이 하나의 음소를 다른 음소로 대치할 때 의미 변화가 일어나는 두 개의 단어를 최소 대립쌍이라고 한다.

(1a) figue-fugue, saute-sotte, vent – vin
(1b) pierre-bière, pire-tire, pense-dense

최소 대립쌍들은 하나의 음소만을 제외하고는 동일한 음운 환경에 있다고 볼 수 있다. 따라서 최소 대립쌍은 하나의 관여적 또는 변별적 특성에 따라서만 대립한다. 여기서 관여적 특성이란 음소들을 서로 구별해 주는 음성적 특성을 말한다. 하나의 음소를 바꿈으로써 의미 변화를 일으킨다는 점을 통해 언어의 생산성과 효율성을 알 수 있다. 위의 예에서 pierre-bière의 최소 대립쌍은 음소 /p/와 /b/, 즉 무성음과 유성음이라는 관여적 특성에 따라 구별된다.

3.4. 변별 자질

앞에서 음소를 '최소의 음운론적 단위'로 정의한 바 있다. 그렇다면 음소는 더 이상 분석할 수 없는 단위일까? 사실 하나의 음소는 그것의 음성적 특성들을 나타내는 변별적 특성의 집합으로 분석할 수 있다. 이 변별적 특성들을 변별 자질traits pertinents/distinctifs이라고 한다. 이것들은 어떤 음소를 다른 음소들과 구별해 주고 유사성과 상이성들을 나타내는 특성들이다. 가령 음소 /t/, /s/, /p/, /d/, /m/는 각각 아래와 같은 변별적 자질들로 분석할 수 있다. 이처럼 변별 자질로 음소를 분석하면 음운적 집합matrice phonologique을 설정할 수 있다.

/t/: -nasale(구강 자음), +occlusive(폐쇄음), +apicale(설단음),
-sonore(무성음)

/s/: -nasale(구강 자음), +fricative(마찰음), +alvéolaire(치조음),
-sonore(무성음)

/p/: -nasale(구강 자음), +occlusive(폐쇄음), +labiale(순음),
-sonore(무성음)

/d/: -nasale(구강 자음), +occlusive(폐쇄음), +apicale(설단음),
+sonore(유성음)

/m/: +nasale(비강 자음), +occlusive(폐쇄음), +labiale(순음),
+sonore(유성음)

3.5. 음소와 이음

하나의 음소가 서로 다른 소리, 즉 변이형으로 실현되는 것을 이음 allophones(異音)이라고 한다. 이음에는 조합 변이음variantes combinatoires과 자유 변이음variantes libres이 있다. 조합 변이음이란 위치와 관련된 변이음으로 어떤 음소의 조합 변이음들은 상보적 분포를 보인다. 예를 들어, 음소/p/, /t/, /k/는 r앞에서 각각 기식음aspirée /pʰ/, /tʰ/, /kʰ/로 발음하고 모음 앞에서는 비기식음 /p'/, /t'/, /k'/로 발음한다. 기식음과 비기식음은 상보적 분포를 보인다.

(2) trois [tʰRwa] vs terre [t'ɛR]

　반면에 두 개의 서로 다른 음성 단위가 같은 환경에서 만나고 대립 관계가 아니라면 같은 음소의 자유 변이음이라고 할 수 있다. 전형적인 예로는 프랑스어에서 음운론의 관점에서 변별적이지 않은 [r]와 [R]의 차이를 들 수 있다.

4. 음절

　모음은 단독으로 음절 형성이 가능하므로 음절syllabe을 결정하는 것은 모음이다. 따라서 음절의 수는 모음의 수에 달려 있다. 모음으로 끝나는 음절을 개음절開音節이라 하고, 자음으로 끝나는 것은 폐음절閉音節이라 한다. 이 밖에도 다음의 원칙에 따라 음절을 계산한다.

① 모음은 앞의 자음과 음절을 형성한다.
　cha-peau
② 단어의 (발음되는) 마지막 자음은 앞 음절과 하나로 합쳐진다.
　a-gir
③ 두 모음 사이에 있는 하나의 자음은 뒤의 모음과 한 음절을 이룬다.
　so-no-ri-té
④ 두 모음 사이에 있는 두 개의 자음은 앞뒤로 분리한다.

ar-gent, ob-ser-ver

⑤ 자음 + l, r는 분리하지 않고 뒤의 모음과 한 음절을 이룬다.

pro-blème

⑥ 두 자음 사이의 s는 앞 음절로 합친다.

lors-que

⑦ 연속된 두 모음은 반모음화하거나 음절 분리한다.

prier [pʀie] 〉 [pʀje] (반모음화)

poète [po-ɛt] (음절 분리)

〈표 3-2〉

V	a	
CV	peau	
CVV	néon	
CCV	plu	개음절어
CVVCV	poésie	
CCCVCV	strident, scruter	
VCVV	abbaye	
VC	il	
VCVC	époque	폐음절어
VCC	est[ɛst]	
VCCC		
CVC	taire	
CVCC	peuple	
CVCCCC		자음 3개만 나오는 보편적 예
CVVC	poète	s + p + l
CCVC	plaire, brosse	t r
CCVCC	prendre	k
CVCCC	next, sixth[15]	
CCCVC	strophe	
CCVCCC	twelfth	
CCCVCC		

이와 같이 단어 형성의 배경에는 'C(자음)'과 'V(모음)' 조합의 메커니즘이 있다. 단음절어는 모음을 기준으로 계산하고, 2음절어는 단음절어의 결합을 통해 생성되므로 단음절어가 기본이 된다. VV 등과 같이 이중 모음인 경우는 프랑스어에서 불가능한 조합이다. 하지만 위 표에서 a-bba-ye나 po-ète는 이중 모음이 아니라 음절이 분리된 것이므로 가능하다.

5. 운율

5.1. 억양[15]

억양intonation이란 문장을 발화할 때 생기는 음조mélodie를 말한다. 이것은 문장이 발화되는 도중 생기는 기본음fréquence fondamentale의 변화에 따라 만들어진다. 가령, 프랑스어에서 의문문(Il pleut ?)은 상승 억양으로, 평서문(Il pleut.)은 하강 억양으로 발화된다. 문장의 억양은 다음과 같은 화살표 곡선으로 표시된다. 의문문이나 감탄문, 그리고 발화체 중간의 휴지부는 상승 곡선으로 나타낼 수 있다.

---

14) CVCCC와 CCVCCC는 프랑스어에는 해당하는 예가 없어 영어의 예를 들었음.
15) 5.1과 5.2의 억양과 강세에 관한 부분은 'C. Germain & R. LeBlanc(1982), vol.2: *La phonologie*'의 예문과 설명에서 인용하였음.

(3a) Il fait chaud. (3b) Il fait chaud ? (3c) Est-ce qu'il fait chaud ?

억양은 문법적 요소와 병행하기도 한다. Est-ce que가 선행하는 의문문에서는 평서문에서와 마찬가지로 상승-하강 억양을 보인다. 이와 같은 억양의 문제는 그것이 의미의 변화를 표시한다는 점에서 음운론 연구의 대상이 된다. 억양이 표현의 기능을 하는데 사용되는 경우, 다시 말해서 발화자가 어떤 뉘앙스나 특별한 감정을 표현하기 위해 발화체의 일부를 강조하려는 것은 음성 문체론phonostylistique의 영역에 속한다. 따라서 하나의 문장은 다음과 같이 발화자의 의도에 따라 여러 방식으로 발음될 수 있다.

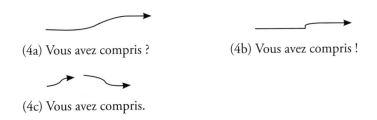

(4a) Vous avez compris ?   (4b) Vous avez compris !

(4c) Vous avez compris.

억양의 문제는 리듬rythme과 휴지pause와 밀접한 관련이 있다. 일반적으로 각 리듬 단락groupe rythmique은 한 음조에 해당한다. 억양 곡선은 나머지 지점들과 대립되고 그렇게 함으로써 가치를 얻는다. 억양의 물리적인 높낮이는 중요한 요소로 작용하지 않는다. 예를 들어 중파fréquence moyenne는 발화자가 남자인지 여자인지에 따라 다르지만 억양은 발화자의 소리의 주파수에 무관하게 동일하다.

5.2. 강세

프랑스어에서 운율과 관련된 또 하나의 중요한 요소는 강세accents이다. 음절의 강세 규칙accentuation에는 여러 요소가 관여하지만 가장 중요한 역할을 하는 것은 주파수의 상승이다. 프랑스어의 강세는 경계 표시 기능fonction démarcative을 갖기도 한다. 한 리듬 단락의 마지막 음절은 언제나 강세를 띠기 때문에 프랑스어의 강세는 단어가 아닌 구syntagme의 경계를 표시한다고 할 수 있다. 프랑스어에서 강세가 의미적 차원에서 변별적 기능을 갖는 경우는 없다. 이상에서 살펴 본 운율의 문제에서 기억해야 할 점은 음운론에서 운율의 문제는 변별적인 성격을 띠고 있으며 운율은 불연속적인 음소와 달리 연속적이라는 점이다.

6. 연독과 연음

프랑스어의 음절 구성에서 발생하는 음성적 현상으로는 연독 enchaînement과 연음liaison이 있다.[16)]

---

16) 연독은 '‿'으로, 연음은 '_'으로 표시했음.

6.1. 연독

프랑스어에서는 같은 억양군^{groupe d'intonation} 내에서 한 단어가 자음으로 끝나고 뒤이어 오는 단어가 모음으로 시작되면 앞 단어의 끝 자음이 연속되는 단어의 모음에 실려 발음되는데 이 현상을 연독이라 한다.

(5) J'ai mal‿à la jambe. [ʒe-ma-la-la-ʒɑ̃b]

이 현상에서 주목할 사항은 음절 나누기가 반드시 철자 나누기와 일치하지 않는다는 것이다. 위 문장에 적용되는 음절 분석은 단어 mal이 ma-l과 같이 둘로 나뉘어 끝 자음이 그 다음 단어의 모음과 한 음절로 묶이게 되는 것을(ma-la) 명백하게 보여 준다.

6.2. 연음

연음은 프랑스어에만 있는 특수한 현상이다. 일정한 환경이 주어질 때 보통은 소리 나지 않는^{muet} 단어의 끝 자음이 뒤이어 오는 단어의 첫 모음과 만나 소리 나게 되는 현상을 말한다. [t], [k], [v], [z], [n], [p], [ʀ]가 연음과 연관되는 자음들이다. 연음 현상이 나타날 때 자음의 종류에 따라 음성적 형태가 달라진다.

(1) -s/-x → [z]
　　les‿enfants [lezɑ̃fɑ̃]

dix_ans [dizɑ̃]

(2) -d → [t]

grand_ami [gʀɑ̃tami]

연음이 일어나는 조건은 다음과 같다.

① 한 리듬 단락groupe rythmique 내에서만 적용된다.
② 단위들 간의 통사적 관계가 긴밀할수록 연음이 일어난다.
③ 언어의 격조가 높을수록 연음이 잘 일어난다.

그러나 연음을 반드시 해야 하는 경우가 있고, 할 수도 있고 하지 않을 수도 있는 경우, 금지하는 경우도 있다. 먼저 **연음이 반드시 일어나는 경우**는 다음과 같다.

① 한정사와 명사 사이에서:
   les_yeux [lezjø], les_étrangers [lezetʀɑ̃ʒe]
② 선행 형용사와 명사 사이에서:
   ces dernières_années [sedɛʀnjɛʀzane]
③ 한정사와 명사 선행 형용사 사이에서:
   les_autres nations [lezotʀənasjɔ̃]
④ 인칭 대명사와 동사 사이에서:
   nous_avons [nuzavɔ̃]

⑤ 두 개의 부사적 대명사 사이에서:

en_y ajoutant [ãnjaʒutã]

⑥ 전치사 뒤에서:

chez_elles [ʃezɛl], dans_une maison [dãzynmɛzɔ̃]

다음은 **수의적으로 연음이 일어나는 경우**이다.

① 조동사와 동사 사이에서:

s'est_empreint [sɛ(t)ãprɛ̃]

② 동사와 부사적 요소 사이에서:

... montrent_à peine [mɔ̃tʀ(t)apɛn]

③ 부정어 pas 다음에서:

n'a pas_été lu [napa(z)etely]

④ 복수 명사와 후행 형용사:

les armes_étrangères [lezaʀm(z)etʀãʒɛʀ]

⑤ 형용사구 내 형용사와 전치사:

parvenus_à la virilité [paʀvəny(z)alaviʀilite]

다음과 같은 경우에는 **연음이 일어나서는 안 된다.**

① 두 개의 리듬 단락 사이에서:

doubler l'intérêt // en y ajoutant [dublelɛ̃teʀɛ(*t)ãnjaʒutã]

② et 뒤에서:

un homme // et une femme [œ̃ɔme(*t)ynfam]

③ 단수 명사와 후행 형용사 사이에서:

étudiant // étranger [etydjɑ̃(*t)etʀɑ̃ʒe]

④ 명사 주어와 동사 사이에서:

Paris // est une grande ville [paʀi(*z)ɛtyngʀɑdvil]

⑤ 유음 h 앞에서:

les // Hollandais [le(*z)ɔlɑ̃dɛ]

les // héros [le(*z)eʀo]

très // haut [tʀɛ(*z)o]

⑥ mais 뒤에서:

Mais // oui [mɛ(*z)wi]

✅ 연습 문제

1. 음성학과 음운론의 차이를 기술하시오.

2. 다음 단어들에서 관찰되는 프랑스어의 반모음(반자음) [w], [ɥ], [j]이 음소 (phonème)에 속하는지 설명하시오.
   ① trois [tʀwa] = [u]에 인접한 [w]
   ② nuit [nɥi] = [y]에 인접한 [ɥ]
   ③ pied [pje] = [i]에 인접한 [j]

3. 다음 표현들을 음소로 기술하고 음절로 분리하시오.
   ① Les strates du sol gris
   ② Laissez croître des feuilles et des fruits
   ③ Huit stries sur le mur ocre

4. 다음 프랑스어 음소들 각각의 음운 자질을 쓰시오.
   ① /t/   ② /z/   ③ /k/   ④ /e/   ⑤ /u/   ⑥ /ɑ/   ⑦ /ø/

5. 다음 단어에서 자음과 모음 차원에서 최소 대립쌍의 예를 하나씩 드시오.
   ① pain   ② temps   ③ feu   ④ champs   ⑤ goût

6. 다음 발화체를 음절^{syllabe}로 분리하시오.
   [søbɛʀʒe/mɛnseʃɛvʀ/pɛtʀlɛʀbepɛs/devɛʀʒedesevɛn]

7. 하나의 음소가 서로 다른 소리로 실현되는 이음(異音)^{allophones}의 종류를 제 시하고 예를 들어 설명하시오.

8. 다음의 예들을 살펴보고 철자 'x'가 어떤 음소들로 실현되었는지 쓰시오.

exigence, soixante, exprimer, dixième, thorax, mixte, flux, yeux, maux

9. 연음liaison과 연독enchaînement을 정의하고 예를 하나씩 드시오.

10. 연음이 일어나면 안 되는 경우를 두 가지 예로 드시오

형태론 La morphologie
- 프랑스어의 단어 구조

형태론은 단어mot의 구조를 연구하는 언어학 분야이다. 한 언어를 구성하는 요소들 가운데서 우리에게 가장 익숙한 것이 단어이다. 문자 언어의 층위에서 단어는 띄어쓰기blanc typographique 혹은 구두점ponctuation에 따라 분리되는 소리의 연속체를 가리킨다. 그런데 단어가 언어를 구성하는 가장 기본적인 또는 가장 작은 단위는 아니다. 단어를 구성하는 더 작은 단위로 '의미를 지닌 최소의 문법 단위'라 정의하는 형태소 morphème 혹은 기호소monème 17)가 있다. 형태론은 형태소들의 종류와 결합 방식에 대한 연구이다. 즉, 형태론은 단어가 어떠한 형태소로 구성되어 있는지 그리고 형태소들이 어떠한 방식으로 조합되어 단어를 구성하게 되는지를 다룬다.

---

17) 형태소라는 용어 대신 마르티네는 기호소monème로, 옐름슬레우는 어의소glossème 라는 용어를 사용했다.

1. 형태론의 연구 대상

1.1. 형태소의 분류

형태소에는 독립적으로 쓰일 수 있는 자립 형태소morphème autonome 와 독립적으로 쓰이지 못하는 의존 형태소morphème non-autonome가 있다. 일반적으로 명사, 형용사, 전치사는 홀로 쓰이는 자립 형태소이다. 반면에 명사, 형용사의 여성형과 복수형에 포함되어 있는 여성 표지 -e 와 복수 표지 -s, 동사의 어간과 어미 -e, -es, -ons, -ez, -ent 등은 혼자 쓰이지 못하고 반드시 다른 형태소와 결합하여 나타나야 한다. 이러한 것들이 의존 형태소이다. 의존 형태소에는 어간radical과 어미désinence 혹은 어근mot racine과 접사affixe가 포함된다. 어간은 단어에서 변화하지 않는 가장 핵심적인 부분을 말한다. 가령, 프랑스어 동사 parlerons에서 어간은 변화하지 않는 부분 parl-이다. 이에 반해 어미는 어간과 결합하는 문법 형태소, 즉 굴절 접사를 말한다. 어근은 단어에서 의미를 갖춘 부분이자 다양한 어휘의 근간이 되는 원초적 단위이다. 다시 말해 어근으로부터 다양한 어휘가 파생된다. 어근과 결합하여 어휘를 파생시키는 문법소를 접사라고 한다. 프랑스어의 접사는 접두사préfixe와 접미사suffixe로 나뉜다.

이와 같은 정의에 따르면 étudiants은 일단 형태소 étudiant과 복수 표지 -s로 나뉜다. 자립 형태소인 étudiant은 다시 étud(e)와 동사를 파생하는 -i(er) 그리고 행위자를 나타내는 접사 -ant으로 분석된다. 한편, 명사 étudiantes에서 étud(e), 동사 활용형 parlons에서 parl-는 의미의 중심이 되는 부분인 어휘 형태소morphèmes lexicaux이다. 이 형태소들에 붙어서 문법적 기능을 수행하는 의존 형태소인 -i, -ant, -e, -s와 동사 어미 -ons, 즉 접사와 어미는 문법 형태소morphèmes grammaticaux이다. 어휘 형태소와 문법 형태소는 다음과 같은 특성을 지닌다.

〈표 4-1〉

어휘 형태소	문법 형태소
1. 어근(bébé, livre, chance, parl-...)	1. 접사
2. 사전의 표제어	2. 일반적으로 사전의 표제어가 아님
3. 대부분 독립적으로 사용 가능[18]	3. 독립적으로 사용 불가능
4. 개방된 목록	4. 폐쇄된 목록

단어들이 여러 개의 형태소로 분리되는 예들을 찾아보면 아래와 같다.

(1a) dresseur: dress-/-eur

(1b) anticonstitutionnellement: anti-/constitu-/-tion/-(n)el/-le/-ment

(1c) chantais: chant-/-ais

(1a)에서 dresseur는 dress-(/dRɛs/)와 -eur(/œR/)라는 두 개의 형태소로 분리된다. 또한 어근 dress-를 어근 dans-(/dɑ̃s/)와 대치하면 dans+eur(/dɑ̃sœR/)가 된다. (1c)에서 동사 chantais의 chant-은 어간,

---

18) 어휘 형태소는 대체로 자립성이 있으나 여기서 예로 든 동사 어근은 자립성이 없다.

−ais는 어미로 시제, 인칭, 수에 대한 복합적인 정보(반과거 1, 2인칭 단수)를 담고 있다.

1.2. 형태소와 이형태

음소가 다양한 이음allophone으로 나타날 수 있듯이 형태소 역시 음운 환경에 따라 다양한 형태로 실현될 수 있다. 하나의 의미가 다양한 형태로 실현되는 형태소들을 이형태allomorphe라고 한다. 이것은 다음과 같이 두 가지로 구분된다.

① 두 형태가 환경과 무관한 상태로 교차된 분포를 보이는 경우를 자유 변이형variantes libres이라 한다. 자유 변이형의 경우 지정된 환경이 없다. essayer 동사는 j'essaye, tu essayes와 같이 변화하기도 하고, j'essaie, tu essaies와 같이 철자가 i로 변형되어 변화하기도 한다. 이것이 자유 변이형의 예라고 할 수 있다.

② 두 형태가 환경과 관련이 있고 상보적 분포를 보이는 경우는 조합 변이형variantes combinatoires이라 한다. 조합 변이형은 어떤 환경에서 한 형태가 나타나면 다른 형태는 배제된다. 예를 들어, 직접 목적보어 대명사의 3인칭 남성 단수 형태나 정관사의 남성 단수형으로 쓰이는 le는 /lə/외에도 l' /l/라는 이형태를 갖는다. 이것은 무음 h나 모음 앞이라는 환경에서 실현되는 이형태이다.

2. 굴절과 파생

2.1. 굴절

성, 수, 인칭, 시제 변화와 같은 문법상의 변화를 굴절flexion이라고 한
다. 이것을 연구하는 분야를 굴절 형태론morphologie flexionnelle이라 한다.
굴절 접사affixe flexionnel는 어근의 범주에 의해 요청되는 성, 수, 인칭, 시
제와 같은 문법적 특성들을 표시한다. 프랑스어에서 굴절 접사는 접미
사suffixe이다. 굴절 접두사는 프랑스어에 존재하지 않는다. 이러한 굴절
형태소를 통해 새로운 어휘가 만들어진다. 동사 형태를 살펴보면 동사
어간에 시제와 인칭을 나타내는 굴절 접미사인 어미가 결합된다.

(2a) *er-ai-chant
(2b) chant-er-ai (동사 어간−시제(미래)-인칭·수(1인칭, 단수))

명사의 경우에는 어근에 복수 접미사가 결합된다.

(3a) *aux-chev
(3b) chev-aux (명사 어근−수(복수))

굴절 접미사는 명사, 동사, 형용사 같은 범주의 문법적 특성을 표시한
다. 명사와 형용사의 성genre과 수nombre, 그리고 동사의 인칭personne과
수 같은 문법적 특징들이 굴절 접미사를 통해 표시되는 것이다.

(4a) 형용사: gentil-gentille (여성 단수) / gentils-gentilles (여성
복수)

(4b) 명사: ami-amie (여성 단수) / amis-amies (여성 복수)

(4c) 동사: je chante (1인칭 단수) / tu chantes (2인칭 단수) / il
chantait (3인칭 단수, 반과거) / nous chantions (1인칭 복수,
반과거) / vous chanterez (2인칭 복수, 단순미래)

2.2. 파생

단일한 자립(어휘) 형태소에서 출발하여 단일어mot simple를 만들어 내
는 과정을 파생dérivation이라 한다. rapide가 복수 표지와 결합하여 복수
형태 rapides가 되는 것은 굴절이지만 rapide라는 단일 형태소에 부사
파생 접미사 -ment이 결합하여 rapidement이라는 부사가 생겨나는 과
정은 파생이다.

(5a) rapidement   (5b) calculation

rapide   -ment   calcul   -ation

프랑스어의 다음절어 대부분이 파생을 통해 만들어진 것들이다. 파
생은 매우 생산적인 과정이어서 파생 규칙을 적용하면 위와 같이 새로
운 단어들을 생성해 낼 수 있다. 파생 과정에는 접두사와 접미사가 개
입된다. 파생 접사는 어근의 원래 범주를 변화시키거나 내용을 변형시

킨다. 파생 접미사는 일반적으로 단어의 문법 범주를 변화시킨다.

(6a) Adjectif

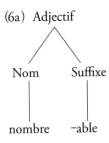

nombre(명사 N) + **-able**(형용사 파생 접미사) → **nombrable**(형용사 A)

그러나 파생 접두사는 대개의 경우 단어의 문법 범주를 변화시키지 않는다.

(6b) Adjectif

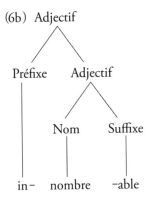

in-(접두사) + **nombrable**(형용사 A) → **innombrable**(형용사 A)

3. 합성

합성composition은 여러 개의 단일어mot simple를 결합하여 합성어mot composé를 만드는 과정이다.

(7) pomme + de + terre = pomme de terre

(8) machine + à + laver = machine à laver

(9) sèche + cheveux = sèche-cheveux

합성어에는 내적 결합성cohérence interne이 있으므로 단어 내부에 어떤 언어적 요소도 개입시킬 수 없다. 예를 들어 합성어 pomme de terre(감자)는 다른 어휘가 합성어 내부에 삽입되는 것을 허용하지 않는다.

(7a) *une pomme **pourpre** de terre 〉 *une [pomme [**pourpre**] de terre]

(7b) une pomme de terre **pourpre** 〉 une [[pomme de terre] **pourpre**]

(8a) *la machine **noire** à laver 〉 *la [machine [**noire**] à laver]]

(8b) la machine à laver **noire** 〉 la [machine à laver [**noire**]]

합성어의 의미는 그 단어를 구성하고 있는 요소들의 의미를 기본으로 형성된다. 동사 부정법infinitif과 쓰인 전치사 à는 용도, 즉 '~하기 위한'의 의미를 가져 위 예문 (8b)는 '세탁하기 위한 기계'(machine pour laver) 즉, '세탁기'를 의미한다. (9)는 '머리를 말리기 위한 기계'(machine à sécher les cheveux)를 지칭하기 위해 명사와 명사를 결합하여 합성 명사를 만든 예이다.

합성어들 중에는 (7)의 유형처럼 그 의미가 구성요소들의 의미의 단순 집합으로 이루어지지 않고 보다 총체적인 새로운 의미를 지니게 되는 것들도 있다.

(7c) une pomme de terre

　　≠ une pomme en terre

　　≠ une pomme qui est dans la terre(땅 속에 묻힌 사과)

　　= une tubercule(덩이식물)

다른 예로 une gueule de loup를 들 수 있다. 이것은 '금어초'라는 식물을 가리키는 표현으로 gueule(동물의 주둥이) + de + loup(늑대)와는 전혀 관계가 없다.

합성어에는 다양한 유형이 존재한다. 다음에서 볼 수 있듯이 합성어 명사는 명사와 명사 혹은 동사와 명사의 결합 외에도 형용사, 전치사, 부사, 수량사의 결합을 통해 만들어질 수 있다.

① N + P + N → N　　　　　ex) salle de bains, boîte aux lettres

② N + P + V → N   ex) salle à manger, machine à laver

③ N + N → N   ex) timbre-poste

④ V + N → N   ex) lave-linge, sèche-cheveux

⑤ V + Quantifieur → N   ex) fourre-tout

⑥ A + P + N → N   ex) bon à rien

4. 기타 단어 형성 규칙

4.1. 혼성어

두 단어의 일부를 합쳐서 하나의 단어로 합성해 만든 단어를 혼성어 mots-valises라고 한다. 이러한 조어 방식은 신조어의 생성에 기여하는 바가 크다.

(10a)   motor + hotel 〉 motel

(10b)   smoke + fog 〉 smog

(10c)   cybernetic(인공두뇌학의) + organism 〉 cyborg

(10d)   information + automatique 〉 informatique

(10e)   modulateur + démodulateur 〉 modem

(10f)   français + anglais 〉 franglais

(10g)   courrier + électronique 〉 courriel

(10h) famille + millionnaire 〉 famillionnaire

위의 (10)과 같은 혼성어들은 사전에 등재되는 경우도 있지만 일시적
으로만 사용되다가 소멸하기도 하고 사전에 등재되지 않는 경우((10c),
(10h))도 있다.

4.2. 두문자어

두문자어란 여러 단어의 머리글자를 한데 모아 한 단어처럼 사용하
는 것을 말한다. 그 중에서 머리글자들로 이루어진 조합이 한 단어처럼
읽히는 경우를 음절 약어acronyme라 한다.

(11a) O.V.N.I. [ovni]: **Objet Volant Non-Identifié** (미확인 비행 물체)

(11b) O.N.U. [ony]: **Organisation des Nations Unies** (국제 연합)

약어sigle는 단어의 머리글자를 조합한 대문자 약호를 말한다. 약어는
한 단어처럼 읽지 않고 철자를 한 자씩 읽는다.

(12a) F.M.I. [ɛfɛmi]: Fondation Monétaire Internationale (국제 통
　　　 화 기금)

(12b) A.D.N. [adeɛn]: Acide Désoxyribonucléique (디옥시리보 핵산)

(12c) S.N.C.F. [ɛsɛnseɛf]: Société Nationale des Chemins de Fer
　　　 Français (프랑스 국유 철도)

(12d) T.G.V. [teʒeve]: **Train à Grande Vitesse** (초고속 전철)

(12e) P.I.B. [peibe]: **Produit Intérieur Brut** (국내 총생산)

두문자어 중에서 다음과 같이 외국어 단어에 기초해 만들어진 것들
도 있다.

(13a) USA [yɛsa] ⟨ United States of America

(13b) UNESCO [ynɛsko] ⟨ United Nations Educational, Scientific
and Cultural Organization

4.3. 단축법

단어 형성 규칙 중에는 단어의 일부(주로 첫 부분)만 남기고 나머지는
생략하여 사용하는 방식인 단축법troncation이 있다. 이 방식에서는 단어
의 첫 부분이나 끝부분이 생략된다. 단축법이 언제나 단어의 어근과 접
사의 경계에 적용되는 것은 아니다.

(14a) convocation ⟩ convoc

(14b) problème ⟩ blème

단축법이 적용되는 경우 대부분 단어의 뒷부분이 삭제된다.

(15a) vélocipède ⟩ vélo

(15b)　pneumatique 〉pneu

(15c)　cinématographe 〉cinéma 〉ciné

(15d)　laboratoire 〉labo

(15e)　professeur 〉prof

(15f)　docteur 〉doc

(15g)　football 〉foot

(15h)　basketball 〉basket

단축법이 적용된 단어가 다시 새로운 단어 형성에 사용되는 경우도 있다.

(16a)　publivore 〈 publi+vore (광고를 과도하게 좋아하는 사람)

(16b)　cinéphile 〈 ciné+phile (영화팬)

4.4. 범주 전환

범주 전환conversion은 한 단어가 다른 문법 범주로 사용되는 것 transcatégorisation을 말한다. 예를 들어 명사 orange, marron은 불변하는 invariable 색채 형용사로 전환되어 사용된다.

(17a)　un **orange** bien mûre / un pull **orange** (명사 → 형용사)

(17b)　**marron** glacé / (les) yeux **marron** (명사 → 형용사)

범주 전환을 할 때 다음과 같이 동사가 형태적 변화를 거쳐 명사로 전환되기도 한다.

(18a)   manger 〉 le manger (먹을 것, 먹기, 먹는 행동) (동사 → 명사)

(18b)   nager 〉 la nage (동사 → 명사)

(18b)   gifler 〉 la gifle (동사 → 명사)

5. 관용 표현

프랑스어에는 관용적으로 쓰이는 다양한 합성 표현들이 있다. 관용 표현expressions idiomatiques에서 사용되는 합성어들은 글자의 의미대로 해석되는 것이 아니라 하나의 굳어진 의미를 지닌다. 그렇기 때문에 그러한 합성어를 구성하는 요소에 어떠한 요소를 첨삭하는 등의 변형은 불가능하다. 가령, 다음 관용 표현에서 한정사를 바꾸거나 형용사를 첨가하면 의미가 달라진다.

(19)   casser sa pipe = mourir (죽다)

    ≠ casser une pipe / ≠ casser sa belle pipe en écume

(20)   briser la glace = faire cesser la contrainte (자유로운 태도를 취하다)

    ≠ briser la glace de l'étang

(21)   ficher le camp = s'en aller (자리를 뜨다)

(22) avoir du pain sur la planche (해야 할 일이 많다)

(23) enterrer la hache de guerre = faire la paix (화해하다)

(24) déterrer la hache de guerre (전쟁하다)

(25) tirer les marrons du feu (위험을 무릅쓰다)

(26) monter sur ses grands chevaux = se mettre en colère et parler avec prétention (기세등등하다, 발끈하다)

다시 말해, 관용 표현인 casser sa pipe는 '파이프를 부러뜨리다'와 같은 분석적인 해석에 따른 의미가 아니라 '세상을 떠나다, 죽다'처럼 숙어적 의미를 지닌다. 위 표현들이 총체적인 의미를 지니는 것은 다음과 같은 통사적 변형을 통해 확인할 수 있다.

(19a) Mon grand-père a cassé sa pipe. ≠ Sa pipe a été cassée par mon grand-père.

(19b) #Qu'est-ce qu'il a cassé, mon grand-père ? - Sa pipe.

(19c) #Mon grand-père l'a cassée, sa pipe.

(20a) Marie a brisé la glace. ≠ La glace a été brisée par Marie.

(20b) #Qu'est-ce que Marie a brisé ? - La glace.

(20c) #Marie l'a brisée, la glace.

(23a) Les Gaulois ont enterré la hache de guerre avec les Romains. ≠ La hache a été enterrée par les Gaulois avec les Romains.

(23b) #Qu'est-ce que les Gaulois ont enterré ? - La hache de
guerre.

(23c) #Les Gaulois l'ont enterrée, la hache de guerre !

(19a)에 제시된 수동문과 그 이하 #표시된 문장들은 모두 (19)와 같은 의미로 해석될 수 없다. 또한 (19)의 관용 표현은 수동문, qu-의문문으로 전환, 대명사화 같은 통사적 변형이 불가능하다. 이러한 통사적 테스트를 통해 관용 표현이 지닌 의미적 측면에서 내재적 결합성[19]을 검증할 수 있다.

---

19) 구성 요소들이 서로 모여 하나의 총체적 의미로 재탄생되기 때문에 통사적 조작이 불가능하다는 의미이다.

✔ 연습 문제

1. 다음 문장들을 읽고 참(V)인지 거짓(F)인지 표시하시오.

	VRAI	FAUX
① 형태소morphème는 2차 분절deuxième articulation의 단위이다.	☐	☐
② 형태소는 단 하나의 음소로만 이루어질 수도 있다.	☐	☐
③ 파생dérivation은 접사를 사용하여 이루어진다.	☐	☐

2. 다음에 제시된 단어들에 사용된 조어 방식을 분석하시오.
   ① OS(영어 Operating System)
   ② logiciel
   ③ logithèque
   ④ indéniablement
   ⑤ préexistant
   ⑥ montrer patte blanche
   ⑦ internaute

3. 다음과 같은 프랑스어와 독일어의 성(性)genre 대립을 통해 알 수 있는 것은 무엇인지 쓰시오.

프랑스어: le livre / la livre; le page / la page; le somme / la somme; le vase / la vase; le mémoire / la mémoire; le voile / la voile; le moule / la moule; le tour / la tour, etc.

독일어: der Band (le volume, le tome) / das Band (le lien, le ruban); des Leiter (le directeur) / die Leiter (l'échelle); die Steuer (l'impôt) / das Steuer (le volant, le gouvernail); der Gehalt (le teneur) / das Gehalt (le traitement, le salaire)

4. 부정négation을 표현하는 프랑스어의 문법 형태소로는 무엇이 있는지 예를 드시오.

5. 프랑스어의 접속법 현재subjonctif présent의 형태는 구어에서 어떠한 형식을 근거로 하는지 2군 동사를 예로 들어 설명하시오.

6. 형태소의 이형태allomorphe를 정의한 후 어떤 종류가 있는지 설명하고 그 예를 하나씩 들어 보시오.

7. 다음의 단어들의 형태소 분석을 하시오.
   ① commercialisation
   ② incapables
   ③ fortement
   ④ préhistorique
   ⑤ anticonstitutionnellement

8. 굴절flexion과 파생dérivation의 차이를 예를 들어 설명하시오.

9. 두문자어 O.N.U.와 T.G.V.가 어떻게 다른지 설명하시오.

10. 행위를 의미하는 접미사의 예를 두 가지 드시오.

제5장

어휘론 La lexicologie

- 프랑스어의 어휘

어휘론은 단어mot를 연구하는 학문으로 단어의 성격, 어원뿐만 아니라 단어를 특징짓는 여러 관계들을 연구한다. 또한 어휘론은 단어뿐만 아니라 한 언어의 어휘 총체lexique의 구조를 체계적, 과학적으로 기술하는 학문이기도 하다.

단어에 대한 언어학적 연구는 크게 두 가지 방법으로 접근 가능하다. 어휘·의미론적으로는 단어의 의미와 단어들 간의 의미 관계를 분석하고 어휘·형태론적으로는 단어들의 구조와 그 형태들의 관계를 분석한다. 전자는 의소sème라는 의미 단위로 단어의 의미를 나누어 분석하거나 단어들의 의미가 서로 어떻게 연결되는지를 연구한다. 후자는 파생, 합성과 같은 단어들의 형성 관계, 고유어, 외래어와 같은 단어들의 유래 관계, 유행어, 신조어와 같은 단어들의 지위 관계 등을 연구한다. 이 두 가지 방법에 따른 연구는 의미론과 형태론에서 각각 더 깊이 있게 다루기로 한다. 이 장에서는 어휘론의 연구 대상에 대해 살펴본 후, 장場 이론만 다루도록 한다.

1. 어휘론의 대상

1.1. 단어[20]

어휘론을 단어mot를 연구하는 학문으로 정의할 때 어휘론의 연구 대상이 되는 단어란 무엇인가? 단어는 철자법에 따라 정해진 개체로, 글을 쓸 때는 여백으로, 말을 할 때는 휴지休止에 의해 구분된다. 따라서 일반적으로 단어를 정의할 때 크게 네 가지로 구분한다. 철자법상의 단어mot graphique, 음성학적 단어mot phonétique, 의미론적 단어mot sémantique, 어휘적 단어mot lexical가 바로 그것이다.

철자법상의 단어는 두 여백 사이에 있는 일련의 글자들을 말한다. 그러나 철자법상 한 단어가 문법적으로 다른 여러 단어들을 가리킬 수 있다. 그 예로 travaillais는 동사 travailler의 직설법 반과거 1, 2인칭을 나타낼 수 있다.

음성학적 단어는 두 휴지 사이의 일련의 소리들을 말한다. 그러나 여러 개의 철자법상의 단어가 하나의 음성학적 단어에 대응할 수 있

---

20) G. Siouffi & D. Van Raemdonck(1999), pp.132~133 참조.

다. 그 예로 단어 [tRavaje]는 철자법상으로는 travaillais, travaillait, travaillaient에 해당한다. 음성학적 단어이자 철자법상의 단어인 marche 또한 형태소[21] march-의 여러 굴절 형태에 해당한다(직설법 1, 3인칭 현재, 명령법 2인칭, 접속법 현재 1, 3인칭). 게다가 휴지는 항상 글자상의 여백과 일치하는 것은 아니다. 예를 들어 les_hôtels은 연음 때문에 [le zo[ɔ]tɛ l]로 발음되므로 철자법상의 단어와 음성학적 단어가 일치하지 않는다.

의미론적 관점에서도 단어를 정의할 수 있다. 한 문장의 내부에서 의미 전달을 하는 언어 단위가 바로 단어라 할 수 있다. La table est ronde 라는 문장에서 table를 그 예로 들 수 있다. 이 의미의 단위가 철자법상의 단위와 일치하는 경우도 있지만 여러 개의 철자법상의 단어들이 하나의 의미론적 단어에 해당할 수도 있다. 일반적으로 합성어가 이에 해당한다. 예를 들어 pomme de terre는 세 단어로 이루어져 있으나 의미론적으로는 한 단어라고 할 수 있다. 이 밖에도 avant-porte, après-midi, tout d'un coup 등을 들 수 있다.

어휘적 단어를 어휘소lexème라 한다. 사전의 표제어로 쓰이는 어휘소는 가능한 모든 형식상의 변화가 없는 철자법상 단어의 기본 형태로 나타난다. 따라서 형용사는 남성 단수로, 동사는 원형으로 표시된다.

그렇다면 단어는 가장 작은 의미 단위인가? 기능주의 언어학자들이 구syntagme와 형태소morphème의 개념을 발전시킨 후, 많은 언어학자들이 단어의 개념이 타당한지에 대해 회의를 품기 시작했고 품사 분류에 단어의 개념을 이용하는 것을 비판하였다. 위치나 억양 같은 요소들을 중

---

21) 형태소의 정의는 '제4장 형태론' 참조.

요하게 생각하지 않았으나 이것들은 단어가 지니는 특성과 같은 특성을 띨 수도 있다. 예를 들어 me, te는 직접 목적보어일 때나 간접 목적보어일 때 형태가 같아서 다른 목적보어와 같이 쓰일 때 위치에 따라 구분된다.

    (1a) Tu me rappelles. (직접 목적보어) / Tu me le donnes. (간접 목적보어)

    (1b) Je te rappelle. (직접 목적보어) / Je te le donne. (간접 목적보어)

단어가 최소의 의미 단위가 아니라면 최소의 의미 단위는 무엇인가? 단어에는 여러 층위가 포함되어 있어서 하나의 어휘소뿐만 아니라 다양한 문법 정보가 들어 있다.

    (2)   La mère de la fille a souri.

위의 문장에서 주어는 단어 mère가 아니라 구(여기서는 명사구) la mère de la fille이고 mère는 주어인 명사구의 중심에 놓여 있을 뿐이다.

또 다른 예로 des가 전치사 de와 정관사 les가 합쳐진 축약 관사일 때 des를 어디에 분류할 것인지도 문제이다. 이것을 하나의 단어로 보아야 할지 결정하기 힘든 경우도 많다. 이런 비판과 자문이 다른 형태의 의미 단위를 찾도록 했고 현재로는 단어보다 형태소를 언어학적으로 더 적합한 최소 의미 단위로 인정하고 있다.

1.2. 어휘 총체

그렇다면 어휘론의 또 다른 연구 대상인 '어휘 총체'는 무엇인가? 한 언어의 화자는 저마다 수많은 단어들을 갖고 있다. 어떤 것들은 매일 사용하지만 또 어떤 것들은 글을 쓸 때나 말할 때 아주 가끔 사용한다. 이처럼 화자 각자가 지닌 단어의 집합을 '개인의 어휘vocabulaire'라고 하고 이 모든 개인의 어휘들을 아우르는 가상의 전체 집합을 '어휘 총체 lexique'라고 한다. 그 어떤 화자도 모국어의 어휘 총체를 갖고 있지는 않기 때문에 어휘 총체를 한 언어의 모든 단어의 '가상의' 전체 집합이라고 하는 것이다. 따라서 어휘론은 어느 한 언어의 어휘 총체를 구성하는 개인의 어휘들에 관한 연구라고 할 수 있다.

언어의 어휘 총체는 대부분 혼합적이고 이질적이다. 외국어 어원의 단어들이 있는가 하면 여러 종족의 언어를 어원으로 하는 단어들도 있다. 이런 외래어들은 그 나라 언어에 동화되는 경우가 흔하다. 예를 들어 영어의 zap(리모컨으로 텔레비전의 채널을 획획 바꾸다)는 프랑스어에서 zapper라는 파생어를 만들었고 영어의 zapping(채널 돌리기)은 프랑스어에서 그대로 사용하고 있다.

1.3. 프랑스어 어휘의 규모

어휘론은 개별 어휘에서부터 전체 어휘에 이르기까지 넓고 다양한 주제를 다루는 학문이다. 그런데 어휘 단위를 설정하고 어휘의 규모를 산정하는 것은 쉬운 일이 아니다. 어휘 총체의 규모는 보통 사전에 등재되는 표제어의 수를 기준으로 한다. 그런데 사실 사전마다 표제어의 수가 다를 뿐만 아니라 사전 편찬 방식과 사전 편찬자들에 따라 표제어로 등재하는 기준이 달라 어휘 총체 전체를 파악하기는 힘들다. 또한 사전에 표제어로 실리지 않은 신조어와 전문 용어들도 많은데 신조어는 끊임없이 생성·소멸하기 때문에, 그리고 전문 용어는 사용 분야가 다양하고 광범위하기 때문에 수를 산정하기 어렵다.

프랑스어 사전에 등재된 어휘수를 살펴보면 다음과 같다.

Le Petit Robert(2020): 약 30만 단어

Dictionnaire Internet Larousse(2020): 8만 단어 이상

Le Grand Larousse illustré(2020): 63,500 단어 이상

Trésor de la Langue Française informatisé: 10만 단어

사전마다 표제어의 수에 차이가 많지만 등재된 수많은 단어들 중에 프랑스인들은 대부분 3,000~5,000개 정도의 단어를 사용하고 일상생활에서는 개인에 따라 300~3,000개 정도밖에 사용하지 않는다. 프랑스 중고등학생을 위한 '기초' 어휘는 800~1,600개, 성인 어른은 3,000개 정도이다. 수준 있는 대중을 위한 '일반 상식' 어휘는 2,500~6,000개 정도이다.[22]

프랑스는 1950년대에 외국인과 프랑스 연합[23] 사람들에게 프랑스어

---

22) 이것은 뒤부아-뷔이즈 척도échelle Dubois-Buyse에 근거한 구분이다(http://www.encyclopedie-incomplete.com/?Les-600-Mots-Francais-Les-Plus#nb1 참조).

23) 프랑스 제4 공화정 헌법에 따라 1946년에 본국과 구 식민지 보호령을 평등한 권리

를 가르치기 위한 용도로 고빈도의 단어와 문법 정보의 목록을 조사하여 '기본 프랑스어français fondamental'[25]를 완성하였다. 이 작업에서 구어와 문어, 모든 상황에서 사용되는 단어의 수는 제한적이라는 것을 확인할 수 있었다. 그 결과 1단계의 기본 프랑스어를 1,500 단어 이하, 2단계를 약 1,700 단어로 구성하였다. 아카데미 프랑세즈Académie Française는 빈도수에 입각하여 '기본 프랑스어français fondamental'와 '필수 프랑스어français élémentaire'를 구분하고 전자는 1,000 단어 이상, 후자는 3,000 단어 이상의 목록을 제안하고 있다.[25]

2. 장 이론

하나의 단어는 공시태에서 정의된 구조 안에서만 의미를 얻는다. 따라서 어휘론자들이 연구하고 기술하려는 것은 바로 이런 구조들이다. 이를 위해 어휘론자들은 기본이 되는 세 개의 장場에 대해 연구한다. 형태론적 장champ morphologique, 개념장champ notionnel, 의미장champ sémantique이 바로 그것이다.

와 의무 아래 통합한 연합체이다. 프랑스 연합Union française은 1958년에 프랑스 공동체 Communauté française로 개편되었다.

24) 언어학자 구겐하임Georges Gougenheim(1900~1972)은 1958년에 기본 프랑스어 3,000 단어를 수록하여 『기본 프랑스어 사전Dictionnaire fondamental de la langue française』을 출간하였고, 1977년에는 3,500 단어를 수록한 수정·보완판이 출간되었다.

25) https://fr.wikipedia.org/wiki/Fran%C3%A7ais_fondamental#cite_note-1 참조.

2.1. 형태론적 장

형태론적 장은 파생장champ dérivationnel이라고도 불린다. 기저로 사용되는 어느 한 단어에서 출발하여 그 단어와 형태론적으로 연관된 단어들을 살펴보는 것이다. 예를 들어, lune는 lunaire, lunatique, alunir, lunaison 등과 형태론적으로 연결되어 있다. 뿐만 아니라 같은 어간을 갖는 단어들(chant-: chanter, chanteur, chantable...), 같은 접두사를 갖는 단어들(dés-: désagréable, désapprouver, désarmer...), 같은 접미사를 갖는 단어들(-eur: menteur, voleur, chanteur, directeur...)을 모아볼 수 있다.

2.2. 개념장

한 단어의 개념장은 두 가지 방법으로 접근할 수 있다. 첫 번째 방법은 언어 외적 세계에서 출발하여 기의들의 주요 분야들을 추출하고 해당 분야에 존재하는 모든 기표를 배치시키는 것이다. 이 경우 여러 문법 범주의 단어들(명사, 형용사, 동사 등)이 포함될 수 있다. 예를 들어 'ferme'의 개념장을 살펴보면 관련된 사람들로는 fermier, paysan, valet de ferme 등이 있고, 관련 건물로는 maison, grange, écurie, 관련 동물로는 chien, poule, vache, cheval 등, 농기구로는 tracteur, charrue, fourche, 경작물로는 blé, colza, luzerne, 관련 활동으로는 labourer, sarcler, semer 등을 들 수 있다. 이 방법은 어휘장champ lexical이라고도 불린다.[26]

---

26) J.-P. Robert(2008), p.30 참조.

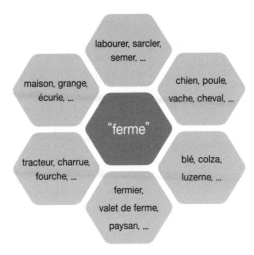

labourer, sarcler, semer, ...

maison, grange, écurie, ...

chien, poule, vache, cheval, ...

"ferme"

tracteur, charrue, fourche, ...

blé, colza, luzerne, ...

fermier, valet de ferme, paysan, ...

[그림 5-1] ferme의 개념장

두 번째 방법은 추출된 기표들에서 출발하여 기의들의 구조를 밝혀
내는 것이다. 그 예로 '여성의 조건'의 개념장을 들어보자.

〈표 5-1. femme의 개념장〉[27]

	condition personnelle	âge	une gamine, une fillette, une jeune femme, ...	
		état	une vierge, une femme	
《FEMME》		famille	une sœur, une cousine, une tante, ...	
	condition familiale	mariage	état	célibataire, mariée, veuve, divorcée, ...
			appellation	madame, Mme, mademoiselle, épouse X, ...
		maternité	une mère, une maman, une maman-célibataire, ...	
		...	...	

_____

27) R. Eluerd(1993), p.138 참조.

《FEMME》	condition sociale	métier	une dactylo, une perfo, une prof, ...
		appella-tion	Madame la Directrice, Madame le Ministre, ...
		origine	une Française, une Arlésienne, ...
		état	une dame, une fille du peuple, une bourgeoise, ...
		...	...

이 두 경우에서 볼 수 있듯이 이것은 아주 방대한 연구이고 공시적으로 접근해야 한다. 왜냐하면 시대에 따라 사용되는 어휘가 달라 어느 한 시대에 사용되던 어휘가 다른 시대에서는 사용되지 않거나 같은 지위를 차지하지 않을 수 있기 때문이다.

2.3. 의미장

한 단어의 의미장을 연구하는 것은 그 단어의 모든 용법을 연구하는 것이다. 이런 작업을 통해 예를 들어 동사 'tourner'의 모든 용법을 설명할 수 있어야 한다.

(3a) tourner la page (책장을 넘기다)

(3b) tourner à droite (오른쪽으로 돌다)

(3c) tourner la salade (샐러드를 섞다)

(3d) tourner un film (영화를 찍다)

그런데 개념장과 의미장을 혼동해서는 안 된다. 예를 들어 단어

'rouler'는 automobile의 개념장에서는 accélérer, ralentir, démarrer 등과의 관계 하에 놓이지만 의미장에서는 Ma voiture roule bien(차가 달리다). Il roule des mécaniques(허세를 부리다). Il se les roule(할 일 없이 빈둥거리다). J'ai roulé ma pelouse(잔디밭을 롤러로 다지다). J'ai été roulé(나는 속았다). Le bateau roule fortement(배가 좌우로 심하게 흔들린다) 등과 같이 단어 rouler의 모든 용법이 연구 대상이 되기 때문이다.[28]

지금까지 살펴보았듯이 개념장과 의미장 연구는 무엇보다 다의 관계와 동의 관계에 관한 문제를 제기하는데 이에 대해서는 의미론에서 보다 상세하게 다루도록 한다.

---

28) *Ibid.*, p.137.

✅ 연습 문제

1. 다음 용어들을 설명하시오.
   ① 어휘소^{lexème}
   ② 개인의 어휘^{vocabulaire}
   ③ 어휘 총체^{lexique}

2. 사전을 참조하여 단어 'voiture'의 개념장을 제시하시오.

3. 다음의 형태소들을 중심으로 형태론적 장을 형성하는 단어들을 찾아보시오.
   ① mange-
   ② intro-
   ③ -oir

4. 다음 랭보^{Arthur Rimbaud}(1854~1891)의 시 「Aube」의 첫 행에 나오는 'aube'를 개념장과 의미장으로 설명해 보시오.

   "J'ai embrassé l'aube d'été."

5. 다음 예문들에서 굵은 글씨로 표시된 두 표현이 어떤 점에서 다른지 설명하시오.²⁹⁾
   ① Il **s'est cassé la jambe** en tombant.

---

29) 연습문제 5번과 6번은 'A. Polguère(2002), p.46,(http://www-clips.imag.fr/geta/User/christian. boitet/M2R-SLE-ILP/M2R-SLE-ILP_fr/Polgue%CC%80re-Manuel1080.pdf)'에서 발췌.

② Il **s'est cassé la tête** pour résoudre ce problème.

6. 다음에서 예문 ①의 **casser un jugement**이 예문 ②의 **casser du sucre sur le dos de quelqu'un**(...에 대해 흉을 보다)와 다른 이유를 설명하시오.

① La Cour d'Appel **a cassé le jugement** condamnant Jules à quinze ans de prison.
② C'est pas sympa **de casser du sucre sur le dos de** ta collègue.

제3부

통사와 의미

제6장

통사론La syntaxe Ⅰ
- 프랑스어의 문장 구조

통사론은 문장의 구조에 관한 연구로 문장 성분들 간 결합 방식과 관계를 밝히는 학문이다. 언어학적 관점에서 통사론은 문장 내에서 단어들의 배열 순서ordre des mots, 문법적 범주 혹은 품사parties du discours, 문장 구성 요소의 문법적 기능fonctions grammaticales 등과 같은 사항들을 주로 다룬다.

통사론(혹은 문장론)을 의미하는 'syntaxe'라는 용어는 그리스어에서 유래한 것으로 '배열' 혹은 '정돈'을 뜻한다. 단어들을 아무렇게나 배열해서 문장을 만들면 자신의 의사를 상대방에게 제대로 전달할 수 없다. 예를 들어 je, trouve, ce, film, très, émouvant 이라는 단어들을 사용하여 "그 영화는 참 감동적이야!"라는 의미를 전달하기 위해서는 일정한 순서, 즉 "Je trouve ce film très émouvant !"과 같은 순서로 단어들을 배열해야 한다. 동사의 형태는 1인칭 단수 주어인 je와 일치하도록

trouve라는 형태를 가져야 하고, 목적어를 선행하는 지시 한정사는 남성 단수 형태인 ce여야 하며, 목적보어 속사 très émouvant은 목적보어 뒤에 위치해야 한다. 이렇게 문장 구조를 분석하여 단어들이 배열되는 방식을 설명하는 분야를 통사론이라고 한다.

학교 수업이나 학계에서 오늘날까지도 사용하고 있는 문법 용어들은 전통 문법의 품사 분류(명사, 동사, 형용사, 전치사, 부사)와 문장 성분 분류(주어, 목적어, 보어)를 따른다. 이는 통사론의 영역에 속한다.

1. 전통 문법 속 통사론

전통 문법에서는 언어적 사실을 설명하기 위해 언어 혹은 문법의 구성 요소들을 지칭하는 다양한 용어들을 사용한다. Je suis professeur에서 Je는 인칭 대명사이며 주어이고, professeur는 명사에 속하며 être동사의 속사 역할을 한다고 말한다. 이런 전통 문법의 용어들이 현재에도 문법 및 언어학에서 사용된다. 전통 문법에서 사용되는 용어들은 품사와 문장 내에서 수행하는 기능의 개념으로 설명할 수 있다.

1.1. 품사

품사parties du discours 분류는 단어의 종류를 가르는 것이다. 품사를 정의하기 위해서는 여러 가지 기준이 사용된다. 명사를 정의하기 위해서는 '사람이나 사물을 지칭하는 이름'이라는 의미적 기준을 적용할 수 있다. 만약에 형태적 기준을 적용한다면 어미가 변화하는 것들(명사, 형용사, 대명사)과 불변인 것들(부사, 전치사, 접속사)을 구분할 수 있다.

이와 같은 전통 문법적 품사 분류는 한계가 있다. 각 품사의 정의에 맞지 않는 단어들도 존재한다. 가령, 동사는 어떤 행위나 동작을 나타내는 품사라고 정의한다면 penser, rêver 같은 요소들은 동사가 아니어야 한다. 또한, 하나의 체계를 구성하는 요소들은 일정한 원칙에 따라 상호 관계를 맺어야 한다. 하지만 전통 문법에서 단어들은 어느 하나의 품사에 속할 뿐이지 품사들 사이의 관계를 중요하게 여기지는 않는다.

1.2. 문장 성분

문장을 구성하는 단위들, 다시 말해 품사들을 문장 내에서 수행하는 기능fonction에 따라 분류한 것을 문장 성분constituant d'une phrase이라 한다. 명사는 주어, 목적어, 보어 기능을 수행할 수 있고, 전치사는 명사(구)를 선행하면서 그 의미를 시간, 공간, 방식 등을 기준으로 제한하거나 명사를 다른 요소와 특정한 관계로 이어 준다. 단어 각각은 문장 내에서 일정한 역할을 수행한다. 그러나 단어들은 문장을 구성하고 있을 때 비로소 특정 기능을 갖게 될 뿐이다. 문장을 이루지 않은 상태에서 단어들은 어떤 기능을 담당할 수 있는 가능성만을 지니며 실제로 어떤 기능을 수행하고 있지는 않다. 따라서 단어의 기능은 같은 문장을 이루는 다른 단어들과의 관계를 통해서 알 수 있다. 주어sujet의 경우를 예로 들어 보자.

① **의미적 정의**: 주어는 동사가 표현하는 동작을 행하는 주체agent이다. 다음 예문에서 주어는 Pierre, Max이다.

(1a) Pierre court vite.
(1b) Max boit un verre d'eau.

이러한 의미적 정의는 기능을 관계로 해석한 것이 아니라 한 요소의 역할로 본 것이다. 그런데 이 정의에 위배되는 많은 사례가 있다.

(2a) Pierre souffre.
(2b) Pierre a reçu un cadeau.
(2c) Le marteau enfonce le clou.

(2a)에서 Pierre는 행위자가 아니라 피동주(被動主)patient이고, (2b)에서는 동작의 수혜자bénéficiaire이며, (2c)에서 주어 역할을 하는 것은 '망치'라는 도구이다.

② **논리적 정의**: 논리적으로 주어는 문장의 주제thème가 된다. 논리적 측면에서 모든 문장은 주제와 술어prédicat로 이루어진다. 주제란 말하는 대상(ce dont on parle)이며, 술어는 그 주제에 대해 말하는 바(ce que l'on en parle)이다. 그런데 이와 같은 논리적 정의의 문제점은 논리적 구조와 통사적 구조가 항상 일치하는 것은 아니라는 데 있다.

(3a)　Cette réalisation, une véritable catastrophe !

(3b)　Il arrive un garçon.

(3a)에서는 주제와 술어가 모두 명사구로 되어 있으며, (3b)에서는 주제가 un garçon이지만 주어는 il이다. 결국 통사적 기능의 개념을 논리적으로 정의하는 것은 항상 만족스럽지는 않다.

③ **형태-통사적 정의**: 프랑스어에서 주어라는 문법적 범주는 인칭과 수 자질을 동사와 공유한다. 다시 말해 동사는 주어의 수, 인칭에 일치한다.

(4a)　Nous parlerons. (1인칭 복수)

(4b)　Pierre partira. (3인칭 단수)

그러므로 프랑스어에서는 주어를 '동사에 일치를 유발하고, 일반적으로 동사 앞에 위치하는 문장 성분'과 같이 정의할 수 있다. 그러나 이러한 정의 역시 일반화할 수는 없고 다른 언어에 적용하지 않을 수 있다. 주어 이외의 다른 문장 성분들도 전통 문법적 관점에서 정의할 수 있지만 불충분하다. 그렇다고 해도 전통 문법은 많은 언어 사실들을 다루었고 여러 검증과 비판을 거친 것이니만큼 모든 통사 이론의 기본이 될 수 있다.

2. 통사론에서 고려해야 할 사항들

2.1. 단어들의 배열 순서

문장을 구성하는 단어들은 무의미하게 나열된 것이 아니다. 문장에는 다음과 같이 적법한acceptable 문장과 그렇지 않은inacceptable 문장이 있다.

(5a) Jean aime le cinéma.

(5b) *aime le cinéma.[30]

(5c) *aime Jean le cinéma.

위 예문 (5b), (5c)는 비문법적인 문장이다. 프랑스어 문장에서는 (5b)에서처럼 필수 성분인 주어가 빠지거나 (5c)에서처럼 구성 요소들 간의 어순이 잘못되면 비문이 된다. 이것은 단어가 결합하여 문장을 구성하는 방식에 제약이 있음을 보여 준다. 그러므로 문장 성분들 간 결합 방식과 관계를 밝혀내는 것이 통사론이다.

프랑스어에서는 단어들의 어순이 문장의 의미를 결정하는 중요한 요인이다.

(6a) Le chien a mordu Mina.

---

30) 언어학에서는 문장 앞에 *를 넣어서 문장이 비문법적임을 표시한다.

(6b) Mina a mordu le chien.

위 두 문장은 동일한 단어들로 구성되어 있다. 그렇지만 이 두 문장의 의미에는 커다란 차이가 있으며 이 의미적 차이는 단어들 자체의 차이가 아니라 이들이 배열된 순서의 차이에서 기인한다.

2.2. 중의성

통사론에서 고려해야 할 또 다른 사항은 중의성ambiguïté이다. 다음 문장들의 의미를 생각해 보자.

(7a) Les jumelles grossissent.

(7b) La belle porte le voile.

이 문장들은 한 가지로만 해석되지는 않는다. (7a)에서 주어인 les jumelles이 '쌍둥이 자매'라는 의미로 해석되면 이 문장은 "쌍둥이 자매가 살이 찐다Les jumelles prennent du poids."로 해석될 것이다. 그 주어가 '쌍안경'을 가리키는 경우라면 grossir가 'augmenter la puissance de vision'의 뜻으로 해석되어 전체 문장은 "쌍안경의 배율을 (더 잘 보이도록) 높인다."는 의미가 될 것이다. 명사 jumelles과 동사 grossir의 중의적인 의미 때문에 문장이 중의성을 띠고 있다. 이는 어휘적 중의성에 해당한다. 마찬가지로 예문 (7b)도 구성 요소를 '관사-명사-동사-관사-명사'로 보는지("미녀가 베일을 쓰고 있다.") 아니면 '관사-형용사-명사-대명사-동사'

로 보는지("아름다운 문이 그것을(그를) 가린다.")에 따라 해석이 달라진다.

예문 (8)은 de Chine이 문장의 동사 reçoit와 관련되는지, 아니면 목적보어인 une vase와 관련되는지에 따라 달리 해석할 수 있다. 예문 (9) 역시 중의성을 보이는 문장으로 partir의 의미상 주어가 문맥에 따라 Pierre가 될 수도 있고, Jean이 될 수도 있으며, 경우에 따라서는 Pierre와 Jean 둘 다 될 수도 있다.

(8) Elle reçoit une vase de Chine.
(9) Pierre demande à Jean de partir.

이들은 통사적 차원에서 중의적인 문장들이며 이 문장들의 중의성은 각각 다음과 같이 표시할 수 있다.

(8a) Elle [reçoit [une vase] de Chine].
(8b) Elle reçoit [une vase [de Chine]].

(9a) Pierre demande à [Jean [de (Jean) partir]].
(9b) Pierre demande à Jean [de (Pierre) partir].
(9c) Pierre demande à Jean [de (Pierre et Jean) partir].

이상의 예문들에서는 동일한 단어들이 동일한 어순으로 쓰였지만 두 가지 의미로 해석된다. 이와 같이 동일한 문장이 보이는 중의성을 어순만으로 설명할 수 있을까? 한 문장 혹은 구를 구성하는 단어들의 관계를 어떻게 설정하는가에 따라 그 문장 혹은 구는 다른 뜻을 지닌다. 다음 예문을 통해 설명해 보자.

(10a) le père et le fils vieux

(10b) la crainte de l'ennemi

이 두 구는 모두 중의적이다. 이 예문들의 의미는 (10a)에서는 le père et le fils와 형용사 vieux의 관계가 어떻게 설정되는가에 따라 다르다. vieux가 le père et le fils 전체 명사구를 수식할 때와 바로 앞에 있는 명사인 le fils만을 수식할 때가 다른 것이다. 이와 같이 수식 성분이 피수식 성분과 어떤 관계를 맺고 있는가를 보여 주는 것은 구의 구조의 차이에서 비롯된 구조적 중의성에 해당한다. 한 문장이나 구를 구성하는 요소들은 단순히 선형적 순서로 이루어진 것이 아니다. 구성 성분들의 관계에 따라 내적 구조는 다를 수 있는 것이다. le père et le fils vieux에서와 같이 le père, le fils, vieux 세 개의 주요 성분은 다음과 같이 세 가지 구조로 표현할 수 있다.

(11)

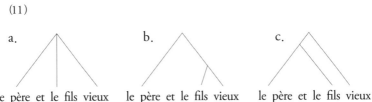

a.   b.   c.

le père et le fils vieux   le père et le fils vieux   le père et le fils vieux

이 세 개의 구조는 구성 성분들이 맺을 수 있는 세 가지 관계를 나타낸다. (11a)가 보여 주는 선형적 구조는 구성 성분들을 순서에 따라 나열한 것으로 사실상 그 성분들 간의 계층적 관계를 보여 준다고 볼 수 없다. 반면에 (11b)와 (11c)의 구조는 세 개의 구성 성분 간의 관계를 나타낸다. (11b)에서는 수식하는 요소 vieux가 병치된 명사들 중 le fils 만을 수식하고 있어서 [le père et [le fils vieux]]의 구조를 이루어 '아버지와 늙은 아들'로 해석해야 한다. (11c)에서는 수식어 vieux가 하나의 단위를 이루는 le père et le fils 전체를 수식하고 있다. 그러므로 [[le père et le fils] vieux]와 같은 구조를 이루어 '늙은 아버지와 늙은 아들'의 의미가 된다.

지금까지 살펴본바 문장의 구조는 단어들의 배열 순서뿐만 아니라 단어들 간의 계층 관계를 고려하여 파악할 수 있다. 그 구조를 파악함으로써 중의적 문장이 가질 수 있는 의미의 차이를 설명할 수 있다. 이처럼 문장 성분의 구조적 관계를 고려하는 문법을 구조 문법grammaire structurale이라고 한다.

위와 같이 문장 성분들의 구조적 관계를 명시적으로 보여주는 그림을 수형도, 혹은 나무 그림이라고 한다. 나무 그림에서 하나의 단위를 이루는 문장 성분들을 '구성 성분constituant'이라 한다. 구성 성분들을 수형도로 나타내면 문장 혹은 구의 계층 구조를 설명할 수 있다. 수형도는 문장의 어순과 계층 구조를 문장 성분들 간의 전후 관계précédence 와 관할 관계dominance로써 나타낸다. 나무 그림의 구성 성분들의 좌우는 전후 관계이고 상하는 관할 관계를 나타내는 것이다.

2.3. 문법 범주와 구

전통 문법에서 문장을 구성하는 단위는 단어이다. 그러나 실제로 문장 내에서 통사적 기능을 담당하는 단위는 명사, 형용사, 동사 등의 개별 단어를 중심으로 형성된 단어군인 구syntagme이다. 이처럼 단어가 아니라 단어군, 즉 구가 통사적 기능을 수행한다고 보는 것을 구 분석analyse syntagmatique이라고 한다.

(12) Le frère de Paul possède une voiture rouge.

위 문장에서 Le frère de Paul과 une voiture rouge는 각각 문장의 주어와 직접 목적보어 기능을 담당하는 명사구이다. 구 각각은 명사, 형용사, 동사 등의 핵어noyau/tête를 중심으로 구성되며 이들 핵어는 각각 명사구 SN(Syntagme Nominal), 형용사구 SA(Syntagme Adjectival), 동사구 SV(Syntagme Verbal)를 이루고 문장 내에서 특정 기능을 담당한다. 그 외의 문장 구성 성분들도 마찬가지로 전치사구 SP(Syntagme Prépositionnel), 절을 이끄는 보문소complémenteur가 형성하는 보문소구 SC(Syntagme Complémenteur)를 형성한다. 최근에는 명사에 선행하는 한정사, 그리고 동사 형태를 결정짓는 문법적 자질인 시제temps와 같은 요소도 하나의 구를 형성하여 각각 한정사구 SD(Syntagme Déterminatif), 시제구 ST(Syntagme Temporel)를 이루는 것으로 보기도 한다.

2.4. 문장의 구조와 문법적 기능

문장은 주어와 서술어로 구성된다. 주어는 주로 명사구이고 서술어는 주로 동사구가 되는데 문장 P(Phrase[31])를 구성하기 위해서는 명사구를 주어로 정하고 그것을 서술어인 동사구와 결합시킨다.

2.4.1. 구 구조 규칙

주어를 서술어와 결합시키는 과정은 다음과 같이 나타낼 수 있다. 이것을 구 구조 규칙règle syntagmatique 혹은 다시 쓰기 규칙règle de réécriture이라고 한다.

(i) Phrase → SN SV (문장은 명사구(SN)와 그 뒤에 나타나는 동사구(SV)로 이루어진다.)

(ii) SV → V SN (동사구는 동사와 그 뒤에 나타나는 명사구(SN)로 이루어진다.)

화살표 왼쪽에 있는 항에는 문장(Phrase) 혹은 명사구(SN), 동사구(SV), 형용사구(SA) 등의 범주가 오며 화살표 오른쪽에 이러한 범주를 구성하는 요소들이 오게 된다. 화살표 왼쪽에 오는 범주는 화살표 오른쪽 요소들로 '구성된다.' 혹은 '다시 쓰인다.'는 것을 나타내는 방식이다.

---

31) 영어의 sentence에 해당한다.

구 구조 규칙은 문장 성분들이 하나의 문장을 이루기까지 일정한 순서에 따라 적용된다. 예를 들어 하나의 문장을 생성하기 위해서는 (i)과 (ii)의 뒤를 이어 동사구에 내포된 SN의 구 구조규칙 (iii)이 적용되는 것이다.

(i)   Phrase → SN SV

(ii) SV → V SN

(iii) SN → Dét N Adj

규칙 (i)과 (ii)가 적용된 후에 SN-Verbe-SN의 연속체suite가 생성된다. 여기에 (iii)의 규칙이 적용되면 Nom-Verbe-Dét-Nom-Adjectif의 연속체가 생성된다. 이와 같은 연속체가 생성되고 나면 더 이상의 구 구조 규칙이 적용될 수 없도록 마지막 남겨진 통사적 범주 N, V, A 등에 이르러 실제 문장에서 사용되는 단어를 넣는다.

구 구조 규칙을 활용하여 문장을 구성하는 주어와 서술어 사이에 존재하는 계층 구조를 다음과 같이 나무 그림으로 나타낼 수 있다.

(13)

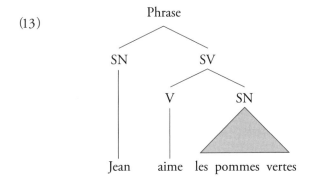

이 구조에서 동사구 SV의 내부 구조는 위 다시 쓰기 규칙 (ii)에 나타난 것처럼 동사(V)와 목적어 명사구(SN)로 이루어져 있다. 이것은 동사구가 내부에 동사와 그 목적어 명사구를 포함하고 있음을 나타낸다. 외적으로는 주어 명사구와 결합하여 문장phrase을 형성한다는 것을 나타낸다. 명사구 아래의 삼각형 모양은 SN을 간략하게 나타내는 기호이며, 구가 2개 이상의 단어로 구성되어 있음을 나타낸다. 문장을 구성하는 한 성분의 계층 구조를 자세히 표시하지 않는 경우에 이러한 삼각형 기호로 나타내면 된다. 위 문장의 경우, 목적어에서 명사는 pommes이고 명사구는 les pommes vertes이며, 이것을 구성하는 요소는 한정사(les), 명사(pommes), 형용사(vertes)이다. 위 문장에서 고유 명사인 Jean은 다른 수식 요소 없이 단독으로 명사구를 구성한다. 이와 같이 한 개의 단어가 그 자체만으로 구syntagme의 지위를 갖는 경우에는 나무 그림 구조 말단의 통사 범주에서 아래로 실선을 그려 그 밑에 단어를 적는다.

2.4.2. 하위 범주화와 선택 제약

우리는 두뇌 속에 있는 어휘 저장고 안에서 명사, 형용사, 동사 등에 속하는 단어를 가져다 필요한 경우에 사용한다. 우리가 알고 사용하는 단어들이 이들 중 어느 범주에 속하는지 직관적으로 알고 있다. 가령, enfant, livre, orange와 같은 단어들은 명사로, arriver, manger, travailler 등은 동사로, beau, petit, merveilleux 같은 단어들은 형용사로 분류할 수 있다. 여기에는 하위 범주화sous-catégorisation의 개념이 도입된다. 범주 catégorie는 인식 부류를 나타내는 개념으로 문장 구조에서는 명사, 동사,

형용사, 전치사 등과 같이 품사의 명칭으로 사용된다.

하나의 범주는 특성에 따라 여러 가지 하위 범주로 분류된다. 하위 범주란 단어가 갖는 어휘적 정보를 말한다. 동사의 하위 범주를 예로 살펴보자. 동사는 문장 내에서 몇 개의 명사구와 결합할 수 있는지에 따라 분류된다. 따라서 동사는 자동사와 타동사로 구별된다. 타동사의 경우에는 목적어가 한 개인지 두 개인지에 따라 구분될 수 있다. 때로는 내포절을 목적어로 취하는 경우도 있다. 아래 예문에서 밑줄로 표시된 부분은 동사의 위치를 나타낸다.

partir: SN ____	Il part.
acheter: SN ____ SN	On achète des livres.
donner: SN ____ SN à SN	Elle donne un livre à Jean.
savoir: SN ____ Phrase	Tout le monde sait que la terre est ronde.

그 밖의 품사들에도 이와 같이 하위 범주를 설정할 수 있다. 예를 들어 형용사 grand은 명사를 수식하는 부가 형용사^{adjectif épithète}로 사용되거나 être동사의 속사로 사용된다.

grand: Dét ____ SN: une grande maison

        SN être ____ : Cette fille est grande.

하위 범주화는 어휘와 관련된 규칙을 설정하는 데 필수적인 과정이며 비문법적 문장이 생성되는 것을 피하기 위해서도 필요하다. 하위 범주화에 따르는 제약으로 선택 제약contrainte sélectionnelle이 있다. 예를 들면, 동사 manger의 하위 범주화 과정에서 주어 명사구와 목적어 명사구가 선택되는데 다음과 같은 제약이 따른다.

manger: SN1 _____ SN2   SN1 (Sujet) = [+N], [+animé]

SN2 (Objet) = [+N], [+solide], [+comestible]

다시 말해, manger의 주어로는 반드시 유정 명사 혹은 그러한 지시 대상을 가리키는 대명사가 선택되어야 한다. 목적어로는 '단단하고', '먹을 수 있는' 대상을 가리키는 명사가 선택되어야 한다는 제약이 따른다. 단, manger가 자동사로 쓰이는 경우에는 목적어 명사구 SN2가 생략된다.

이러한 선택 제약이 위배되는 경우로 은유métaphore를 들 수 있다. 은유가 사용될 때는 선택 제약이 적용되지 않는다.

(14a)   Max a mangé sa fortune. (Max는 재산을 탕진했다.)

(14b)   La barbe mange le visage de Max. (수염이 Max의 얼굴을 가린다.)

예문 (14a)에서 manger의 목적어로 쓰인 명사 fortune은 [-solide], [-comestible]이지만 이 문장은 정문énoncé bien-formé이다. 또한 예문 (14b)에서 manger의 주어 명사구로 선택된 la barbe는 [-animé]의 특성을 지니고 있어서 이 동사의 주어로 부적격이라고 볼 수 있지만 이 문장 역시 정문이다. 이 문장들에서는 동사 manger가 모두 은유적으로 사용되었기 때문이다.

아래 예문 (15a)와 (15b)의 경우에는 동사 의미에 따른 선택 제약이 잘 지켜졌지만 모두 비문법적인 문장이다. (15a)는 통사적인 제약은 잘 지켜졌지만 의미적 비문^{énoncé mal-formé}이고 (15b)는 의미적으로는 문제가 없지만 통사적으로 비문이다.

(15a) #Le silence vertébral indispose le voile licite. (척추의 침묵이 적법한 돛을 불편하게 한다.)[32]

(15b) *Moi vous faire rire! (내가 당신을 웃긴다.)

---

32) 통사적으로 결함이 없으면서 현실적으로 의미가 통하지 않을 때는 * 표시를 사용하지 않고 # 표시를 사용한다.

1. 다음 설명을 읽고 참(V)인지 거짓(F)인지 표시하시오.

	VRAI	FAUX
① 통사론은 문장 성분들의 결합 방식에 관한 연구 분야로서 단어들의 어순, 품사, 문법 범주 등을 다룬다.	☐	☐
② 통사적 기능은 단어의 특성에서 기인한다.	☐	☐
③ 프랑스어에서는 어순에 따라 문장 구성요소의 기능이 결정된다.	☐	☐

2. 다음 명사구^{SN}의 중의성^{ambiguïté}을 설명하시오.

   Un coiffeur pour dames de qualité

3. 두 명사구 Un homme grand과 un grand homme 간의 의미적 차이를 근거로 이들의 통사적 차이를 설명하시오.

4. 다음 각 문장들에서 문장을 구성하는 단위들의 순서가 어떻게 의미 작용에 관여하는지를 설명하시오(주의: 각 문장들의 구성 성분은 그대로 유지할 것).
   ① Philippe aide Juliette.
   ② Vous désirez manger.
   ③ C'est une ancienne gare.
   ④ Nous pourrions tous les dégager.

5. 다음의 문장들을 구 구조 규칙(다시 쓰기 규칙)과 수형도로 나타내시오.
   ① Le garçon dort.
   ② Une dame achète un livre.

6. 다음 동사와 형용사의 하위 범주화 과정을 나타내는 문장 구성 성분의 선택 제약을 제시하시오.

① boire

② futur(e)

7. 다음 명사구의 다양한 내적 구조를 고려하여 중의성을 도식으로 표현하고 설명하시오.

le paysage et le temps merveilleux

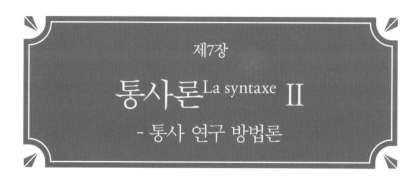

제7장

통사론^{La syntaxe} II
- 통사 연구 방법론

1. 의존 문법

테니에르Lucien Tesnière(1893~1954)는 문장을 구성하는 단어들 간에
는 의존 관계rapports de dépendance가 존재한다고 보고 스테마stemma라
고 하는 도식을 통해 그 관계를 설명하고자 하였다. 이러한 테니에르
의 이론을 의존 문법grammaire de dépendance이라 한다. 스테마 분석analyse
stemmatique에서는 문장에서 가장 중요한 요소가 동사이므로 동사가 문
장의 가장 상위 마디에 있으면서 주어를 지배한다. 다음과 같이 주어
명사구 내의 명사는 한정사를 지배한다.

(1) Pierre chante.

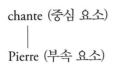

chante (중심 요소)

|

Pierre (부속 요소)

(2a) mon ami

ami

|

mon

(2b)　mon vieil ami

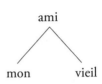

ami

mon　　vieil

(3) le livre de Pierre

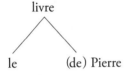

livre

le　　(de) Pierre

① 주어와 서술어 관계

스테마 분석의 가장 큰 특징 중 하나는 위 도식처럼 주술 관계 prédication를 문장을 구성하는 관계로 보지 않는다는 것이다. 의존 문법에서는 술어를 스테마에서 중심 마디nœud central를 점유하는 핵심 단위로 간주한다. 주어도 동사의 보어와 마찬가지로 취급하여 다음 그림에서처럼 동사의 하위 부류로 나타낸다.

(4) Alfred frappe Bernard. →

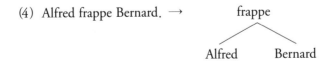

frappe

Alfred　　Bernard

② 어순

프랑스어에서는 구성 요소들의 기능이 어순으로 결정되며 일반적으로 다음과 같다.

주어 – 동사 – 직접 목적보어 – 간접 목적보어 – 상황 보어

의존 문법에서 하위 요소들은, 말의 연쇄상 어순과 무관하게 스테마 도식에서 고유의 정형적 어순으로 배열된다. 아래 문장들은 모두 그 어순에 따라 다음과 같이 나타난다.

(5a) Paul rendra l'argent demain à Pierre.

(5b) Il le lui rendra demain.

(5c) Quand te le rendra-t-il ?

(5d)[33]

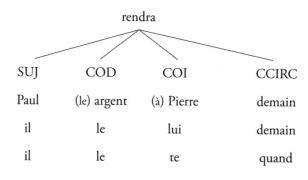

	rendra		
SUJ	COD	COI	CCIRC
Paul	(le) argent	(à) Pierre	demain
il	le	lui	demain
il	le	te	quand

---

33) 이 단원의 그림에 표시된 문법 용어들은 다음과 같다. SUJ: 주어, COD: 직접 목적보어, COI: 간접 목적보어, CCIRC: 상황 보어, ATTR: 속사, cdADJ: 형용사의 보어, PRÉD: 술어, Conj: 접속사

위에서 제시된 예문들 안에서 단어들의 순서는 이와 같은 정형적인 어순이 변형됨으로써 생겨난 것으로 본다. 따라서 대명사의 위치는 명사의 위치와 관련하여 정하고 의문문에서 단어들의 순서는 평서문에서 어순, 부사들의 상대적 위치 등과 관련하여 정해야 한다.

③ 동사 타동성과 결합가

테니에르의 이론에서는 단어들을 실어mots pleins와 공어mots vides의 두 부류로 나눈다. 실어에는 명사, 형용사, 동사, 부사 등과 같은 어휘적 범주가 속하고 공어에는 접속사conjonctifs와 전환사translatifs[34]와 같은 문법적 범주가 속한다. 접속사로는 등위 접속사가 있고 전환사로는 종속 접속사, 전치사, 조동사, 관사, 접미사, 동사 어미 등이 있다. 이들은 실어의 범주를 전환시키는 기능을 한다.

이러한 분석에 따르면, 문장은 일반적으로 과정procès을 표시하는 동사 마디nœud verbal, 동사가 나타내는 과정에 관여하는 사람 또는 사물인 항actant[35], 그리고 과정이 진행되는 상황을 표현하는 상황사circonstants에 따라 생성된다. 동사마다 정해진 항의 수는 그 동사의 결합가valence를 구성한다. 예를 들어 동사 donner의 경우, 주어를 비롯하여 직접, 간접 목적보어를 필요로 하는 동사이므로 3개의 항을 갖는다. 동사의 타동성transitivité과 결합가의 관계를 살펴보면 다음과 같다.

---

34) 예를 들어 la brune에서 la는 형용사 brune를 명사로 전환시켜 주는 전환사이다(L. Tesnière(1965), p.80 참조).

35) 여기 사용된 항actant은 술어의 논항argument과 같은 개념으로 본다. 논항이란 동사, 형용사 같은 술어가 그 하위 범주화 특성에 따라 문장 안에서 취하는 명사구를 가리킨다.

verbes avalents 무가 동사 (비인칭: faire)

- Il fait chaud.

verbes monovalents 1가 동사(논항이 1개(주어)인 자동사: exister)

- Cette coutume existe également dans ce pays.

verbes bivalents 2가 동사(논항이 2개(주어, 직접 목적보어)인 타동사: saluer)

- Paul salue son professeur.

verbes trivalents 3가 동사(논항이 3개(주어, 직접 목적보어, 간접 목적보어)인 타동사: donner)

- Je donne ce petit cadeau à Pierre.

그 밖의 구문들 내부의 결합 관계는 다음과 같이 나타낼 수 있다.

④ 속사 구문

(6) Vous avez été injuste avec moi.

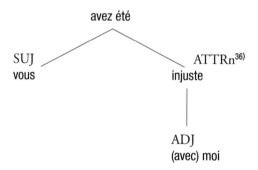

---

36) 명사 속사attribut nominal를 의미함.

⑤ 종속절

(7a) Alfred dort alors que Bernard travaille.

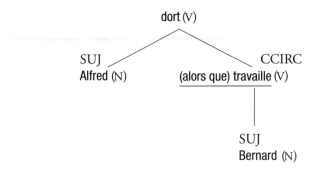

(7b)

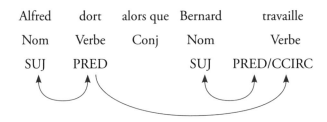

⑥ 등위 접속

테니에르는 등위 접속^{coordination}을 'jonction'이라고 칭한다. 등위 접속 관계는 접속의 요소들을 연결하는 수평선으로 표시된다.

(8a)

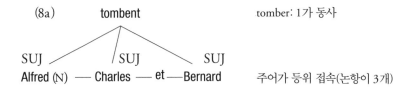

tomber: 1가 동사

주어가 등위 접속(논항이 3개)

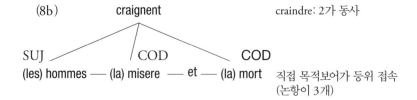

(8b)　craignent　　　　　　craindre: 2가 동사

SUJ　　　COD　　　COD
(les) hommes —— (la) misere —— et —— (la) mort　직접 목적보어가 등위 접속
　　　　　　　　　　　　　　　　　　　(논항이 3개)

⑦ 스테마 분석과 결합 관계 분석

Mon ami chante une jolie chanson과 같은 문장은 스테마 분석과 결합 관계 분석analyse syntagmatique에서 각각 다음과 같이 나타낸다.

스테마 분석

(9a)

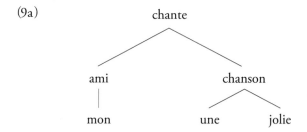

위 구조는 동사 chante의 논항이 ami와 chanson이며 mon은 ami의 종속 요소임을 나타낸다.

결합 관계 분석

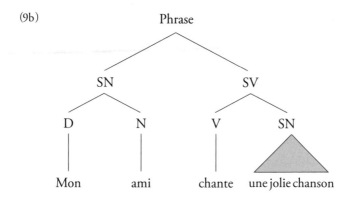

(9b)

결합 관계 분석에서는 주어와 동사가 결합하여 문장을 구성하고 주어, 동사 각각의 구성 요소가 하위에 배치되어 문장 구성요소들의 선적 순서를 이루는 계층 구조를 표시하고 있다.

테니에르의 분석 방법을 전통적 결합 관계 분석과 비교하면 다음과 같다.

〈표 7-1〉

	스테마 분석	결합 관계 분석
특징	구조적 질서 보여줌 ordre structural	선형적 질서 보여줌 ordre linéaire
개념	논항과 술어의 개념 argument-prédicat	주어와 동사의 개념 P → SN SV
형태	est arrivé | Alfred	P ⟋＼ SN　SV Alfred　est arrivé

의존 문법은 술어를 중심으로 하여 그에 의존하는 논항과의 관계를 밝히는 통사 연구 방법이라고 할 수 있다.

2. 분포주의 통사론

유럽에서 소쉬르의 이론이 알려지기 시작할 무렵 미국의 언어학자 블룸필드Leonard Bloomfield(1887~1949)는 자신만의 독자적인 언어 이론을 제안한다. 제자들이 이것을 체계화하고 발전시켜 1950년까지 미국 언어학을 지배하게 된다. 바로 분포주의distributionnalisme라는 이름으로 알려진 언어 이론이다.

블룸필드의 언어 이론은 1920년대 미국에서 성행하던 행동주의 심리학에서 출발하여 반反 유심론anti-mentalisme를 내세운다. 그의 이론에서는 발화 행위acte de parole를 하나의 개별적 유형의 행동으로 보고, 그것 역시 외적 조건을 통해서 설명해야 한다고 주장한다. 이 이론은 의미, 사고와 관련된 설명을 배제한다는 한계를 지니고 있다.

분포주의는 문장을 구성하는 요소들과 그 요소들의 분포와 관련된 규칙들을 이끌어 내는 기술적인 분석을 제안한다. 분포주의에서는 구성 요소들의 앞뒤 환경을 고려하는데 한 어휘의 환경의 총합을 분포distribution라고 한다.[37]

---

37) 예를 들어 nous dansons과 같은 문장에서는 동사 dans-의 환경은 nous와 -ons이 된다.

분포주의 통사론syntaxe distributionnelle은 다음과 같은 기본 가정에서 출발한다.

- 언어에 대한 기술은 자료체corpus에 포함된 언어 사실만을 대상으로 해야 한다. 여기서 자료체는 화자의 발화 행위의 결과로 만들어진 발화체énoncé들을 언어학자가 실제로 관찰하여 기록한 것이므로 언어 사실에 대한 규범적, 추상적인 판단을 피할 수 있다.

- 언어의 규칙성을 찾아 기술하기 위해서 자료체가 수집되면 발화체를 언어 단위들로 분할해야 한다. 분포주의 통사론의 분석 대상은 문장이다. 문장은 불연속적인 요소들이 선적으로 배열된 것이어서 분할이 가능하다. 뒤집어 말하자면 이 요소들은 서로 결합하여 각각 상위 차원의 단위를 형성한다. 즉, 음소가 결합하여 형태소를, 형태소가 결합하여 단어를, 단어들이 모여서 구를 형성하고 구들이 모여서 문장을 이룬다. 이러한 요소들의 결합은 임의적으로 이루어지는 것이 아니라 여러 제약을 받고 일정 규칙에 따른다.

2.1. 문장의 구성 단위들과 분포주의 조작

문장을 구성하는 요소들의 성격을 파악하고 그 결합 관계를 분석하는 작업을 수행하기 위해서는 다음의 몇 가지 조작opération을 사용할 수 있다.

① **대치**commutation: 계열축axe paradigmatique에서 문장의 한 요소를 다

른 요소로 바꾸는 것을 대치라고 한다. 이것은 음소뿐만 아니라 형태소, 단어, 구 등의 여러 단위에 대해 시행할 수 있다.

형태소 대치: (dans + chant)-eur

coiff-(eur + euse)

단어 대치:　Mon ami (semble + est + paraît) content.

구 대치:　Jean a acheté (une nouvelle voiture + plusieurs terrains + un kilo de cerises).

이 조작을 통해 구성 요소들의 위치를 비교하여 각각의 분포를 알 수 있다. 그 분포를 기준으로 유사한 기능을 띠는 요소들을 하나의 부류, 즉 동치류classe d'équivalence로 묶어서 분류하고 특성을 규정할 수 있다. 전통 문법에서 단어들의 부류를 정할 때 기준이 되는 의미는 완전히 배제된다.

아래에서 볼 수 있듯이 동사 mange의 앞, 뒤에 나타나는 요소들은 각각 하나의 동치류를 이룬다. 그래서 한 그룹 안에 속하는 요소들은 서로 대체되더라도 정문을 형성한다. 하지만 동치류에 속하지 않는 요소로 대체되면 문장은 비문이 된다.

(10)

Le chat Félix Cet animal *Bien	mange	du poisson des céréales un sandwich *une idée

예문 (11)에서 명사 chat를 한정할 수 있는 요소(한정사)의 동치류는
다음과 같다.

(11)

Le		
Ce	chat	miaule
Mon		

예문 (12)에서는 명사 café를 수식하는 형용사의 동치류를 볼 수 있다.

(12)

	bon	
	excellent	
Je bois un	mauvais	café
	superbe	

한편, 전치사의 동치류는 목록이 길지 않다.

(13)

	dans	
L'autobus	par	lequel vous êtes arrivé
	avec	

다음은 동사의 동치류를 볼 수 있는 예이다.

(14)

Mon ami	semble	content
	paraît	
	est	
	a l'air	

② **삭제**omission: 삭제는 주어진 연속체 안에서 한 개 혹은 여러 개의 요소를 제거해 보는 조작이다. 이 조작을 통해서 문장 성분들 중 통사적으로 필수적인 성분과 임의적인 성분을 구분할 수 있다.

(15a) Hier matin, Jean est parti.

(15b)   ø   Jean est parti.

(15c) *Hier matin, ø est parti.

(15d) *Hier matin, Jean ø parti.

이 조작은 구 안에서도 핵심 요소noyau와 첨가 요소ajout를 구분해 준다.

(16a) L'affreux chien noir de notre voisin

(16b) Le ø   chien noir de notre voisin

(16c) L'affreux chien ø   de notre voisin

(16d) L'affreux chien noir   ø

(16e) Le ø   chien ø   ø

위 예문에서 필수 핵심 요소들인 le와 chien을 제외한 나머지는 삭제 되어도 명사구가 성립된다.

③ **삽입**insertion: 삽입은 주어진 연속체 안에 새로운 요소를 첨가하는 것이다. 삽입 조작을 통해서 알 수 있는 사실은 다음과 같다.

먼저, 연속된 요소들의 통사적 긴밀성을 알 수 있다.

(17a)   L'enfant chante.

(17b)   Je chante.

여기서 l'enfant과 je는 같은 계열축에서 대치될 수 있는 요소들이므로 같은 가치를 가질 것으로 생각되지만 동사와의 사이에 다른 요소를 삽입해 보면 차이가 드러난다.

(17a')   L'enfant, joyeusement, chante.

(17b')   *Je, joyeusement, chante.

이 예문을 통해 주격 인칭 대명사는 동사와 긴밀한 관계를 맺고 있으므로 동사 앞에 다른 요소의 삽입을 허용하지 않으며 명사구와 다른 특성을 지닌다는 것을 알 수 있다.

다음으로는 문법 범주의 하위 범주를 구분할 수 있다.

(18a)   Je connais un employé jeune.

(18b) Je connais un employé municipal.

(18c) Je connais un employé **très** jeune.

(18d) *Je connais un employé **très** municipal.

(18e) Je connais un employé **qui est** jeune.

(18f) *Je connais un employé **qui est municipal**.

예문 (18a)의 jeune과 예문 (18b)의 municipal은 동일한 분포적 특성을 가져 동일한 부류에 속한다고 볼 수 있다. 그런데 (18c)-(18f)에서처럼 다른 요소를 삽입해 보면 두 단어는 서로 다른 성격을 지니고 있음을 알 수 있다.

④ **이동**déplacement: 문장 내에서 한 요소를 다른 위치로 옮기는 조작을 이동이라고 한다. 이 조작을 통해서는 구성 성분의 유동성을 알 수 있다. 따라서 이동 역시 성분의 임의성 여부를 판단하는 수단이 된다.

(19a) Jean tient à son travail, **pour de multiples raisons**.

(19b) **Pour de multiples raisons**, Jean tient à son travail.

(19c) *A son travail, Jean tient **pour de multiples** raisons.

또한, 동일한 분포적 특성을 띠는 것처럼 보이는 요소들을 구분해 준다. 다음 문장들에서 이동 조작은 보어의 성격을 드러낸다.

(20a) Pierre lit tous les soirs.

(20b) Pierre lit tous les livres.

(20c) Tous les soirs, Pierre lit.

(20d) *Tous les livres, Pierre lit.

위 예문들에서 tous les soirs와 tous les livres가 같은 분포를 보이지만 tous les soirs는 (20c)에서처럼 이동할 수 있는 반면 tous les livres는 (20d)에서처럼 이동할 수 없다. 이동 조작을 적용시키면 상황 보어는 이동이 가능하고 목적보어는 이동이 불가능하므로 이 둘이 다른 성격임을 알 수 있다.

2.2. 직접 구성 성분 분석

문장 내 구성 요소들은 구조를 고려하여 직접 구성 성분constituants immédiats(C.I.)으로 분석될 수 있다. 이것을 직접 구성 성분 분석analyse en constituants immédiats이라고 한다. 이 분석은 한 문장을 가장 큰 단위에서부터 가장 작은 단위들인 형태소로 분할segmentation하여 보여 준다. 다시 말해 하나의 문장은 먼저 주어부와 술어부, 두 개의 직접 구성 성분으로 나뉘고, 각각은 다시 더 작은 두 개의 직접 구성 성분으로 분할되어 형태소에 이르기까지 계속 분할된다.

다음 문장으로 분석을 해 보자.

(21) Le vieil homme qui vit dans la maison bleue mange une
      pomme.

우선 전체 문장은 크게 주어부와 술어부 두 부분으로 나뉘며 이들이 이 문장의 직접 구성 성분들이다.

(21a) [Le vieil homme qui vit dans la maison bleue] [mange une
       pomme]

이 두 부분은 다음과 같이 다시 각각 두 개의 직접 구성 성분으로 나뉜다.

(21b) [[Le vieil homme] [qui vit dans la maison bleue]] [[mange]
       [une pomme]]

위 구조에서 [ ]는 문장 안의 하나의 성분, 즉 구성 성분을 나타낸다. 이 구성 성분들 역시 각각 차례대로 직접 구성 성분으로 또 다시 분할되는데 더 이상 분할할 수 없는 마지막 단계인 최종 구성 성분constituants ultimes(C.U.)을 얻을 때까지 과정이 반복된다.

각 분석 단계에서 두 개의 직접 구성 성분은 바로 위의 더 큰 단위를 분할한 것이다. 바로 위 더 큰 단위를 구성체construction라고 한다. 즉 하나의 구성체는 두 개의 직접 구성 성분으로 분할되고 다시 하나의 구성체가 되어 또 다시 두 개의 직접 구성 성분으로 분할되면서 문장이 계층 구조로 이루어졌음을 보여 준다.

문장의 구조를 직접 구성 성분으로 나누는 근거는 동치류에 속하는 다른 요소로 대체substitution 가능한가이다. 예컨대 Le vieil homme qui vit dans la maison bleue는 전체가 Le loup blanc과 같은 명사구 혹은 Médor같은 한 개의 고유 명사로도 대체가 가능하다. 이들은 모두 동사 mange의 주어가 될 수 있는 요소들이다. 이를 통해 Le vieil homme qui vit dans la maison bleue가 하나의 직접 구성 성분임을 알 수 있다. 마찬가지로 une pomme도 예를 들어 Félix로 대체가 가능하므로 une pomme가 하나의 직접 구성 성분임을 알 수 있다.

(21c) Le vieil homme qui vit dans la maison bleue mange une pomme.

Le loup blanc   mange Félix.

Médor   hurle.

블룸필드는 이 같은 직접 구성 성분 분석을 통해 한 문장이 더 이상 분리될 수 없을 때까지 연속적인 단계를 거쳐 분석될 수 있음을 보여 주었다.

2.3. 문장 구조 분석의 도식화

몇몇 학자들이 직접 구성 성분 분석의 여러 단계들을 도식화하는 방법을 제안했다. 프라이즈Charles Fries(1887~1967)는 분석의 여러 단계들을 각angle을 사용해 표시할 것을 제안했고, 호케트Charles Francis Hockett(1916~2000), 블로크Bernard Bloch(1907~1965)와 해리스Zellig Harris(1909~1992)는 상자를 사용하는 방법을 제안했다. 그 후 변형생성 문법의 등장으로 문장의 구조를 시각화하는 데 수형도를 사용하는 것이 일반화되었다. 이 중 상자를 사용하는 방법과 수형도에 대해 살펴보자.

① 호케트의 상자 boîte de Hockett

호케트의 상자는 문장에서 직접 구성 성분들을 쉽게 식별할 수 있게 해 준다. 다시 예문 (21)을 사용해 도식화 해 보자. 문장 전체의 직접 구성 성분은 우선, 주어부(Le vieil homme qui vit dans la maison bleue)와 술부(mange une pomme)이다. 주어부의 직접 구성 성분은 Le와 vieil homme qui vit dans la maison bleue이고 술부의 직접 구성 성분은 mange와 une pomme이 된다. 이 직접 구성 성분들 각각은 다시금 최종 구성 성분 constituants ultimes으로 분석될 때까지 내부에서 직접 구성 성분들로 나눌 수 있다.

Le	vieil	homme	qui	vit	dans	la	maison	bleue	mange	une	pomme
Le	vieil	homme	qui	vit	dans	la	maison	bleue	mange	une	pomme
Le	vieil	homme	qui	vit	dans	la	maison	bleue	mange	une	pomme
Le	vieil	homme	qui	vit	dans	la	maison	bleue		une	pomme
	vieil	homme	qui	vit	dans	la	maison	bleue			
				vit	dans	la	maison	bleue			
					dans	la	maison	bleue			
						la	maison	bleue			
							maison	bleue			

[그림 7-1][38]

---

38) 이 도식은 'C. Germain & R. LeBlanc(1982), vol.4: *La syntaxe,* pp.43~46.'의 내용을

그러나 이러한 도식에는 문제점이 있다. 가령, 앞서 살펴보았듯이 Le vieil homme qui vit dans la maison bleue는 Le chien이나 Le loup blanc으로 대치가 가능한데 '상자 분석'은 이 구들의 구조적 유사성을 잘 보여 주지 못하므로 개별 문장의 차원을 넘어서 일반화시키기 어렵다.

② 블로크와 해리스의 상자 boîte de Bloch et Harris

이런 문제점을 보완하기 위해 블로크와 해리스는 호케트의 상자를 응용하여 다음과 같은 방법을 제안했다. 호케트의 상자를 구성하는 여러 칸 안에는 단어들이 있지만 블로크와 해리스가 제안한 상자 안에는 직접 구성 성분들의 문법적 범주를 표기함으로써 보다 일반적인 분석이 가능하다. 다음은 블로크와 해리스의 상자에서 사용하는 문장 구성 성분들의 문법적 표지들[39]이다.

Ph – Phrase(문장): Le petit enfant mange une pomme

SN – Syntagme Nominal(명사구): cette fille, le vieil homme, cet homme lucide

Art – Article(관사): le, la, une

MN – Membre Nominal(명사 구성소): vieil homme, homme lucide

SV – Syntagme Verbal(동사구): mange un gâteau, travaille bien

기준으로 완성했다. 학자에 따라 최종 구성 성분(C.U.)을 제일 상위에 놓아 본 도식과는 역방향으로 소개하기도 한다.

39) 이 표지들은 현재 언어학에서 통용되고 있는 것과 차이를 보인다. 예를 들어 MN은 더 이상 사용되지 않는 표지로 변형생성문법에서는 N으로 표시한다. 뒤쪽 수형도 참조.

SP – Syntagme Prépositionnel(전치사구): de Pierre, avec lui

N – Nom(명사): enfant, étudiant, gâteau, Paul

V – Verbe(동사): manger, travailler

Adj – Adjectif(형용사): jeune, lucide, bonne

Adv – Adverbe(부사): souvent, trop, là

Prép – Préposition(전치사): à, de, sans, avec

Pro. Rel – Proposition Relative(관계절): qui rencontre un chien

Rel – Pronom Relatif(관계대명사): qui, que, lequel

Pro – Pronom(대명사): il, je, eux

RV – Racine Verbale(동사 어간): mange-(de 'mangeait'), part-(de 'partit')

Tps – Affixe Temporel(시제 접사): -ait(de 'mangeait'), -it(de 'partit')

예문 (21)을 블로크와 해리스의 상자로 나타내면 다음과 같다.

Le vieil homme qui vit dans la maison bleue mange une pomme.

Ph											
SN									SV		
Art	MN								V	SN	
	MN		Pro. Rel							Art	N
	Adj	N	Rel	SV							
				V	S Prép						
					Prép	SN					
						Art	MN				
							N	Adj			

[그림 7-2]

단어(구)들을 일반화된 범주 표지로 대체하는 이 방법은 문장의 구조를 보다 명확하게 보여 주어 언어 현상을 더 잘 이해할 수 있게 한다.

③ 수형도

학자들의 여러 제안을 거쳐 문장 구조를 아래와 같은 수형도로 나타내게 되었다. 예문 (21)을 수형도로 표현하면 다음과 같다.

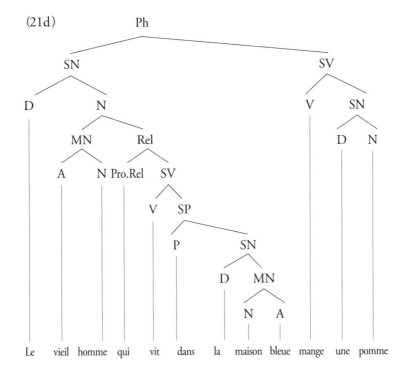

직접 구성 성분 분석을 적용하는 분포주의적 분석은 테니에르의 분석을 보충해 줄 수 있는 장점이 있다. 반면, 문장의 의미를 분석하는 것

이 불가능하고, 중의성, 환언문, 그리고 문맥의 문제를 설명할 수 없는 단점이 있다. 예를 들어, la crainte des ennemis에서 [전치사 de + SN] 구조가 갖는 중의성 문제를 살펴보자. 이 구조는 다음과 같이 두 가지로 해석이 가능하지만 직접 구성 성분 분석에서는 이런 중의성은 배제된 채 분석된다.

① **적들의 두려움**: '적들'이 주어로 해석됨(Les ennemis craignent.)
② **적들에 대한 두려움**: '적들'이 목적보어로 해석됨(On craint les ennemis.)

또한 직접 구성 성분 분석은 능동문과 수동문 사이에 존재하는 긴밀한 관계를 나타내는 데 어려움이 있을 수 있다. 따라서 현대 언어학에서는 문장의 구조를 나타내기 위해 위와 같은 수형도를 통한 도식화 방식을 채택하고 있다.

이와 같은 의미상의 문제를 구조적으로도 해결하고자 20세기 중반부터 미국에서는 문장을 심층구조와 표층구조로 분리하고 심층구조에 '변형'의 개념을 적용하여 표층구조를 도출해 내는 변형생성문법이 등장한다. 해리스의 분포주의 이론은 유럽에서는 그로스Maurice Gross(1934~2001)를 중심으로 한 어휘문법lexique-grammaire으로, 미국에서는 촘스키Noam Chomsky(1928~)가 주창한 변형생성문법grammaire générative-transformationnelle으로 각각 발전하였다.

3. 어휘문법

3.1. 어휘문법의 정의

전통적인 의미의 문법은 어근과 접사가 결합하여 단어로 조합되는 원리를 다루는 형태론과 단어들의 결합이 구와 문장을 이루는 방식을 연구하는 통사론으로 제한되었다. 현대적인 의미의 문법은 인간 언어의 소리와 의미 간에 존재하는 관계의 총체를 기술하고 설명하는 것으로 정의된다.

현대 문법의 하나로 볼 수 있는 '어휘문법'은 해리스(1968, 1976)의 언어 이론에 이론적 토대를 두고 있으며 그로스(1975, 1981)가 구체적인 방법론을 구축한 언어 이론이다. 이 이론은 60년대 말부터 그로스와 그의 언어자료 자동 처리 연구소Laboratoire d'Automatique Documentaire et Linguistique(LADL) 연구팀이 중심이 되어 프랑스어에 적용시킨 연구 결과를 지속적으로 발표하면서 생성되고 발전된 이론이다. 어휘문법은 하나의 통사 현상 또는 하나의 통사 구조를 분석하는 데 있어서 최소한의 이론적, 방법론적 가정에서 출발한다. 엄격한 형식적 기준에 따라 어휘 전체와의 관련 아래 통사 현상이나 구조를 기술한다. 그 기술 전체가 귀납적으로 제시하는 언어적 일반성에 도달하고자 하는 시도이다. 다시 말해, 통사적 특성들을 기초로 하여 개별 어휘가 취할 수 있는 모든 구조를 기술함으로써 프랑스어의 전체 어휘부에 대해 체계적이고 완전한 기술을 실현하려는 것이 어휘문법의 목표이다. 이러한 계획의 궁극적 목표 중 하나는 언어의 자동 처리를 개선하는 것이다. 즉, 자연 언어의 자동 분석과 자동 생성을 실현시키려는 기본 단계로서 전산 시스템 속에 통합될 수 있는 언어 데이터베이스를 구축하는 것이다. 이렇게 하여 특히 자연 언어에서 인간-기계의 진정한 의사소통을 가능케 하는 것이 목표라 할 수 있다.

3.2. 어휘문법의 등장 배경과 전개

한 언어 현상이 그 현상에 관계되는 어휘들과 밀접한 관련이 있다는 것은 누구나 인정하는 사실이지만 실제로 그 현상의 외연, 즉 그 현상에 관계되는 어휘 전체를 엄밀하게 조사하려는 본격적인 시도가 어휘문법 이전에는 없었다. 1975년 그로스는 그의 저서에서 아직은 형식주의의 완성은 이르므로 형식주의적 접근을 거부한다는 입장을 표명했으며 형식주의의 완성은 언어학적 자료들을 완전히 밝힌 후에 이뤄져야한다고 강조했다.[40]

그 작업의 출발점은 보족절(종속절) 구문을 지닌 동사의 연구였다. 이 작업에서 약 3,000개의 동사가 연구 대상이 되었다. 그 각각이 일련의 분포 변형적 특성(총 약 100개)—보족절 주어, à나 de로 도입되는 간접 목적보어, 수동태화 등—을 갖고 있는지 없는지 표시하였다. 기술 방법은 분포 변형 기술을 사용하였다.[41] 따라서 모든 형식주의적 표식은 사라지고 세밀한 기술이 엄격히 이루어졌다.

---

40) M. Gross(1975), pp.45~46 참조.
41) 보족절을 동사원형으로 변형시키는 것 등을 예로 들 수 있다(j'espère que je viendrai ⇒ j'espère venir).

이러한 작업 결과, 그로스는 보족절 구문과 부정법 구문의 관계 등 막대한 양의 통사 정보들을 정리해 주석을 달았다. 그것을 19개의 표 형태로 소개했고, 같은 방법으로 동료들과 제자들이 보족절 외 다른 분야에도 적용했다. 분스Jean-Paul Boons(19.[42]~2007), 기예Alain Guillet와 르클레르Charles Leclère는 단문 구조, 가스통 그로스Gaston Gross(1939~)는 donner 동사 구문, 지리-슈네데르Jacqueline Giry-Schneider는 faire 동사 구문, 피카비아Lélia Picabia는 형용사 구문에 대해 연구했다. 이렇듯 LADL 의 연구는 처음에는 주로 기능동사[43] 자체에만 집중되었다가(avoir, faire, être Prép N, donner, recevoir, être Prép Adj-n, prendre, perdre...) 이후에는 각 기능동사와 선택적으로 결합하는 서술명사의 목록을 만들고 분포 변형적 기준에 따라 구문의 유형을 분류하는 것이 중심 과제가 되었다. 이에 따라 여러 기능동사들의 용법이 정리되었는데 이 중에는 위에서 언급한 기능동사들 및 그와 결합할 수 있는, 어휘부에 등록된, 모든 서술명사의 조합이 연구되었다. 서술명사 중에는 동사나 형용사에서 파생된 것, 파생 관계가 없는 것, 단일어, 복합어 등이 모두 연구 대상이 되었다. 또한 각 기능동사를 독립적으로 관찰하는 단계를 넘어 여러 기능동사를 일정한 기준으로 통합해 구문 간의 관계 속에서 관찰하고 있다. 여기서 나타나는 통사적, 의미적, 어휘적 변형 관계를 연구하고 이로부터 어떤 일관성을 찾으려는 시도로 확대되고 있다. 현재 기능동사와 서술명사에 대한 연구로 약 75,000개 이상의 표제어가 등록되었으며 각

---

42) 출생연도 미상.
43) 기능동사에 대해서는 '3.3. 분석 방법' 참조.

각의 어휘에는 약 20여 개의 통사적 성질이 기록되어 있다. 이것들은 흔히 말하는 관용 어구를 단순히 수집한 것이 아니라 각 구문에 대해 완전한 기술(기능동사, 그것과 결합할 수 있는 어휘, 논항의 어휘 통사적 분포, 한정사 제약, 기능동사가 축약된 명사구에서의 논항의 보존에 관한 제약, 그리고 대명사화, 유사 문장과의 관계 등 여러 변형적 성질)을 한 것이다. 이런 작업들로 '기초 프랑스어français de base'에 대한 어휘문법 구성에 필요한 기반을 마련했다. 이런 연구는 프랑스어에만 한정되지 않고, 독일어, 이탈리아어, 한국어 등 여러 나라의 언어에 적용되고 있다.

3.3. 분석 방법

어휘문법은 단어가 아니라 단문을 통사 분석의 기본 단위로 삼는다. 실제로 하나의 어휘는 문장 안에 들어갔을 때만 정확한 의미를 가질 수 있기 때문이다. 단문은 하나의 술어prédicat와 논항들arguments로 이루어져 있다. 이를 기호화하면 다음과 같다.

Prédicat (arg0, arg1, arg2)[44]

프랑스어는 어순이 주어-동사-목적어 순이므로 arg0는 주어, arg1은 첫 번째 보어, arg2는 두 번째 보어에 해당한다.

---

44) 단문의 기본 구성 요소로서 3개 이상의 논항을 갖는 술어는 존재하지 않는다(M. Gross(1983), p.87 참조).

(22a) Luc admire ce tableau.

예를 들어 위의 문장에서 술어는 동사 admirer이고, Luc과 tableau는 술어 admirer가 선택하는 논항들이다. 이를 도식화하면 다음과 같다.

admirer (Luc, ce tableau)

위의 문장을 아래의 세 문장과 비교해 보자.

(22b) Luc a de l'admiration pour ce tableau.
(22c) Luc est en admiration devant ce tableau.
(22d) Luc est admiratif devant ce tableau.

네 문장 (22a), (22b), (22c), (22d)는 약간의 뉘앙스를 제외하면 모두 의미가 같다. 즉 논항 분포에 있어서는 위의 네 문장이 동일하다. 문장 (22b), (22c), (22d)를 도식화하면 모두 arg0는 Luc이고 arg1은 ce tableau로 문장 (22a)와 동일하게 표시된다. 그러나 통사적으로는 문장 (22a)와 나머지 세 문장은 차이를 보인다. 문장 (22a)에서는 동사 admirer가 주어와 형태적으로 일치를 보일 뿐만 아니라 의미적으로도 목적보어인 논항을 선택한다. 그러나 문장 (22b), (22c), (22d)에서는 동사 avoir와 être가 주어와 일치를 보이지만 이 동사들은 arg1을 선택하지는 않으며 논항 선택의 역할은 admiration, admiratif가 담당한다. 이때 동사 avoir와 être는 admirer와 달리 인칭과 성수, 그리고 시제와 상을 담는 틀의 역할(현동화actualisation하는 역할)만을 하고 진정한 술어는 문장 (22b), (22c)에서는 명사 admiration, (22d)에서는 형용사 admiratif이며 논항에 대하여 의미적 선택을 하는 것도 이들이다.

3.4. 분석 개념들과 구체적 예들

그러면 분석에 사용되는 개념들을 예와 함께 좀 더 구체적으로 살펴보자. 위의 예문들에서 볼 수 있듯이 술어 admir-[45)]는 동사 admirer, 명사 admiration, 형용사 admiratif의 형태로 나타날 수 있다.

3.4.1. 술어

① 서술동사

먼저 술어는 동사의 형태를 띨 수 있으며 이런 동사를 서술동사 prédicats verbaux라고 한다. 아래의 문장들에서 문장의 술어 역할을 하는 것은 동사 admirer, participer, désirer이다.

(23a) Luc admire ce tableau.

(23b) Luc participe à ce projet.

(23c) Luc désire voyager.

---

45) 해당 술어가 여러 형태로 나타날 수 있으므로 원형을 'admir-'로 표기하도록 한다.

이것들을 도식화하면 다음과 같다.

(23a') admirer (Luc, tableau)

(23b') participer (Luc, projet)

(23c') désirer (Luc, voyager)

따라서 위의 각 동사들은 두 개의 논항을 갖는 술어이다.

② 서술명사

명사에는 stylo, papier와 같은 구체 명사와 admiration, participation 과 같은 추상 명사가 있다. 보통 추상 명사들은 술어 역할을 하는데 이런 명사들을 서술명사(prédicats nominaux)라고 한다. 위에서 살펴본 서술 동사들은 형태론적으로 연결된 명사들을 갖고 있다. 따라서 위의 예문들은 다음의 문장들로 변형 가능하다.

(23a) Luc a de l'admiration pour ce tableau.

(23b) Luc a une participation à ce projet.

(23c) Luc a le désir de voyager.

위에서 admiration, participation과 désir는 각 문장의 술어 역할을 하고 있고 이를 도식화하면 다음과 같다.

(23a') admiration (Luc, tableau)

(23b') participation (Luc, projet)

(23c') désir (Luc, voyager)

추상 명사가 아닌 구체 명사들은 주로 문장에서 논항의 역할을 하지만[46] père, fils와 같이 관계를 나타내는 명사들은 술어 역할을 하기도 한다.[47]

③ 서술형용사

또한 술어가 형용사의 형태를 띨 때도 있는데 이런 형용사를 서술형용사prédicats adjectivaux라고 한다. 앞서 살펴본 admiratif가 해당된다.

(24) Luc est admiratif devant ce tableau.

désireux 역시 문장에서 술어 역할을 한다.

(25) Luc est désireux de voyager.

이 두 문장을 도식화하면 다음과 같다.

(24') admiratif (Luc, tableau)

---

46) 문장 Il achète une voiture.에서 술어는 동사 acheter이며 이 술어의 논항은 il과 voiture이다.

47) 문장 Paul est le père de Luc.에서 père는 논항 Paul과 Luc의 관계를 나타내는 술어이다.

(25') désireux (Luc, voyager)

여기서 형용사 admiratif와 désireux는 두 논항을 갖는 술어이다.

이렇듯 술어는 명사, 형용사, 동사의 형태를 띨 수 있는데 모든 술어가 이 세 형태를 갖는 것은 아니다. 예를 들어 술어 particip-는 명사와 동사 형태는 있지만 형태론적으로 연결된 형용사는 존재하지 않는다.

3.4.2. 기능동사

위 예문들에서 볼 수 있는 avoir나 être동사는 서술명사나 서술형용사를 현동화하는 역할, 즉 인칭과 성수, 시제와 상을 담는 역할만 하고 고유한 어휘적 의미가 없거나 비워진 것으로 간주된다. 따라서 이런 역할을 하는 동사를 기능동사verbes supports라고 한다. 기능동사들이 의미적으로 비어있다는 근거는 기능동사의 삭제 가능성, 명사화의 불가능성 등을 들 수 있다. 그 예로 다음 문장에서

(26) Luc fait un voyage.

동사 faire는 의미적으로 비어 있으며 문장의 중심 역할을 하는 것은 명사 voyage이다. 따라서 명사구로 변형시킬 때 동사 faire는 생략이 가능하다.

(26') ⇒[48] Le voyage [que Luc fait]

⇒ Le voyage de Luc

그러나 동사가 술어인 경우에는 이런 식의 생략은 불가능하고 서술 동사는 어떤 형태로든 명사구에 남게 된다.

(27) Luc admire ce tableau.

⇒ Ce tableau [que Luc admire]

⇒ *Ce tableau de Luc

⇒ L'admiration de Luc pour ce tableau

이 문장에서 술어는 동사 admirer이므로 문장을 명사구로 변형시킬 때 생략할 수 없기 때문에 결국 명사 admiration의 형태로 남게 된다.

위에서 살펴본 avoir, être, faire 동사 외에도 기능동사 역할을 하는 동사들은 종류가 다양하다. 프랑스어 어휘문법의 구축 작업을 통해 밝혀진 기능동사의 유형은 크게 다음 네 가지로 구분할 수 있다.

① 기본 기능동사

고유한 어휘 의미 없이 술어의 현동화라는 문법적 기능만을 수행하는 대표적인 기능동사들을 기본 기능동사verbes supports de base라고 한다. 이에 해당하는 기능동사들로는 위에서 언급한 avoir, être, faire 외에도

---

48) ⇒ 표시는 '변형' 조작이 적용되었음을 의미한다.

donner, prendre, être Prép 등이 있다.[49]

(28a) Pierre a du courage.

(28b) Léa est amoureuse de Paul.

(28c) Luc fait une erreur.

(28d) Marie donne de l'aide à Paul.

(28e) Paul a pris la décision de démissionner.

(28f) Luc est en voyage.

② 어휘 변이형

이 유형은 기본 기능동사와는 달리 어느 정도 어휘 의미를 띠지만 술어를 현동화하는 역할만을 담당하는 동사들이다. 이런 유형의 기능동사들을 어휘 변이형 기능동사variantes lexicales라고 하고, 그 예로는 commettre, effectuer, caresser, réaliser 등을 들 수 있다.

(29a) Luc (fait + commet) une erreur.

(29b) Marie (fait + effectue) un virement bancaire.

(29c) Paul (a + caresse) l'espoir de réussir.

(29d) Léa (fait + réalise) un achat sur internet.

---

49) 각 기능동사에 관한 연구로 다음을 참조 ― faire: J. Giry-Schneider(1987), donner: G. Gross(1989), avoir: J. Labelle(1974), A. Meunier(1981), R. Vivès(1983), prendre: R. Vivès(1983, 1984), être Prép: L. Danlos(1980).

③ 상 변이형

상과 관련된 의미를 지니는 기능동사들도 있다. 이런 유형의 기능동사들을 상 변이형 기능동사 variantes aspectuelles라고 한다. 이런 유형에 속하는 기능동사들로는 기동상을 나타내는 lancer, ouvrir, entamer, 지속상을 나타내는 poursuivre, garder, rester, 종결상을 나타내는 terminer, perdre 등이 있다. 이런 유형의 기능동사들은 시상 보조 동사라고 하는 commencer à, continuer à, finir de를 대체하는 것이 특징이다.

(30a) Luc a entamé l'explication de texte.

(30b) Luc a poursuit l'explication de texte.

(30c) Luc a terminé l'explication de texte.

④ 출현 기능동사

지금까지 살펴본 기능동사들은 주로 목적보어 자리에 도입되는 서술명사들을 현동화하는 역할을 한다. 반면, 주로 주어 자리에 도입되는 사건명사noms d'événement를 현동화하는 역할을 하는 일련의 기능동사들이 존재하는데 이런 유형의 기능동사들을 출현 기능동사verbes supports d'occurrence라고 한다.[50] 이런 동사들로는 avoir lieu, se passer, se produire, intervenir, se tenir, se dérouler 등이 있다.

---

50) 출현 기능동사verbes supports d'occurrence라는 용어는 M. Gross(1990)의 용어이다. 이 용어는 사건 기능동사verbes supports événementiels(J. Giry-Schenider(1987, 1988)), 부사적 기능동사verbe-supports d'adverbe(A. Guillet et C. Leclère(1992)), 존재 기능동사 supports d'existence(G. Gross(1989))로 불리기도 한다.

(31a) Une réunion a eu lieu à la salle de conférence cet après-midi.

(31b) La cérémonie s'est déroulée en présence uniquement des
        proches.

3.4.3. 동사의 용법들

위에서 살펴본 서술동사들과 기능동사들은 어휘가 대부분 그렇듯이
한 가지 용법만 갖고 있는 것은 아니다. 앞서 기능동사로 언급한 donner
를 예로 들면, 이 동사는 기능동사 용법 외에 다른 용법들도 갖고 있다.
동사 donner의 용법은 크게 네 가지로 나누어볼 수 있다.

① 서술동사 용법

(32) Luc a donné un briquet à Paul.

위의 문장에서처럼 목적보어 자리에 구체 명사가 오면 donner는 기
능동사가 아니라 술어 역할을 하는 일반 동사이다.

② avoir 동사에 대한 사역동사 용법

(33) J'ai soif.
      ⇒ Cette chaleur me donne soif.

③ 기능동사 용법

(34) Luc a donné à Paul le conseil de partir.

    (= Luc a conseillé à Paul de partir.)

④ 관용 표현

그 외에는 분석이 불가능한 관용 표현에 donner 동사를 쓸 수 있다.

(35) donner dans le mille (적중하다, 들어맞다, 성공하다)

3.4.4. 서술명사와 기능동사 결합의 복잡성

서술명사를 현동화하는 기능동사들은 유형과 수도 다양하다. 서술명사와의 결합 관계에 있어서도 불규칙적이어서 이들 결합을 정확히 기술하는 데 어려움이 따른다. 예를 들어, 기능동사 donner와 faire는 항상 같은 서술명사를 동반하지는 않는다.

(36a) Luc a (donné + fait) une communication à ce colloque.

(36b) Luc a (donné + *fait) l'autorisation à Max de partir.

(36c) Luc a (*donné + fait) des menaces à Max.[51]

---

51) G. Gross(1989), p.176.

이런 현상은 기능동사의 변이형들에서도 마찬가지이다.

(37a) Max a (fait + dressé + *commis) un bilan.

(37b) Max a (fait + *dressé + commis) une erreur.

따라서 서술명사가 결합할 수 있는 모든 기능동사들을 명시하고 서술명사와 기능동사 간의 복잡한 결합 관계를 밝히는 것이 언어의 자동 처리에 있어 꼭 선행되어야 할 작업이다.

3.5. 어휘문법의 기여

기능동사 및 서술명사에 대한 연구는 동사의 새로운 면모를 발견한 다는 점에서도 중요하지만 문장 안에서 명사의 역할 인식에도 큰 변화를 가져왔다. 전통적으로 문장의 술어 역할은 동사가 담당하며 명사는 논항의 역할만을 한다고 간주했지만 기능동사 구문에서 술어의 역할은 동사가 아니라 명사가 맡고 있음이 밝혀진 것이다.

기능동사 및 서술명사와 관련된 본격적인 연구는 명사화 처리 논란에서 시작한다. 명사화는 특히 변형생성문법에서, 형태론적 시각에서 접사를 첨가함으로써 새로운 어휘를 창조하는 파생 변형의 하나로 간주했다. 그러나 이러한 형태적 접근은 두 성분이 통사적으로 다른 행태를 보일 수 있다는 사실에 대해 적절히 설명하지 못한다. 또한 변형생성 문법상 논의들은 공통적으로 명사화를 하나의 절을 구로 만드는 변형으로 간주한다.

(38a) He drew the picture rapidly.

(38b) His rapid drawing of the picture[52]

촘스키(1967)는 이를 약간 변형시켜 동명사의 경우와 완전히 명사화된 경우를 구별하였다. 즉, John's refusing the offer는 John refuses the offer와 같은 문장에서 파생된 것으로 본 반면, John's refusal은 완전한 명사로 기저 구조에 등록된다는 어휘론적 태도를 취하고 있다. 이때 이 명사와 동사 사이의 관계는 '어휘 특유idiosyncratique'의 관계이다.

한편 기능동사를 비롯하여 어휘문법의 여러 이론적 도구에 근거를 제공한 해리스는 명사화를 문장에서 구로의 변형이 아니라 문장에서 또 다른 문장으로의 변형으로 간주하였다.

(39a) He looks at it. = He takes a look for it.

(39b) He loves it. = He has love for it.

이것은 프랑스어에서 기능동사 구문과 일반 동사 구문의 관계와 동일하다. 그는 이러한 관계가 촘스키 식의 변형이 아니라 수학의 등가 관계적 개념이라고 주장한다. 이러한 이론적 배경을 바탕으로 한 어휘문법의 방법론은 그로스를 비롯한 LADL의 여러 연구에서 채택되어 프랑스어의 기능동사와 서술명사에 대해 체계적인 기술을 가능하게 했다.

이 연구는 또한 많은 통사 문제, 통사론과 의미론 관계의 문제성을

---

52) R. B. Lees(1960/1968), pp.65~66.

부각시키는 데 공헌했다고 할 수 있다.

3.6. 어휘문법의 활용 가능성

기능동사는 그 동안 관용 어구의 일종으로 간주되기도 하고, 일반 동사로서 해당 동사가 갖는 수많은 의미 중의 하나로 취급되었다. 그러나 기능동사와 서술명사의 결합 가능성은 예측하기 어려운 경우가 많아 불규칙적인 면이 강하다. 또 다른 한편으로는 여러 기능동사들이 일정한 관계를 보인다는 점에서는 규칙적인 면도 존재한다. 이것은 변형생성문법과 같이 충분한 자료를 다루지 않고 자체의 논리와 가설만으로 언어 구조를 기술하려는 방식에서 나타나는 문제점에 대안이 될 수 있을 것이다.

어휘문법의 연구는 다른 어휘 구문들과의 횡적 관계를 고려하여 기술, 설명하려는 입장을 취하고 있다. 이와 같은 방법으로 얻은 수많은 자료들은 언어학적으로, 한 언어의 기본 구조를 기술하는데도 필요하지만 실용적인 면에서도 가치가 높다. 그래서 전자사전이나 자동 번역을 비롯한 자연어의 전산 처리에 유용하게 사용될 수 있다. 특히 기능동사에 대한 연구는 어휘문법에서 일반 동사 구문, 관용 어구 등과 중요한 일부분을 구성한다. 이것은 사전 기술과 자연어의 처리에서 높은 효용성을 나타낸다. 실제로 PC의 등장과 함께 기능동사와 서술명사의 상호 결합 관계와 같이 대용량 자료를 쉽게 처리할 수 있어 어휘문법 자료들은 자연어의 자동 처리에 효과적이면서 필수적인 자료가 되고 있다.

다음으로는 언어 교육, 즉 모국어 교육과 외국어 교육 모두에 효과적으로 활용할 수 있다. 동일한 의미 표현이 한 언어의 내부에서 아주 다양한 어휘 통사적 실현이 가능하다는 것을 알지 못한다면 프랑스어에서 J'ai faim이라는 표현이 영어에서는 형용사 구문 I am hungry로 실현되는 것, poser la question이 ask a question에 해당한다는 것을 이해하지 못할 수도 있을 것이다.

4. 변형생성문법

4.1. 보편 문법

분포주의 통사론 연구는 1950년대 후반부터 미국의 언어학자 촘스키Noam Chomsky(1928~)가 변형생성문법grammaire générative-transformationnelle으로 발전시켰다. 변형생성문법에서는 종래의 구조주의 언어학과는 달리 특정 언어의 모국어 화자가 적격bien-formé의 문장들만을 생성하면서 비적격mal-formé 문장들은 생성하지 않도록 하는 장치를 그 언어의 문법으로 간주하고 그러한 문법을 고안하는 것을 목표로 한다. 촘스키의 가설에 따르면, 모국어 화자는 한 번도 들어보지 못한 문장을 이해하고 무한히 생성해서 사용할 수 있는 능력을 지니고 있다. 이것은 인간의 두뇌에 이미 언어의 문장 구조가 보편적으로 내재되어 있기 때문이다. 이러한 구조는 유한 수의 규칙들을 사용해서 무한 수의 문장들을 '생성'할 수 있는 문법을 말하며 변형생성문법에서는 이러한 인간 고유의 내재적인 언어 능력을 보편 문법grammaire universelle이라고 한다.

촘스키의 이론에 따르면 문법에서는 통사부composante syntaxique를 중심으로 언어가 실제로 실현되는 두 측면인 음운부composante phonologique와 의미부composante sémantique가 접해 있다. 변형생성문법은 문장의 형식적 구조에 주로 관심을 기울이며 의사소통 기능은 상대적으로 소홀히 다루는 편이다. 생성문법이라는 명칭은 촘스키의 문법만을 가리키는 것이 아니다. 촘스키의 문법은 변형 과정을 필요하기 때문에 특별히 변형생성문법이라고 부르는 것이다.

4.2. 변형생성문법의 발전 과정

촘스키의 변형생성문법 이론은 표준이론Standard Theory(1957~1965) 이후 계속 수정·보완을 거쳐 1980년대의 지배결속이론Government and Binding Theory으로, 1990년대에 시작되어 현재까지 지속되고 있는 최소주의 프로그램Minimalist Program으로 발전되었다.

4.2.1. 표준이론

촘스키는 『통사 구조Syntactic Structures』(1957)에서 문법은 "주어진 한 언어에서 가능한 문법적 문장들 전체를 생성하게 하는 규칙들의 유한 집합"으로 정의하고 있다. 이와 같은 정의는 어린이의 실제 언어 습득 현상을 근거로 하고 있다. 어린이 모국어 화자는 한 번도 들어보지 못한 문장을 이해하고 말할 수 있는 능력을 지녔는데 이는 인간의 두뇌에 이미 언어의 문장 구조가 보편적으로 내재되어 있기 때문이라는 것이다. 또한 촘스키는 언어 능력compétence과 언어 수행performance을 구분한다. 언어 능력이란 언어 사용 규칙들에 대한 내재적 지식을 말하고 언어 수행은 이러한 규칙들을 활용하는 것을 말한다. 언어학자의 과제는 이 중에서 언어 능력을 연구하고 기술하는 것이다. 언어 수행은 실제적인 발화뿐만 아니라 실현 가능하지만 아직 구체적으로 실현되지 않은 추상적 발화까지도 내포하고 있다는 점에서 소쉬르의 파롤과 구분된다.

표준이론에서는 문장의 표시 층위를 심층구조Deep Structure와 표층구조Surface Structure로 양분하고 심층구조의 문장에 변형 규칙transformation이 적용되어 표층구조의 문장으로 도출된다는 이론을 제시한다. 변형 생성문법에서는 한정된 수의 모듈(구성단위)들로 최대한 많은 수의 문법 현상들을 설명하려 시도했다. 그 구성단위들 중 대표적인 것으로 지배 이론Government theory과 결속 이론Binding theory 외에도 핵 계층 이론X-bar theory, 의미역 이론Theta theory, 격 이론Case theory, 통제 이론Control theory 이 있다.

① 심층구조, 표층구조, 변형 규칙

생성문법 학자들은 모든 언어들의 구조를 기술하고 문법적으로 적법한 문장을 예측하는 것이 가능한 문법 모형의 구축을 목표로 한다. 그러한 모형에서 제시되는 심층구조와 표층구조는 변형 규칙에 따라 상호 연결된다.

변형생성문법에서는 어휘 목록과 하위 범주, 그리고 구 구조 규칙(다시 쓰기 규칙)의 적용으로 모든 문장에 대해서 심층구조가 생성된다. 거기에 변형transformation을 적용시키면 표층구조가 도출된다. 이러한 구구조 규칙과 변형 규칙의 적용을 통한 심층구조와 표층구조의 도출 과정은 생성문법 모형에서 통사부에 속한다.[53]

아래와 같이 구 구조 규칙을 통해 문장의 구성 요소들이 적절히 배열된다. 변형은 이 규칙에 의해 도출된 마지막 언어 연쇄체séquences에 대하여 이동, 삭제, 일치 등의 방법을 적용시켜 문법적인 문장을 도출하는 작용을 한다.

구 구조 규칙:

S[54](문장) → NP(명사구) + VP(동사구)

NP → Det(한정사) + N(명사)

VP → V(동사) + NP(명사구)

구체적인 예로 문장 Cette fille mange des pommes을 통해 구 구조 규칙과 변형이 적용되는 과정을 살펴보자. 우선, 구 구조 규칙을 통해

---

53) N. Chomsky(1965) 참조.

54) 프랑스어 통사론에서는 일반적으로 문장을 P(Phrase)로, 명사구를 SN(Syntagme Nominal)로 표기하지만 이 단원에서는 변형생성문법에서 사용하는 영어식 기호로 범주를 표기하고자 한다. 변형생성문법에서 사용되는 범주 기호는 다음과 같다.

S: Sentence 문장, Det: Determiner 한정사, N: Noun 명사, V: Verb동사, NP: Noun Phrase 명사구, DP: Determiner Phrase 한정사구, VP: Verb Phrase 동사구, AP: Adjective Phrase 형용사구, AdvP: Adverb Phrase 부사구, PP: Preposition Phrase 전치사구

다음과 같이 심층구조가 도출된다.

S → NP1('Cette fille') + VP('manger des pommes')

NP$_1$ → Det('Cette') + NP ('fille')

VP → V('manger') + NP2 ('des pommes')

NP$_2$ → Det('des') + N('pommes')

⇒ Cette fille + manger + des pommes

위 구 구조 규칙은 화살표(→) 왼쪽에 있는 항목이 화살표 오른쪽에 있는 항목들로 구성된다는 것을 뜻한다. 여기서 화살표는 왼쪽에 있는 요소들과 오른쪽에 있는 요소들의 상호 교환 관계를 나타내는 기호이다. 이 규칙에서 명사(N), 동사(V), 한정사(Det) 등의 항목들을 문법 범주라고 한다. 이 범주 각각에 해당하는 어휘가 삽입된다. 이상의 규칙으로 해당 문장은 Cette fille + manger + des pommes과 같은 범주 결합의 순서를 갖는 심층구조로 표현할 수 있다. 문장을 구성하는 요소들과 그 요소들 각각을 구성하는 하위 요소들을 다시 쓰기 규칙을 적용하여 나타냄으로써 문장이 점차적으로 생성되는 한편, 문장의 심층구조에 대해 일정한 변형이 적용되어 새로운 문장이 생성된다. 통사부 이후에는 의미-해석부로 연결되어 의미의 해석이 이루어진다.

촘스키는 생성문법 이론을 제시하면서 변형의 기제가 문법에 필요하다고 주장하였다. 구 구조 규칙을 바탕으로 한 구조만으로는 문장에 대해 만족스러운 분석이 불가능하다고 여겼기 때문이다. 아래의 두 예문은 각각 능동문과 수동문이다. 의미는 거의 유사하지만 표면적인 형식은 다르다.

(40a) Cette fille a mangé la pomme.

(40b) La pomme a été mangée par cette fille.

이 두 문장을 살펴보면 능동문의 목적보어인 la pomme의 자리에는 [+comestible], [+solide]와 같은 의미적 특성을 갖는 명사가 와야 한다. 이러한 제약은 수동문의 주어 위치에 올 수 있는 명사에 대해서도 동일하게 적용된다. 다시 말해서 manger의 목적어와 être mangé의 주어는 동일한 선택 제약이 있는 것이다. 이와 같이 능동문과 수동문은 의미상 유사하며 능동문의 목적어와 수동문의 주어에 동일한 선택 제약이 적용된다. 이 점은 수동문이 능동문으로부터 어떤 변형의 적용을 통하여 도출된 것이라는 주장의 근거가 되었다. 예를 들면 다음 도식처럼 심층구조의 능동문에 수동 변형 규칙을 적용해 수동문이 도출된다는 것이다.

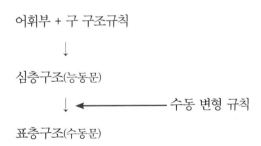

어휘부 + 구 구조규칙

↓

심층구조(능동문)

↓ ◄─────── 수동 변형 규칙

표층구조(수동문)

이러한 구 구조 규칙은 촘스키의 이론 중 확대표준이론Extended Standard Theory 및 수정확대표준이론Revised Extended Standard Theory 55)에서 핵 계층 이론X-bar theory으로 대체되어 지배결속이론을 구성하는 하나의 원리로 작용한다.

② 핵 계층 이론

1970년대 수정확대표준이론에서는 원리화한 하나의 규칙인 핵 계층 이론에 따라 심층구조를 설정한다. 핵 계층 이론은 종전의 구 구조 규칙을 대신하여 하나의 원리로 모든 범주의 구와 문장을 생성해 내려는 이론이다. 따라서 구 혹은 문장의 심층구조는 다음과 같이 나무 그림으로 표현되는 계층 구조로 나타낼 수 있다.

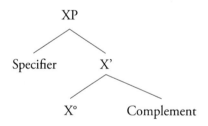

---

55) 촘스키의 변형생성문법 이론의 발전 단계에 등장하는 1970년대 이론. 촘스키가 1965년 저서 『통사 이론의 양상Aspects of the theory of syntax』에서 제안한 표준이론의 모형은 이후 확대표준이론과 수정확대표준이론을 거쳐 1981년 지배결속이론으로 발전한다. 확대표준이론에서 제시된 핵 계층 이론(X-Bar 이론)은 수정확대표준이론에서 구구조 규칙을 대신하는 원리로 발전하였고 그 이후 지배결속이론을 비롯한 통사 이론에서 중요한 원리로 작용하였다.

수정확대표준이론은 1981년에 지배결속이론[56]으로 정립된다. 이 이론을 구성하는 원리의 하나인 핵 계층 이론은 심층구조에서 생성된 구조에 어휘 삽입이 이루어진 D-구조를 규명하는 이론이다. 핵어Head, 보충어Complement, 지정어Specifier, 부가어Adjunct와 같은 요소로 이루어진다. 핵어Head는 문법 범주, 즉 구를 구성하는 가장 핵심적인 요소를 가리킨다. 명사구(NP)에서는 명사(N)가, 동사구(VP)에서는 동사(V)가 핵어이다. 이를 일반화시키면 XP의 핵어는 X라고 할 수 있다. 위 구조에서 어떤 범주 X가 이루는 구 XP의 내부 구조에는 X′(X-bar)의 중간 층위가 포함되어 있다. 이 층위를 중심으로 좌측에 오는 요소는 구의 지정어이며 그 하위 계층은 X와 그것의 보충어Complement로 구성된다. 모든 구와 문장은 이와 같이 범주 X를 핵으로 오른쪽에 보충어가 결합하여 X′ 층위를 구성하고, 이 구성의 왼쪽에 지정어가 결합하여 XP(X-구, 최대 투사)를 생성하는 것이다. 보충어Complement는 핵어가 의미상으로 완결되기 위해 꼭 필요한 비핵어 요소이며 지정어Specifier는 핵어 앞에서 핵어를 한정해주는 비핵어 요소이다. 부가어Adjunct는 수의적 비핵어

---

56) 촘스키의 저서 『지배결속이론 강의Lectures on Government and Binding Theory』(1981)에 따라 구체화된 변형생성문법 이론으로 지배와 결속의 개념이 이론의 중심이 되어 지배결속이론이라 한다. 이 이론은 이전의 변형생성문법 이론과 같이 언어 사용과 언어 이해의 바탕이 되는 내재적 언어를 연구 대상으로 하여 언어 능력을 규명하고자 한다.
　지배결속이론에서 통사부는 D-구조 층위와 S-구조 층위로 구성되어 있으며 논리 형식부의 논리 형식 표시 층위를 합하여 '통사론'의 범위로 잡고 있다. D-구조 층위와 S-구조 층위는 극히 일반적이고 제약되지 않은 '알파 이동Move-α'이라는 규칙에 연관을 맺고 있다. 초기 변형 문법에서 중요한 역할을 하던 변형 규칙의 기능이 축소되어 문법의 연구가 '규칙 체계'에 대한 연구에서 '원리 체계'에 대한 연구로 초점을 옮기게 되었다. 문법은 그 문장에 각 표시 층위에 해당하는 일련의 구조 기술을 부여하게 되는데 그 속성과 적격성 여부는 다음 일련의 하위 원리로 결정된다(『네이버 지식백과』, '지배결속이론(Government-Binding Theory, 支配結束理論)' 참조).

요소이다.

명사, 형용사와 같은 개별 범주를 핵어로 하는 명사구(NP), 형용사구
(AP)의 구조는 다음과 같이 핵 계층 구조로 나타낼 수 있다.

(41a)

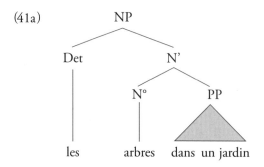

(41b)

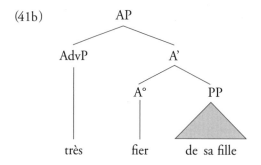

동사구(VP)가 동사와 목적어 명사구(NP)로 구성된 경우의 내부 구조
는 다음과 같다.

(42)

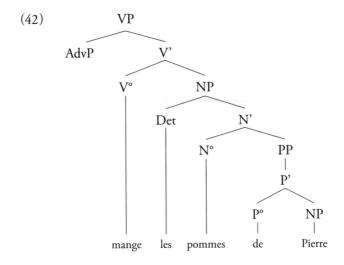

문장 Cette fille mange les pommes de Pierre의 표층구조는 심층구
조에서 NP와 VP로 구성된 문장을 핵 계층 구조에 따라 나무 그림으
로 나타낸 후 어휘 삽입 규칙을 적용시킨 결과이다.

(43)

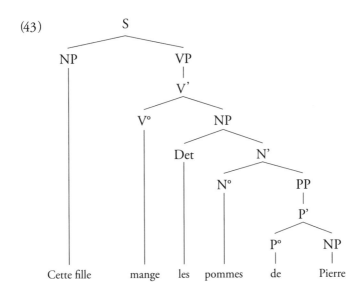

4.2.2. 지배결속이론

지배결속이론Government and Binding Theory은 촘스키의 『지배결속이론 강의Lectures on Government and Binding Theory』(1981)에서 논의된 생성문법 이론이다. 종래의 이론에서 제시하던 변형 규칙을 없애고 이동 규칙인 Move-α(α 이동)만을 남겨서 변형을 대부분 이동 작용으로 대체하였다. 또한 여러 가지 일반적인 원리와 제약 중에서도 계층 구조 내 범주들 사이의 지배government와 결속binding의 원리를 통해 총체적으로 통사 현상을 설명하고자 한다.

과거 이론에서 수동문은 능동문과 동일한 심층구조를 갖는다. 이 심층구조에 수동 변형이 적용되어 표층구조에서 수동문이 도출된다고 보았다. 그런데 지배결속이론에서는 이와 같은 개별 변형이 아니라 보다 보편적인 통사적 원리들에 근거하여 문장이 생성되는 것으로 본다. 지배결속이론에서 심층구조는 D-구조로, 표층구조는 S-구조로 각각 대체된다. 수동문 La pomme a été mangée par cette fille의 S-구조는 다음의 D-구조로부터 도출된다고 본다.

(44) [e] être mangé [la pomme]

위 구조에서 주어 위치에 있는 [e]는 형태적으로 표현되지는 않으나 위치는 존재하는 것으로 간주하는 공범주catégorie vide를 나타낸다. D-구조에서 manger의 목적어 자리에 있던 명사 la pomme이 비어 있는 주어 위치로 이동하여 S-구조에서는 수동문의 주어로 나타난다.

4.2.3. 최소주의 이론

최소주의 이론은 지배결속이론의 후신으로 완벽성와 경제성을 목표로 하는 문법 기술에 대한 시도이며 촘스키의 저서 『최소주의 프로그램The Minimalist Program』(1995)에서 시범적으로 제시한 통사 이론이다. 이 저서는 아직 진행 중이라는 의미에서 '이론'이 아닌 '프로그램'으로 불렸다. 이것은 '개념적 필연성conceptual necessity'과 '필수 출력 조건Bare Output Conditions'에 입각하여 D-구조, S-구조와 같은 이론 내적인 개념들을 모두 폐기하고 지배결속이론의 핵 계층 이론과 이동Movement을 병합Merge과 자질 유인Attract-F으로 대체하는 등, 경제성 조건에 입각한 이론 체계이다.

최소주의 이론은 외형상 지배결속이론의 문법 모형과 유사하다. 그러나 지배결속이론에서 제시했던 D-구조와 S-구조를 없애고 D-구조는 '만족Satisfy'이라는 과정의 결과로, S-구조는 '문자화Spell-out' 과정으로 대체되는 등, 여러 변화를 겪는다. 또한 이 이론에서는 언어가 어휘부와 연산체계système computationnel로 구성되는 것으로 본다. 어휘부는 촘스키의 초기 이론에서와 같고 어휘 선택의 과정인 'α-선택'과 통사 규칙의 적용인 'α-변경'을 거쳐 의미-해석부(논리형태Logical Form, LF)에 이르는 과정이 연산체계이다.

이 이론은 어휘 목록들의 집합인 배번 집합Numération으로부터 최적의 도출dérivation optimale을 이끌어내어 음성형태(Phonetic Form, PF)와 논리형태(Logical Form, LF)에 이르는 도출 과정에서 최소한의 문법 체제를 설정하고 있다. 최소주의 이론의 문법 체제는 다음과 같이 도식화된다.

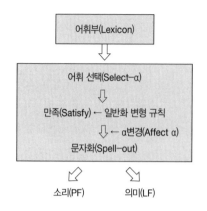

변형생성문법은 그동안 여러 단계의 방법론적 변화를 거쳤지만 궁극적 목표는 변함없이 인간의 언어 능력을 규명하여 모든 자연 언어들을 설명할 수 있는 보편 문법의 원리를 구축하는 것이다.

　　1950년대 후반에 등장하여 현재까지 세계 언어학계에서 막대한 영향력을 행사하고 있는 변형생성문법은 현대 언어학 발전에 크게 기여하였다. 언어학 외에도 심리학, 철학, 뇌 과학 등의 분야에서 새로운 연구 방향을 제시하도록 했다. 또한, 변형생성문법 이론을 통해 언어 습득acquisition, 언어 장애, 언어 처리에서 심리 모형 구축과 같은 연구 분야가 새롭게 조명받는 계기가 되었다.

5. 전산언어학과 형식문법

5.1. 전산언어학의 등장 배경

　　전산언어학은 언어학과 전산학이 밀접한 관계를 맺으면서 확립되기 시작한 학제 간 학문이다. 인간 언어 능력, 즉 언어를 생성하고 이해하는 능력의 규명을 궁극적인 목표로 하는 인지 언어학과 컴퓨터의 관계가 날로 긴밀해져 '전산언어학'이라는 명칭이 생겨났다.

초기 전산언어학자들은 대부분 전산 학자들이었다. 그들은 컴퓨터를 이용한 자연 언어 처리를 전공하던 학자들로 1950년대 미국에서 외국어, 특히 러시아의 과학 잡지를 영어로 자동 번역하려는 시도를 했다. 컴퓨터가 인간보다 수리 능력이 빠르고 정확하기 때문에 인간과 같은 언어 처리 능력을 가질 수 있을 것이라 생각했던 것이다. 그러나 결국 기계 번역이 정확한 번역을 해내는 것에 실패하게 되자 전산언어학자들은 예상했던 것보다 언어의 구조가 훨씬 더 복잡하다는 것을 인식하게 되었다.

1960년대에 들어서면서는 언어 데이터를 지적으로 처리할 수 있는 산술과 소프트웨어의 발달 덕분에 그 후부터 전산언어학이 인공 지능에 전제되는 분야로 종종 다루어지기도 한다. 따라서 전산언어학은 언어학자, 전산학자뿐만 아니라 인공 지능, 인지 심리학, 논리학 등의 전문가들이 참여하는 분야로 자리 잡고 있다.

인공 지능의 근본적 목표는 인간의 심리학적 처리를 모델화하려는 것인데 반해 전산언어학의 목표는 자연 언어를 처리하고자 하는 것이다. 자연 언어 자동 처리traitement automatique du langage naturel(TALN)가 응용된 것 중 가장 대표적인 것은 컴퓨터를 이용한 자동 번역이다. 컴퓨터는 자연 언어 자동 처리에 있어서 점점 더 중요한 역할을 하고 있다. 자연 언어 연구에 컴퓨터를 이용하는 목적은 크게 두 가지로 볼 수 있다. 첫째는 제안된 언어학 이론을 컴퓨터로 실행하여 검증해 보는 것, 둘째는 이렇게 검증된 이론을 시스템화하여 컴퓨터로 자연 언어 자동 처리를 가능하게 하는 것이다. 그렇게 하려면 사전에 해결되어야 할 전제 조건

이 있다. 먼저 인간이 자연 언어를 분석해야 하고, 자연 언어의 생성 과
정이 형식화, 절차화될 수 있어야 하고, 언어 규칙 즉 문법이 프로그래
밍될 수 있으며 컴퓨터에서 시뮬레이션될 수 있어야 한다. 따라서 언어
학자들은 자료들을 업데이트하고 규정하며 전산 학자들은 이것들을 모
델화하는 데 기여한다.[57]

5.2. 형식문법

컴퓨터로 자연 언어를 자동 처리하기 위한 전제 조건 중 하나가 바
로 언어 규칙, 즉 문법을 모델화하는 것이다. 자연 언어 문장은 무한하
다. 인간이 갖는 언어 능력으로 무한히 자연 언어를 생성할 수 있는 유
한 규칙을 문법이라 정의할 수 있다. 이 문법의 수학적 모형을 형식문법
grammaire formelle이라 한다. 형식문법은 자연 언어 자동 처리를 위해 구
조를 나타내려는 문법이다. 다시 말해, 정문을 인식, 생성하는 동시에
비문은 전혀 인식, 생성하지 않는 체계적 장치를 말한다.[58] 형식문법의
목표는 정문을 비문으로부터 구분하고 정문의 구조를 규명하는 것이다.
따라서 형식문법은 유한개의 규칙을 통해 어떤 문자열이 특정 언어에
포함되는지를 판단하거나 그 문법으로부터 어떤 문자열을 생성해 낼지
정한다. 다시 말해, 형식문법은 회귀적 방법méthode récursive에 입각한 유
한한 규칙으로 무한한 문장의 생성이 가능하다.

---

57) 송도규(1997), 3~13쪽 참조.
58) 위의 책, 100~101쪽 참조.

5.2.1. 형식언어의 정의

① 알파벳 Σ

기호들의 집합ensemble de symboles

$$\Sigma_1 = \{a, \ b, \ c, \ \cdots \ x, \ y, \ z\}$$
$$\Sigma_2 = \{0, \ 1, \ 2, \ \cdots \ 9\}$$

② 단어mots

일련의 기호들suite de symboles

단어들의 집합은 Σ의 문자들을 조합해서 만든 집합: Σ^*

$$\Sigma^* = \Sigma^+ \cup \{e\}$$
$$\Sigma^* = \bigcup_{n=0}^{\infty} \Sigma n$$

$$\Sigma^+ = A\{e\} = \bigcup_{n=0}^{\infty} A^n$$

③ 언어ensemble de mots

Σ^*의 모든 부분 집합

④ 모노이드monoïde

형식적으로 $(E, *)$와 같은 대수적 구조는 다음 조건을 만족시킬 때 모노이드라 한다.

① $\forall (x,y) \in$, x*y∈E (stability)

② $\forall (x,y,z) \in$, x*(y*z)=(x*y)*z (associativity)

여기에서 항등원을 주면 자유 모노이드(E, *, e)가 된다.

③ ∃e ∈ E, $\forall$x ∈ E, x*e=e*x=x (항등원 존재)

(IN, +, 0), (IN, ×, 1)는 자유 모노이드이다.

예) 알파벳 A={0,1}

A^0={e} (정의)

A^1={0,1}

A^2=={0,1}^{2} ={00,01,10,11}

A^3={0,1}^{3} ={000,001,010,011,100,101,110,111}

$\vdots$

A^*={0,1}* ={ε,0,1,00,01,10,11,000,001,…}

A^+={0,1}$^+$={0,1,00,01,10,11,000,001,…}

이처럼 알파벳 A로 만들어진 길이 n의 단어들의 집합은 A^n로 표기한다.

$$A^n = \{|x_1, x_2 \cdots x_n| \forall i, 1 \leq i \leq n, x_i \in A\}$$

알파벳을 영어의 자모 26자로 주면 단어는 자모들의 집합이며 단어들의 집합이 문장이 된다. 여기에서는 언어를 문장들의 집합으로 본 것이다.

⑤ 파생dérivation

'U→V'는 어떤 $U_1, U_2, \cdots U_k$에 대해 다음이 성립함을 의미한다.

$U{\rightarrow}U_1$

$U_1{\rightarrow}U_2$

$\vdots$

$U_{k-1}{\rightarrow}U_k$

$U_k{\rightarrow}V$

5.2.2. 형식문법의 규칙

G ={Vn, Vt, R, P}

Vn: 비종단 기호vocabulaire non-terminal(대문자로 표기)

Vt: 종단 기호vocabulaire terminal(소문자로 표기)

R: 다시 쓰기 규칙

P: 시작 기호 (공리 ≃ 문장)

G로 정의한 언어를 L(G)로 표기한다.

L(G)의 문장은 V_k^*의 모든 연쇄chaîne이다.

$$L(G)=\{x \mid xn \in V_t^* \text{ and } P \rightarrow x\}$$

예를 들어 다음과 같은 문법 G가 있다고 하자.

V_n ={P, GN, GV, D, N, V}

V_t ={le, chat, poisson, mange, dévore}

R : l'ensemble des règles

1) P → GNGV

2) GV → VGN

3) GN → DN

4) D → le

5) N → chat

6) N → poisson

7) V → mange

8) V → dévore

이 문법은 다음 문장을 생성한다.

(45) Le chat dévore le poisson.

1) GNGV

3) DNGV

4) le N GV

5) le chat GV

2) le chat V GN

8) le chat dévore GN

3) le chat dévore DN

4) le chat dévore le N

6) le chat dévore le poisson

이 문법은 구조주의 언어학의 산물인 구(절) 구조 문법grammaire syntagmatique이다. 촘스키의 문법 계층[59]에서는 유형 2에 속하며, 문맥 자유 문법grammaire indépendante du contexte이라고 불린다. 위의 모든 규칙은 아래와 같이 하나의 규칙으로 통합할 수 있다.

$$\{A \rightarrow r \mid A \in V_n,\ r \in V^*(V_n \cup V_t)\}$$

---

[59] '촘스키 문법 계층(1956)': 네 가지 유형의 형식문법과 형식언어

	문법	언어	인식하는 기계	규칙	
유형 0	무제한 문법	순환적 열거 가능 언어	튜링 머신	$\alpha \rightarrow \beta$	$\alpha,\ \beta \in (St \cup Sn)^*$ α는 한 개 이상의 비단말 기호 포함
유형 1	문맥 의존 문법	문맥 의존 언어	선형 한계 오토마타	$A\alpha B \rightarrow A\beta B$	A, B, $\beta \in (St \cup Sn)^*$, $\alpha \in Sn$, $\beta \neq \varepsilon$
유형 2	문맥 자유 문법	문맥 자유 언어	푸시다운 오토마타	$A \rightarrow \alpha$	$\alpha \in (St \cup Sn)^*$, A∈Sn 왼편에 오직 하나의 비단말 기호
유형 3	정규 문법	정규 언어	유한 상태 오토마타	$A \rightarrow \alpha B,\ A \rightarrow \alpha,\ A \rightarrow \varepsilon$ 혹은 $A \rightarrow B\alpha,\ A \rightarrow \alpha,\ A \rightarrow \varepsilon$	A, B∈Sn, $\alpha \in St$

Sn: 비단말 기호symbole non-terminal
St: 단말 기호symbole terminal

즉, 왼쪽에는 단 하나의 종단 기호가 있어야 하고 오른쪽에 아무것도 없어서는 안 되고 아래와 같이 Vn과 Vt의 결합이어야 한다.

예) A → BC

　　A → aBcDeA

　　A → abc

문맥 자유 문법에 다음과 같은 제한 사항을 주면 촘스키 문법 계층에서 유형 3이 된다.

$$A \longrightarrow aB$$
$$A \longrightarrow a$$

이것을 정규 문법grammaire régulière이라고 부르며 유한 상태 오토마타 automate à états finis로 실현된다.[60]

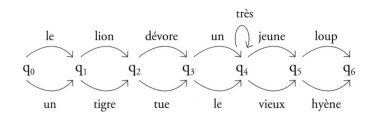

---

60) 유한 상태 오토마타는 우리의 일상생활에서 흔히 접할 수 있다. 현금 인출기, 지하철 회전문, 세탁기, CD-플레이어, 커피 자판기 등이 그 예들이다.

상태 q_i는 상태 q_{i+1}에 제약을 가한다. 즉, 산출된 각 어휘는 오직 선행하는 어휘에 의존한다. 이를 선형 제약contrainte linéaire 또는 미르코프 Markov 제약이라고 한다.

유한 상태 오토마타에 따라 기술되는 문법은 상당히 강력한데 유한한 단어들의 집합으로부터 거의 무한한 문장들을 생성할 수 있기 때문이다.[61] 그러나 유한 상태 문법grammaire à états finis은 모든 프랑스어 문장을 생성할 수는 없다. 예를 들어, 알파벳 {a,b}만으로 이루어진 $a^n b^n$의 형태는 유한 상태 문법에 따라 생성될 수 없다.[62]

(46) Wolfs wolfs ate ate.

(Des loups que des loups ont mangé ont mangé, loups ont mangé ont mangé.)

더 나아가서, 유한 상태 문법은 모두 자연어에서 존재하는 삽입문을 생성할 수 없다. 이것은 흔히 'abba'와 같은 거울 구조로 나타난다. 그러나 문맥 자유 문법은 이런 거울 구조를 생성할 수 있다.

(47) Pierre que Paul que Luc aime préfère hait Claude.

---

61) 예를 들어 반복 실행 명령을 이용하면 'le début de la guerre de la drogue des familles de la mafia de Sicile'와 같은 명사구도 생성할 수 있다.

62) 이런 형태는 문맥 자유 문법으로 생성 가능하다.

S → aAb

A → aAb

A → ab

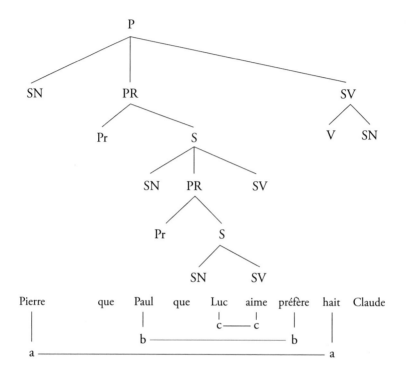

이런 문장을 생성하는 문법은 다음과 같다.

$$P \rightarrow SN + PR + SV$$

$$PR \rightarrow Pr + SN + PR + SV$$

$$PR \rightarrow Pr + SN + SV^{63)}$$

다음의 문장도 삽입 회귀를 보여주는 문장이다.

---

63) PR: 상위 관계절proposition relative. Pr: 하위 관계절.

(48) Le type dont l'homme que l'ami que Marie que je déteste a

vu a adoré m'a parlé est un imbécile.

물론 이런 문장이 진술 가능한지에 대해 의문을 제기할 수 있지만 이
것은 어디까지나 이론적 차원에서일 뿐, 현실적으로는 기억력의 한계로
회귀 규칙을 무한정 반복해서 적용할 수는 없다. 회귀에는 이밖에도 좌
회귀와 우회귀가 있다.

① 좌회귀

$$SA^{64)} \rightarrow Adv + Adj$$

$$Adv \rightarrow Adv + Adv$$

(49) apparemment pas très bien habillé

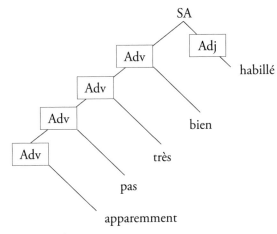

---

64) SA: syntagme adjectival.

영어의 경우, Her sister's husband's uncle's friend's daughter's house 가 전형적인 좌회귀 구조이다.

② 우회귀

SN → Dét + GN(ou N)

GN → N + SP

SP → Prép + SN

(50) Le cousin de la femme du patron

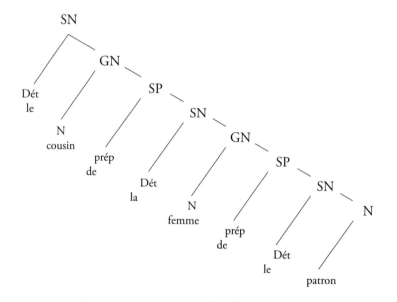

반복되는 비종단 기호, SN, GN, SP 등이 회귀를 성립시키는 요소들이다. 다음의 문장도 우회귀 문장이다.

(51) Mon voisin aime son patron dont la femme a un copain dont
le cousin déteste ce type qui est propriétaire d'un bateau.

5.2.3. 형식화의 중요성

먼저 이론적 차원에서 형식화formalisation는 언어 현상을 보다 잘 기술할 수 있게 해 준다. 그뿐만 아니라 형식화된 다른 학문들(수학, 물리학 등)과 마찬가지로 미리 알 수 없었던 새로운 사실을 알게 해 주고, 또한 새로운 질문을 제기할 수 있게 해 준다. 요컨대 형식화는 언어학을 과학의 차원으로 끌어올리는 데 결정적 역할을 한다고 볼 수 있다.

실용적 차원에서 형식화 작업은 자연 언어 자동 처리에 필수적이다. 자연 언어 자동 처리는 위에서 언급한 자동 번역 외에도 다양한 분야에서 적용할 수 있다. 데이터베이스 자동 질의-응답 시스템 등을 이용한 자연 언어로의 정보 검색, 특정 분야에서 주어진 정보에 근거하여 인간 전문가처럼 적절한 판단 및 충고를 사용자에게 제공하는 전문가 시스템, 자동 통역, 컴퓨터를 이용한 언어 교육과 습득, 텍스트의 요약과 작성, 자연 언어를 통한 각종 기계 작동 등 적용 범위가 무한하고 실용적 가치가 매우 크다.

그러나 구 구조 문법은 물론이고 이제까지 제안된 다른 형식문법들의 적용 범위는 매우 한정돼 있다. 오직 자연 언어의 부분 집합만을 기술할 따름이므로 앞으로 자연 언어에 대한 보다 많은 경험 규칙의 축적이 선행되어야 할 것이다.

1. 다음 설명을 읽고 참(V)인지 거짓(F)인지 표시하시오.

	VRAI	FAUX
① 테니에르^{Tesnière}는 언어학에 동사 결합가^{valence}의 개념을 적용하였다.	☐	☐
② 상황사^{circonstant}는 원칙적으로 생략이 가능한 범주이다.	☐	☐
③ 테니에르의 의존 문법에서는 상황 보어(CCIRC)가 주절 동사에 의존하는 요소가 아니다.	☐	☐

2. 다음 두 문장의 통사적 중의성에 대해 설명하시오.

① Nous vivons bien le temps de l'après-midi.

② Il chante le soir.

3. 다음 문장들을 각각 두 개의 구성 성분으로 나누시오.

① Ils composent le numéro.

② Les chats des rues ont un sort injuste.

③ Le sort des chats des rues est injuste.

④ Ceux qui travaillent dans cette société méritent un traitement équitable.

⑤ De plus en plus d'adolescents partent en vacances avec leurs copains.

⑥ Tout le monde aime mieux être en vacances que travailler.

4. 문제 3을 통해 알 수 있는, 전통적 분석의 관점에서 문장을 구성하는 두 요소는 무엇인지 말하시오.

5. 다음 문장들에서 구성체construction를 찾아서 열거하고 직접 구성 성분들을 찾아내시오.

　① Cette petite fille a réussi l'examen. (6 constructions)

　② L'excellent fromage de la Normandie est en vente dans cette épicerie.

　　(10 constructions)

6. 다음 문장들에서 구성 성분을 다른 요소로 대체하는 방법을 사용하여 최초의 직접 구성 성분을 찾아보시오.

　① Ces misérables n'avaient rien pour se protéger de la chaleur.

　② L'équipe des anglais va gagner.

　③ Les entreprises font des profits grâce à des placements osés.

　④ beaucoup de jeunes gens

7. 다음 문장들의 수형도를 그리시오.

　① L'oiseau pose ses pattes sur une branche.

　② Le grand pianiste joue bien.

　③ La fille de Sophie va à la crèche.

8. prendre 동사가 일반 동사(즉, 서술동사)로 쓰인 문장과 기능동사로 쓰인 문장을 각각 1개씩 들어 보시오.

9. 서술명사 opération(수술)을 현동화시킬 수 있는 기능동사들("의사가 수술을 하다."의 의미로)은 어떤 것들이 있는지 조사해 보시오.

10. casser sa pipe가 mourir(죽다)의 뜻일 경우 서술동사 구문으로 분석이 불가능함을 증명하시오.

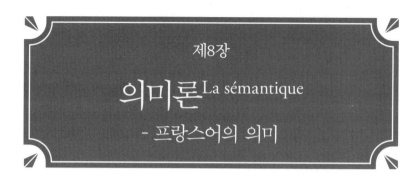

제8장
의미론 La sémantique
- 프랑스어의 의미

의미론이라는 단어는 그리스어의 sema(기호signe, 표시marque), semaino(의미하다signifier, 가리키다indiquer)에서 만들어진 semantikos (signifié)에서 유래되었다. 음성학phonétique에 대립시켜 처음으로 의미론 sémantique이라는 용어를 사용한 사람은 19세기말 『의미론 서설Essai de sémantique』(1897)을 쓴 브레알Michel Bréal(1832~1915)이다.

의미론은 언어의 의미를 연구하는 학문이다("La sémantique est la science des significations linguistiques").[65] 다시 말해 의미론은 기호소monème의 내용contenu에 관한 연구, 즉 기의signifié에 관한 연구이다.

의미 연구는 직접 관찰할 수 없고 과학적, 객관적 기준을 정하기 어렵기 때문에 다른 분야에 비해 언어학에서 오랫동안 등한시되었다. 소

---

65) G. Mounin(1997) 참조.

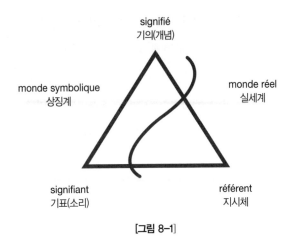

signifié
기의(개념)

monde symbolique
상징계

monde réel
실세계

signifiant
기표(소리)

référent
지시체

[그림 8-1]

쉬르의 공시적인 연구가 언어학에서 중요한 위치를 차지하기 이전에는
의미에 관한 연구는 일종의 의미 변화에 관한 연구였다. 의미론이 언
어학의 한 분야로 자리 잡게 된 것은 브레알이 등장하면서다. 브레알
은 의미론을 순수한 역사적 연구라고 생각하고 의미 변화의 문제를 주
로 다루었으며 사회가 의미 변화에 미치는 영향을 연구하였다. 1930년
대에 와서는 역사적인 관점이 철학적인 연구와 의미 기능의 분석적인
연구 등 기술적인 연구로 방향이 바뀌었다. 소쉬르에 기반을 둔 현대
의미론은 특히 성분 분석에 많은 관심을 두었다. 한편, 미국에서는 카
츠Jerrold Katz(1932~2002)와 포더Jerry Alan Fodor(1935~2017)가 변형생성
문법의 테두리 안에서 해석 의미론을 연구했다. 그 뒤 레이코프George
Lakoff(1941~)나 맥콜리James David McCawley(1938~1999)는 생성 의미론을
내세웠다. 촘스키, 자켄도프Ray Jackendoff(1945~) 등은 확대표준이론 안
에서 해석 의미론을 더 심화시켰다. 이러한 의미론들은 단어를 중심으

로 의미를 연구하던 이전 시기와는 달리 문장의 통사적 의미에 대해 연구하였다. 변형생성문법의 범위 밖에서는 의미 연구에 있어 진리치의 문제가 거론되었고 화용론이 대두되면서 인식의 문제가 도입되고 있다.[66]

의미론은 여러 분야와 인접하고 있어서 학자마다 의미를 연구할 때 해당 영역을 달리하기도 한다. 예를 들어 어떤 학자들은 의미론을 단어들의 의미에 관한 학문으로 규정짓고 어휘론에 포함시켰던 장champs 이론을 포함시키기도 하고, 또 어떤 학자들은 단어나 어휘소에 근거를 두는 어휘론과 문장 차원에서 의미 관계를 연구하는 의미론을 구분하기도 한다. 또 어떤 학자들은 의미론이 어휘론과 통사론에 걸쳐서 연구되어야 한다고 주장한다. 본고에서는 의미에 대한 연구를 크게 단어 차원과 문장 차원으로 나누어 살펴보도록 한다.

1. 단어 차원의 연구

언어 기호는 기표와 기의로 이뤄져 있고 어떤 언어 외적 대상(지시체 référent)을 명명하기 위해 사용된다. 단어의 차원에서 연구할 때 의미론의 대상을 다음의 세 가지로 나누어 생각해볼 수 있다. 기의와 지시체의 관계, 기의들 간의 관계(어휘 차원, 문장 차원), 기의들을 구성하는 요소들인 의미 성분 분석analyse sémique이 그것이다.

---

66) 『네이버 지식백과』 중 『한국민족문화대백과』 '의미론' 참조.

1.1. 기의와 지시체의 관계

먼저 기의와 지시체의 관계를 연구 대상으로 삼을 수 있다. 동일한 대상을 두고 부르는 말이 다른 경우를 예로 들어 보자. 예를 들어 le maître d'Alexandre와 l'élève de Platon, 이 두 표현은 모두 동일한 대상인 아리스토텔레스를 지칭하는 말이다.

그러나 동일한 대상을 가리키지만 문장 내에서 부여되는 의미도 고려해야 하는 경우가 있다. 다음 두 문장 (1)와 (2)에서 Jocaste와 sa mère는 동일 인물을 가리키지만 오이디푸스가 결혼하려 한 것은 이오카스테이지 자기 어머니가 아니므로 문장 (2)는 거짓이 된다.

(1) Œdipe voulait épouser Jocaste(오이디푸스는 이오카스테와 결혼하려 했다). (참)

(2) Œdipe voulait épouser sa mère(오이디푸스는 자신의 어머니와 결혼하려 했다). (거짓)

1.2. 기의들 간의 관계

자연 언어에서는 하나의 기의가 하나의 기표에 연결되는 일대일 대칭관계는 대부분 성립되지 않는다. 이런 비대칭 양상을 보여 주는 여러 의미 관계 유형을 살펴보면 다음과 같다.

1) 동의 관계|synonymie

동의어란 하나의 기의가 둘 이상의 기표와 연결된 것이다.

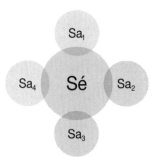

1 Sé - n Sa (n≥2)

예로 vélo -bicyclette(자전거), bouquin -livre(책)을 들 수 있다. 똑같은 의미를 지닌 단어라 하더라도 같은 상황에서 쓰이지 않는 경우가 많으므로 완전한 동의어란 존재하지 않는다고 할 수 있다.

2) 동음이의 관계|homonymie

동음이의어는 하나의 기표가 둘 이상의 기의와 연결된 것이다.

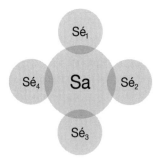

1 Sa(forme phonique) - n Sé (n≥2)

동음이의어는 두 가지 형태로 나타날 수 있는데, 두 기표가 철자
는 다르고 발음이 같으면 동음이형어homophones, 철자도 발음도 같으
면 동형동음어homographes라 한다. 동음이형어의 예로는 père-pair,
chaire-chair-cher를 들 수 있고, 동형동음어의 예로는 la grève(파업)-
la grève(모래사장), le port(항구)-le port(착용), la mémoire(기억력)-le
mémoire(보고서), la tour(탑)-le tour(일주) 등을 들 수 있다.

3) 다의 관계polysémie

다의어는 하나의 기표가 둘 이상의 기의를 가질 때에 해당한다. 발음
이 같은 동음이의어와는 달리 다의어는 발음과 철자가 같다.

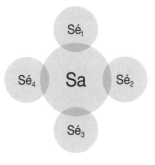

1 Sa(forme phonique + graphique) - n Sé (n≥2)

자연 언어에서 언어 기호는 대부분 다의어이다. 그 예로 사전 표제어
opération의 정의들을 정리해보면 다음과 같다.

① une suite d'actions effectuées avec une fin déterminée 어떤 특정
한 목적을 갖고 행하는 일련의 행위

② manœuvre 군사 작전

③ un sens socio-contextuel 사회적 상황의 의미

예를 들어 L'opération 'bison futé' est en cours 라는 문장은 항목 ③ 에 해당하는 경우로 사회적인 의미를 지닌다. bison futé를 직역하면 '약삭빠른 들소'라는 뜻으로 교통 상황 정보를 가리키는 말이다. 따라서 l'opération bison futé는 "바캉스 철에 덜 붐비는 도로로 가라"는 작전을 가리키는 말로 사용된 것이다.

4) 은유 métaphore

은유는 의미의 유사성 때문에 생기는 것으로 하나의 사물을 다른 사물의 관점에서 보는 것이다. 원천적으로 비슷한 의미가 확장되어 현실에 대해 새로운 관점을 제시하게 된다. 예를 들어, 'le poids de l'impôt' 라는 표현에서 poids는 물리적인 무게가 의미적으로 확장되어 '세금의 부담'이라는 추상적 의미를 지닌다. 'le poids des années'에서도 마찬가지로 poids는 추상적 의미로 확장되어 '세월의 무게'라는 표현이 된다.

5) 환유 métonymie

환유는 어떤 단어가 무엇을 가리킬 때 한 낱말 대신 다른 낱말을 사용하는 것이다. 즉 어떤 하나의 대상과 물리적, 논리적 관계를 갖는 다른 것으로 대신 표현하는 것이다. 이런 단어가 지니는 의미 관계, 의미의 확장에는 여러 유형이 있는데 그 중 몇 가지만 들면 다음과 같다.

① 포함하는 것이 포함된 것을 대신하는 경우

(3) Toute la ville en parle(도시 전체가 그 이야기를 한다).

여기서 '도시 전체'는 '도시에 사는 모든 주민들'을 대신하여 쓰인 것이다. 마찬가지로 아래의 문장에서 '주전자'는 '주전자에 든 물'을 말한다.

(4) La bouilloire chante(주전자가 끓는다).

② 원인이 결과를 대신하는 경우

(5) Mon voisin vit de son métier d'écrivain(내 이웃은 작가라는 직업으로 살아간다).

이 문장에서 '작가라는 직업'은 그 직업으로 얻은 결과인 '수입'을 의미한다.

③ 물질적인 것으로 정신적인 것, 추상적인 것을 가리키는 경우

(6) Une dame de fer(철의 여인)

여기서 '철'은 철이 지닌 강인함을 뜻하는 것으로 이 표현은 권위주의적이고 굳센 의지를 갖는 여인을 일컫는 말이다.

(7) du berceau à la tombe(요람에서 무덤까지)

이 표현에서 '요람'은 '탄생'을, '무덤'은 '죽음'을 가리킨다.

④ 부분으로 전체를 가리키는 경우

부분으로 전체를 가리키는 경우를 제유synecdoque라고 한다. 제유는 부분으로 전체를 나타내거나 전체로 부분을 나타내는 것을 포함하는 데 제유도 환유의 일종으로 볼 수 있다.

예를 들어 quarante voiles이라는 표현에서 'voiles'은 원래 '돛'을 뜻하나 여기서는 부분의 의미가 확장되어 '배'라는 전체를 지칭하게 된다. 마찬가지로 un troupeau de cinquante têtes라는 표현에서 'têtes'는 '머리'가 아니라 '동물'을 가리키는 것으로 50 마리의 동물을 말한다. 또 다른 예로는 une jeune fille de quinze printemps을 들 수 있는데 'printemps'은 여기서 '봄'이 아니라 '해', 따라서 '15 세의 소녀'라는 뜻으로 사용된다.

프랑스어와 한국어, 두 언어에서 유사하게 쓰이는 예들도 찾아볼 수 있다. 예를 들어 être sans toit에서 'toit'는 '지붕'이 아니라 '집'이라는 뜻으로 사용되는데 한국어에서도 이와 유사하게 '한 지붕 세 가족' 같은 표현을 사용하고 있다. 또한 'visage'가 '얼굴'이 아니라 '사람'이라는 뜻으로 두 언어에서 사용되는 경우도 흔히 볼 수 있다.

(8) Il découvre de nouveaux visages(= des personnes nouvelles).
(9) 새로운 얼굴이 보이네?!(= 새로 온 사람)

6) 반의 관계_{antonymie}

① 상보 반의어

상보적 반의어antonymes complémentaires란 둘 중 하나가 참이면 다른 하나는 거짓이 되는 관계를 말한다. 그러므로 반드시 둘 중 하나를 선택해야 한다.

(10) mâle-femelle / mourir-vivre / mort-vivant / marié-célibataire / 삶-죽음 / 살다-죽다 / 있다-없다 / (잠이) 깨다-자다 / 미혼-기혼

② 관계 반의어

관계 반의어antonymes réciproques / antonymes relationnels는 상호 관련이 있어서 어느 한 쪽이 없으면 다른 한 쪽이 존재할 수 없는 경우를 말한다.

(11) acheter-vendre / employé-employeur / 구매하다-판매하다 / 고용인-고용주

③ 계층 반의어 또는 정도 반의어

계층 반의어antonymes gradables는 중간 단계가 있어서 절대적 기준을 갖지 않으므로 둘 다 거짓일 수 있다.

(12) grand-petit / chaud-tiède-froid / heureux-malheureux / 덥
다-춥다 / 빠르다-느리다

계층 반의어에도 여러 가지 관계가 존재한다. 예를 들어, 비순환적
과정에 속하는 관계로는 bébé-enfant-adolescent-adulte를 들 수 있
고, 주기적 현상에 속하는 관계로는 요일lundi-mardi-mercredi-jeudi-
vendredi-samedi-dimanche을 생각해 볼 수 있다.

또한 주기적 현상이 아닌 예로는 cru-au bleu-à point-bien cuit,
bien portant-malade - guéri를 들 수 있다.

④ 방향성 반의어[67]

방향성 반의어antonymes directionnels는 주어진 한 장소에 대해 맞선 방
향을 전제로 관계나 이동의 측면에서 대립하는 경우를 말한다.

(13) monter-descendre / arriver-partir / aller-venir / 상승-하강

그 외 하나의 단어인데 반대의 의미를 갖는 경우가 있다.

(14) hôte: 초대하는 사람(celui qui invite), 초대 받는 사람(invité)

지금까지 살펴본 의미 관계들에서 주의해야할 것은 동의 관계나 반

---

67) J. Lyons(1978), p.227 참조.

의 관계는 고정 불변이 아니라 문맥에 따라 달라질 수 있다는 점이다. 그 예로 아래의 표에서 볼 수 있듯이 형용사 délicat나 sérieux는 어느 명사와 쓰이는지에 따라 그에 해당하는 동의어와 반의어가 달라진다.

〈표 8-1〉

형용사	명사구	동의어	반의어
délicat	un enfant délicat un tissu délicat un sentiment délicat	maladif(허약한) fragile(약한) fin(순수한)	robuste(튼튼한) solide(질긴) grossier(치졸한)
sérieux	un étudiant sérieux une maladie sérieuse une raison sérieuse	travailleur(열심히 공부하는) grave(중한) grave(중대한)	paresseux(게으른) bénigne(가벼운) futile(하찮은)

7) 상위어-하위어 관계hyperonymie-hyponymie

상위어와 하위어 관계는 어휘 단위의 기의에 적용되는 포함 관계, 즉 의미 범주에 따른 포함 관계를 말한다.

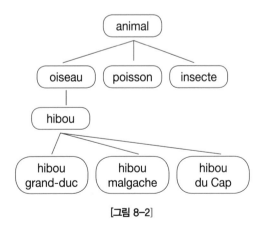

[그림 8-2]

1.3. 의미 성분 분석

1.3.1. 포티에의 의소 분석

의미 성분 분석은 "하나의 어휘소의 의미(Sé)는 몇 개의 의미 자질 traits de sens(의소)로 분해할 수 있다."라는 가설에 입각하여 해당 어휘소의 기의들의 내적 구조를 연구하는 것이 그 목적이다. 의소 분석은 음소의 분석 방법에서 음소를 추출해 낼 수 있게 해 주는 대치commutation의 방법을 그대로 따와서 의미론에 적용하는 것이다. 단, 이 분석은 같은 부류로 묶을 수 있는 명사들에만 한정된다.

먼저, 이 분석에 사용되는 용어들을 정리해 보자. 형식적으로 분해가 불가능한 단위가 의미적으로 분해될 수 있다. 이때 분해된 의미 단위들을 의소sème라고 한다. 의소는 의미의 최소 변별 단위로 따로 분리되어 다른 의소와 대치될 수 있다. 이 의소들이 모인 집합을 의미소sémème라고 하고 한 어휘소의 특수 의소들의 집합, 즉 핵심 의소들sèmes nucléaires의 집합을 어의소sémantème라고 한다. 어휘 형태소를 어휘소lexème라고 하듯이 의미의 관점에서 어휘소를 '어의소'라 부른다.

포티에Bernard Pottier(1924~)의 의소 분석의 예를 살펴보면 다음과 같다.[68]

---

68) C. Germain & R. LeBlanc(1982), vol.5: *La sémantique*, pp.51~54 참조.

〈표 8-2〉

의소 어휘소	앉기 위한 것	다리	일인용	등받이	팔걸이	딱딱한 소재
siège(archiL[69])	+	∅	∅	∅	∅	∅
chaise	+	+	+	+	−	+
fauteuil	+	+	+	+	+	+
tabouret	+	+	+	−	−	+
canapé	+	+	−	+	+	+
pouf	+	−	+	−	−	−

∅: 문제되지 않음, +: 있음, −: 없음

의소 '팔걸이'는 fauteuil를 chaise와 구분해 주고, '등받이'는 chaise와 tabouret를, '일인용'은 fauteuil와 canapé를 구분해 준다. '앉기 위한 것'은 여기서 모든 어휘소에 공통되는 원原의미소archisémème에 해당한다.

하지만 모든 단어에 이런 분석을 적용할 수는 없다. 분석자의 주관이 개입될 수도 있고 경험할 수 없는 것은 분석이 불가능하기 때문이다. 그러나 의소 분석은 외국어를 가르치는 데 있어서는 아주 유용하다.

1.3.2. 생성문법 학자들의 의미 성분 분석

생성문법 학자들의 의미 성분 분석은 특히 사전 항목을 구성하는 기술로 행해졌다.

단어 'canard'에 대한 카츠와 포더의 분석 예[70]를 살펴보자. 'canard'

---

69) 원原어휘소archilexème.

70) C. Germain & R. LeBlanc, *Op. cit.*, pp.61~62.

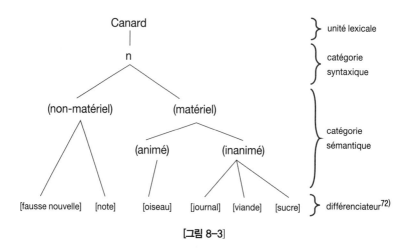

[그림 8-3]

는 사전에서 다음 의미를 갖는 보통 명사이다.

- un oiseau palmipède 물갈퀴 달린 새
- la viande de ce même oiseau 오리 고기
- une fausse nouvelle 허위 보도
- une note fausse et criarde 부정음
- un morceau de sucre (dans le café) (커피 또는 브랜디에 담근) 각설탕

그들은 '원자 개념'으로 각 어휘 단위를 분해하여 사전의 항목을 만들 것을 제안했다.

위 그림에서 괄호로 표시된 개념들은 canard라는 어휘가 지닌 의미

---

71) '의미 구별소differenciateurs sémantiques'는 그 어휘만이 고유하게 지닌 의미 전체를 반영하는 것이다.

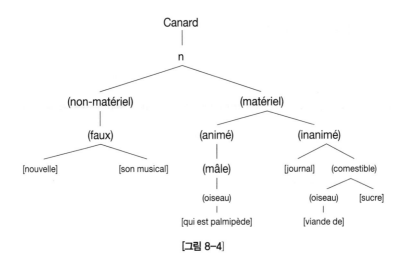

[그림 8-4]

원자들, 즉 '의미 범주들catégories sémantiques'이다. 이 관계를 더 계층화하면 그림 [8-4]와 같다.

그들에 따르면 이 개념들은 모든 언어에서 찾아볼 수 있는 보편적인 것이므로 사전은 여러 의미들 간의 비양립성을 결정하는 데 사용되는 '선택 제약'들이 덧붙여지는 개념 체계와 같다는 것이다. 이런 관점에서 의미 자질은 한 언어의 어휘 요소들 간의 의미 관계를 기술하기 위해 가정된 이론적 요소라고 할 수 있다.

그러나 의미 성분 분석은 한계를 지니고 있기도 하다. 의미 자질에 대한 정보가 반드시 언어학적 의미에 대한 정보는 아니고, 또한 의미 자질은 어휘의 기능적 차이를 설명해줄 수 없으며, 문법적 범주에 대한 정의 없이 어휘소들을 구분하게 할 수 있기 때문이다.

2. 문장 차원의 연구

전체 문장의 의미는 구성요소들 간 관계에 의해 정해진다. 구성요소 각각의 의미를 합해서 얻어지는 것이 아니다. 만약 구성 요소의 의미 집합체가 전체 문장 의미와 같다면 Pierre aime Marie와 Marie aime Pierre는 뜻이 같아야 하나 그렇지 않을 수 있다. 문장 차원의 의미에 대해 알아보기 위해 전제présupposition 이론을 살펴보자.

2.1. 전제 이론

전제 이론에서 p가 긍정이든 부정이든 q가 항상 참으로 남아있으면 q를 전제présupposé라 하고 p가 부정이 되면 부정이 되는 q를 신정보 posé[72]라 한다. 다시 말해 전제는 상대방이 이미 알고 있다고 간주하는 것으로 신정보 이전에 주어진 정보여서 문장이 긍정이든 부정이든 의문이든 전제는 변함이 없다. 반면, 신정보는 문장을 통해 알려 주고 있는 것 또는 알게 되는 것으로 부정문에서 신정보와 긍정문에서 신정보는 서로 상반된다.

(15) p: Pierre continue à faire des bêtises.

    q: Pierre a fait des bêtises (dans le passé).   Présupposé

    q': Pierre en fait (dans le présent).   Posé

---

72) posé에 대해서는 통일된 한국어 용어가 아직 없는 듯하다. '스콧 부르제(2011)'에서는 '신정보'로 번역되어 있고, '강형식(2012)'에서는 '제시'라는 용어로 사용되고 있다.

(16) ~p : Pierre ne continue pas à faire des bêtises.

     q : Pierre a fait des bêtises (dans le passé).   Présupposé

     ~q': Pierre n'en fait pas (dans le présent).   Posé

(17) p: Pierre a empêché Marie de partir.

     q: Marie cherchait à partir.   Présupposé

(18) ~p: Pierre n'a pas empêché Marie de partir.

     q: Marie cherchait à partir.   Présupposé

위의 예문들에서 볼 수 있듯이 p가 긍정이면 q는 참이고 p가 부정이더라도 q는 참이다. 그러므로 p는 q를 전제로 한다(p présuppose q ; q est présupposé par p)라고 할 수 있다.

전제를 설명하기 위해 뒤크로Oswaldo Ducrot(1930~)와 여러 언어학자들은 부정과 의문은 전제에 영향을 미치지 않는다고 보았다. 다음 예문에서

(19) p: Jean se rend compte qu'il est malade.

     q: Jean est malade.

p를 긍정문이나 부정문으로 만들면 Jean이 나타내는 자신의 몸 상태에 대한 인식을 문제시하게 되는 것이지 'Jean이 아프다'는 것은 어떤 경우에서든 전제로 남는다. 전제는 진리치vérité를 문제 삼을 수 없다. 왜냐

하면 전제는 항상 참이어야 하기 때문이다.

그러나 다음 예문에서처럼 전제 성립이 불가능한 경우도 있다. 왜냐하면 penser동사가 사용된 이 예문에서는 Jean이 아프지 않을 가능성도 있기 때문이다.

(20a) Jean pense qu'il est malade.

(20b) Jean ne pense pas qu'il est malade.

그렇다면 다음의 문장들을 살펴보자.

(21) x: Pierre a dénoncé Marie.

　　　y: Mais elle n'a commis aucune faute !

x는 마리가 잘못을 한 것(Marie a commis une faute)이 전제된 것인데 y는 그 전제를 부정하고 있다. 전제를 부정한다는 것은 그 말이 모순이라는 것이다. 'Mais'라는 말을 사용했기 때문에 이런 상황이 벌어진 것이다.

사실 전제 문제는 그리 간단하게 설명되지 않는 경우가 많다. 다음 문장은 프랑스에 왕이 있다는 것을 전제로 한다.[73]

(22) L'actuel roi de la France est chauve.

―――

73) C. Germain & R. LeBlanc(1982), vol.5: *La sémantique*, p.75 참조.

그러나 현재 프랑스에는 왕, 즉 그 지시체référent가 존재하지 않으므로 전제 자체가 거짓이고, 따라서 문장 (22)는 거짓이다. 이런 유형의 문장은 논리학자들이 존재의 전제postulat d'existence(논항 x에 걸리는 모든 술어는 x의 존재를 전제한다)라 부르는 것의 근본적인 규칙을 위반한 것이다. 게다가 분석을 더 복잡하게 만드는 것은 주절에 사용되는 동사에 따라 전제의 진리치가 달라질 수도 있다는 점이다. 예를 들어 다음의 두 문장은 Pierre est venu를 전제로 한다.

(23a) Je sais que Pierre est venu.

(23b) Je ne sais pas que Pierre est venu.

그런데 여기서 동사 savoir를 prétendre로 바꾸어 보면

(23c) Je prétends que Pierre est venu.

Pierre가 왔는지는 전혀 확실하지 않다. 따라서 이 경우 전제는 없다. 또 savoir를 croire로 바꾸어 보면

(23d) Je crois que Pierre est venu.

위의 문장 (23a)의 전제인 Pierre est venu가 문장 (23d)에 대해서는 참일 수도 있고 거짓일 수도 있다.

이처럼 전제의 개념을 인간의 자연 언어에 적용한다는 것은 그리 간

단한 일이 아니다. 그렇지만 이 개념이 문장의 의미를 다른 각도에서 살펴볼 수 있도록 한다는 의미에서 충분히 언어학적 가치를 지닌다고 할 수 있다.

2.2. 환언문

환언paraphrase은 고대부터 성서의 주석이나 웅변술에서 사용되었다. 그러나 그 자체가 언어 현상으로 다뤄진 것이 아니라 수사학에 필요한 하나의 도구였을 뿐이었다. 단어 층위에서 설명의 도구로 사용되던 환언은 변형생성 이론에서 문장 층위로 체계화되었다. '바꾸어 말하기'라는 의미를 갖는 '환언'은 텍스트의 자동 처리나 번역, 통역의 문제와 밀접한 연관성이 있다고 볼 수 있다.

두 문장의 환언 관계는 수동문과 능동문, 유사어의 대체, 반의어의 사용 등으로 설명할 수 있다.

(24a)   Le chat mange la souris.

(24b)   La souris est mangée par le chat.

(25a)   Pierre a vendu la maison à Paul.

(25b)   Paul a acheté la maison à Pierre.

(26a)   J'ai fait Eric ôter son manteau.

(26b)   Eric a enlevé son manteau.

(27a) Le vainqueur d'Iéna est mort en 1821.

(27b) Le vaincu de Waterloo est mort en 1821.

(28a) Elle a cessé de chanter.

(28b) Elle ne chante plus.

초기 생성문법 이론에서는 환언문을 '의미적 동일화' 현상으로, 즉 하나의 심층구조로부터 여러 표층구조를 지닌 문장이 도출된다고 보았다. 예를 들어 다음의 문장들은 동일한 심층구조(Paul [agent]-construire-la maison [objet])에 근거한 하나의 의미(la construction de la maison a été le fait de Paul)를 지니므로 환언 관계에 있다고 할 수 있다.

(29a) Paul a construit la maison.

(29b) La maison a été construite par Paul.

(29c) C'est Paul qui a construit la maison.

그렇지만 이러한 의미의 동일성으로 환언 관계를 설명하는 것은 다소 불충분하다. 환언 관계에 있는 문장 사이에는 '같음pareil'과 '다름 pas pareil'이 함께 존재하기 때문에 '의미의 동일성'으로 보기보다는 공통 불변수에 따른 의미의 등가성(un noyau commun + différences secondaires)으로 보는 것이 타당하다. 언어적 유희의 대가인 크노Raymond Queneau(1903~1976)는 그의 저서 『문체 연습Exercices de style』(1947)에서 동일한 이야기를 99 가지의 다양한 문체로 표현하고 있다.

푹스Catherine Fuchs(1946~)는 환언문의 개념은 논리적이거나 통사적인 개념, 즉 랑그의 개념이 아니라 상황 의존적, 문맥 의존적인 담화에 적용되는 개념이라고 보았다. 두 문장의 환언 관계는 발화 주체sujet parlant 에 의한 의미의 동일화로 발화 주체는 두 문장 사이에 존재하는 의미의 차이점을 일시적으로 제거하면서 두 문장이 동일한 것으로 판단한다. 이때 가장 중요한 변수는 '상황'이나 '문맥'이다. 즉 푹스는 자연 언어에서 환언 관계는 미리 주어진 것이 아니라 주어진 문맥이나 상황에서 발화 주체가 이미 존재하는 의미의 차이점을 무시하거나 제거함으로써 얻어지는 메타언어적 동일화의 결과로 보았다. 이 메타언어적 동일화는 두 문장 X와 Y 사이의 의미(Sémantisme: Sém)를 동일화하는 것으로 다음과 같이 도식화[74]할 수 있다.

도식 1: (sém. de X) ≡ (sém. de Y)

그런데 메타언어적 동일화는 지시 관계에 근거한 발화적 동일화이므로 도식 1은 상황(Situation: sit)이 개입된 도식 2로 변형되어야 한다.[75]

도식 2: (Sém. de X) sit' ≡ (sit) Sém. de Y (sit")[75]

도식 2의 매개 변수는 상황 혹은 맥락이다. 이에 따라 의미가 동일화

---

[74] C. Fuchs(1982), p.123.

[75] sit: la situation de paraphrasage / sit': la situation de production de X / sit": la situation de production de Y (*Ibid.*, p.120).

되기도 하고 구별되기도 한다. 어떤 상황(sit)과 시간(T)에 영향을 받은 한 발화 주체(S)가 개입하면 X의 의미(sit′, S′, T′)는 주어진 발화 상황에서 Y의 의미(sit″,S″,T″)[76]와 동일해진다. 그 발화 주체에 의해서 의미적 차이점이 일시적으로 제거되기 때문이다. 따라서 환언 관계는 언어에 고정된 서술 관계라기보다는 발화적 관계로 논의되어야 하므로 의미론적 연구와 화용론적 연구도 병행해야 한다.

파레트Herman Parret(1938~)[77]에 따르면 환언 행위paraphrasage는 '모호성 제거 행위désambiguisation'로, 언어 층위에서 등가적인 관계는 담화 층위에서 동일화 관계로 변하며 이를 도식화하면 다음과 같다.

2.3. 시제와 상

시제와 상의 문제는 언어학에서 가장 연구가 활발하게 이루어진 분야 중 하나로 지금까지 많은 연구가 진행되었음에도 여전히 논쟁거리로 남아 있다. 여기서는 시제와 상에 관한 몇몇 학자들의 연구를 소개하도록 한다.

---

76) S: le sujet paraphraseur / S′: le sujet producteur de X / S″: le sujet producteur de Y / T: le temps de la production de paraphrase / T′: le temps de la production de X / T″: le temps de la production de Y (*Ibid.*).

77) 파레트는 번역문은 원문에 '최대 근접proximisation maximale'이 되어야 한다고 보았다 (H. Parret(1988), p.37, p.41).

2.3.1. 프랑스어 시제 체계

동사와 관련된 문법 범주의 하나인 시제는 현재를 중심으로 이전(과거), 이후(미래)로 나누는 절대 시제가 있고, 과거나 미래를 중심으로 이전과 이후를 나누는 상대적 시제가 있다.

예스페르센Otto Jerspersen(1860~1943)은 『문법 철학Philosophy of Grammar』(1924)에서 철학적인 인식의 문제로 시간을 다루었다. 그는 현재를 양분 기준으로 삼아서 다음과 같이 과거, 현재, 미래로 3분했다.

A	B	C
Passé	Présent	Futur

예스페르센의 시제 체계에서 현재를 중심으로 과거와 미래로 나뉜 3분법 시간은 1차원uni-dimensionnel으로 표시될 수 있다. 이 시제 체계에는 복합과거passé composé와 후미래après futur가 존재하지 않는다.[78]

Aa	Ab	Ac	B	Ca	Cb	Cc
PQP	IMP	FUTP	PRESENT	FA	FUT	ø
(PA)	(PS)	je devais	je fais	j'aurai	je ferai	
j'avais	je faisais	/ allais		fait		
(eus) fait	(fis)			faire		

---

78) 예스페르센은 프랑스어 시제에는 후미래après futur가 존재하지 않지만 영어에서는 I shall be going to write와 같이 후미래가 존재한다고 본다. 하지만 베트는 프랑스어에도 후미래가 존재한다(Je serai sur le point de m'en aller)고 보고 있다(C. Vet(1980), p.18).

PQP: Plus-que-parfait, IMP: Imparfait, FUTP: Futur du passé, FA: Futur antérieur, FUT: Futur

임스Paul Imbs(1908~1987)는 예스페르센의 체계를 거의 받아들이나 현재를 중심으로 한 관계망réseau de relation으로 시제 체계를 인식한다는 점에서 차이를 보인다. 즉 현재, 과거 그리고 미래의 선행성antériorité이나 후행성postériorité의 관계에 따라 나머지 시제 체계를 세우는 것으로 다음과 같이 나타낼 수 있다.[79]

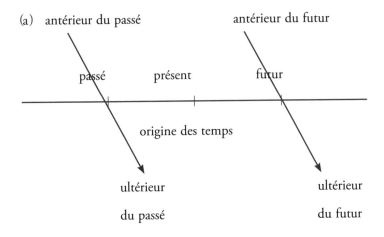

임스는 주요 체계système principal에 덧붙여 부차적 체계système secondaire 를 받아들이는데 이는 다음과 같다.[80]

---

79) *Ibid.*, p.19.

80) *Ibid.*, p.20.

(b)

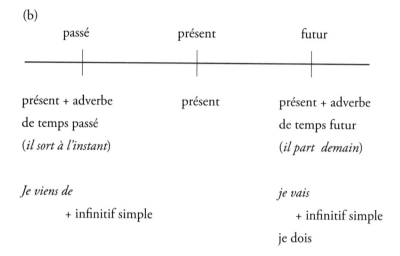

라이헨바흐Reichenbach(1891~1953)는 다음의 3개의 기준점으로 시제 체계를 설명하고 있다. 현재의 시간 즉 말하는 순간인 S(point of speech, point de la parole; le moment de l'énonciation)와 지시된 시간인 R(point of reference, le point de référence par rapport auquel se situe le point de l'événement) 그리고 사건이 일어난 시간인 E(point of event, le point de l'événement), 이 세 개의 언술 순간을 통해 시제와 상의 문제를 잘 설명한다.

Structure	New Name (라이헨바흐의 시제 명칭)	Traditional Name (기존의 시제 명칭)
E-R-S	Anterior past	Past perfect
E,R-S	Simple past	Simple past
R-E-S		
R-S,E	Posterior past	------------------
R-S-E		

E-S,R	Anterior present	Present perfect
S,R,E	Simple present	Present
S,R-E	Posterior present	Simple futur
S-E-R		
S,E-R	Anterior future	Future perfect
E-S-R		
S-R,E	Simple future	Simple future
S-R-E	Posterior future	------------------

(-: 전후관계 / ,: 동시성)

라이헨바흐가 분류한 시제 체계 중 뒤진 과거posterior past와 뒤진 미래 posterior future는 기존의 전통적인 시제에는 존재하지 않는다.[81]

마르탱Robert Martin(1936~)은 두 개의 기준점인 현재présent와 반과거 imparfait를 중심으로 프랑스어의 시제 체계를 설명했다. 그는 체계의 중첩으로 시제 체계를 설명했는데 마르탱의 도표[82]에서는 시간적 관계를 나타내는 것이 아니라 시상의 관계를 나타낸다. 시상을 설명하는 마르탱의 시제 체계는 기욤Gustave Guillaume(1883~1960)의 시간 개념과 많은 부분에서 유사성을 띤다.

---

81) 라이헨바흐의 시제 체계로 프랑스어 시제에 대한 재해석은 '김경석(2012), 120쪽' 참조.
82) C. Vet, *Op. cit.*, p.23.

      non accompli (미완료)

    /

  accompli (완료)

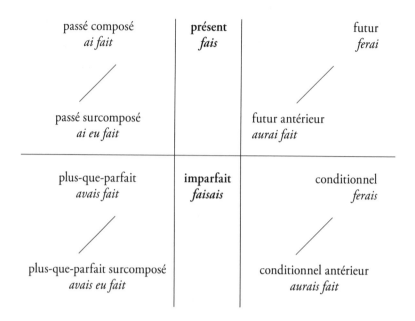

passé composé *ai fait*	**présent** *fais*	futur *ferai*
passé surcomposé *ai eu fait*	futur antérieur *aurai fait*	
plus-que-parfait *avais fait*	**imparfait** *faisais*	conditionnel *ferais*
plus-que-parfait surcomposé *avais eu fait*	conditionnel antérieur *aurais fait*	

기욤에 따르면 시간은 본질상 스스로 표현될 수 없고 공간을 빌려서 표현된다. 그러므로 시제 표상은 결국 공간을 이용하여 체계화된 표상이다. 이는 인간사고 운동mouvement de pensée의 기초가 되는 시간 영상 image-temps을 가정한다.

| AVANT ⟶ APRÈS |
| ESPACE ⟶ TEMPS |

걷기 위해서는 시간이 필요하듯이 '걷는다'는 개념을 머릿속에 환기하는 데는 시간이 필요하다고 기욤은 보았다. 사람이 태어나면서 배운

언어를 담화에서 구체적으로 직접 말하고 듣고 사용하는 것을 기욤은 언어 활동langage으로 보았다. 정신 역학 이론[83])에서는 언어와 담화를 구분하고 있는데 발화자는 자신의 경험을 언어로 표현하기 위해 이 잠재적인 전환체인 언어를 사용한다고 보았다. 언어 활동을 '전avant'과 '후après'라는 관계로 설명하는 것은 구체적인 관찰이 가능한 담화에서 표현되는 결과의 선행 조건이 바로 직접적인 관찰이 불가능한 언어의 선행 조건이기 때문이다. 잠재적인 언어가 실제적인 담화로 바뀌는 과정에 아주 짧은 시간이지만 작용 시간temps opératif이 반드시 필요하다고 보았다. 언어 활동이 되풀이될 때 짧지만 되풀이되는 잠재 상태에 있는 언어가 현동화actualisation되는 이 시간은 언어 표현을 가능하게 하는, 다시 말해 언어를 생성하는 사고 안에서 작용하는 시간이므로 정신 역학에서는 '작용 시간'으로 부른다. 이 작용 시간은 과거, 현재, 미래라는 일차원적인 시간 개념에서 벗어나 시간이 구성하는 전 과정을 고려한 것이다. 이를 기욤은 다음과 같이 도식화했다.

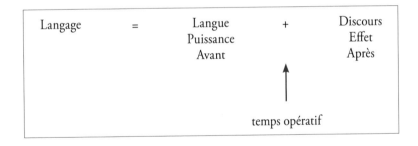

───────

83) 언어 활동이 랑그와 파롤로 이루어져 있다는 소쉬르의 공식에서 기욤은 출발하는데 여기서 파롤 대신에 담화discours를 사용한다. 랑그가 담화로 넘어가는 과정에서 발화체가 생산되는데 이때 작용 시간이 든다고 기욤은 보았다. 이 시간에 걸쳐서 일어나는 현상과 연산을 연구하는 언어학을 정신 역학psychomécanique이라고 한다.

잠재적인 언어가 담화로 표상될 때 짧지만 실제적인 작용 시간은 동사 형태를 생성하는 시간 영상을 구성한다. 기욤은 프랑스어에서 시간 영상을 처음 부분, 중간 부분, 끝부분으로 단절할 수 있다고 보았다. 심상의 시작에서 포착된 잠재적 이미지는 준명사법(현재 분사, 과거 분사, 접속법), 심상이 어느 정도 진행된 순간에 포착된 것은 접속법, 시간 영상이 마지막에 포착된 결과는 직설법이다. 접속법은 시간의 현동화가 어느 정도 진행됐기 때문에 인칭 범주는 보이지만 현동화가 완료되지 않았기 때문에 시제 구분은 존재하지 않는다. 일반적으로 시제는 시간 영상이 완전히 현동화되어야 발생할 수 있기 때문에 엄밀한 의미에서 시제가 아니라고 할 수 있다. 이러한 시간 발생 시간을 통한 시간 영상 설명은 각 동사 형태소들을 유기적인 관계 속에서 파악할 수 있으며 체계적인 시제 체계 이해를 학습자에게 제공해 줄 수 있다. 기욤은 시생성 chronogénèse과 시명제chronothèse의 개념 도입으로 법mode의 문제를, 내재성immanence과 초월성transcendance의 개념으로 상의 문제를, 상승incidence 과 쇠퇴décadence의 개념으로 시제의 문제를 설명하고자 했다.

Chronogénèse/Chronothèse   Immanence/Transcendance
-------------------------------------   -------------------------------------
MODE   ASPECT

Incidence/Décadence

TEMPS

기욤 이론은 다른 어떤 이론보다 간결하게 시제와 상 이론을 설명하고 있기는 하지만 몇 가지 문제점을 안고 있다. 기욤에 따르면 같은 형태를 갖는 동사는 같은 상을 가져야 한다. 하지만 여러 상 가치를 결정하는 여러 변수에 따라 동사는 다른 상 가치를 갖는다. 이런 경우 기욤이 설명한 긴장tension의 개념으로 상의 차이점을 설명할 수가 없다. 또한 기욤에 따르면 직설법에서 반과거와 단순 과거는 단순 형태formes simples를 띠어 긴장상을 나타낸다. 하지만 반과거는 긴장과 이완détension을 모두 가지고 있음을 알 수 있다. 용어 등 몇 가지 문제점이 있기는 하지만 기욤의 이론은 그 어느 이론보다 명확하게 언어 정신 역학 이론으로 시제와 상 이론을 잘 설명해주고 있다.

2.3.2. 시상

시제와 구별되는 범주인 시상aspect은 언어학에서 복잡한 분야 중 하나로 지금까지 많은 언어학자들의 논쟁거리가 되었다. 이러한 논란은 프랑스어에서 특별한 형태를 가지고 있지 않는 시상을 언어학자들 대부분이 시제와 구별 없이 사용하기 때문이라고 할 수 있다. 마르탱은 『시제와 시상Temps et Aspect』(1971)에서 "언어학에서 시상의 문제보다 더 파악하기 힘들고 난해한 문제는 없다."고 한 방드리예스Joseph Vendryes(1875~1960)의 언급을 인용하고 있다.

이러한 시상을 표현할 수 있는 방법은 언어에 따라 다를 수 있다. 예를 들어 슬라브어에서는 단지 동사 그 자체로 시상을 표현할 수 있으며 프랑스어의 경우는 동사와 다른 언어 요소, 즉 어휘 요소로 표현할 수도 있다. 프랑스어의 시상은 대개 완료와 미완료의 대립으로 설명한다. 복합과거와 반과거는 둘 다 같은 시제인 '과거'를 나타내지만 시상의 가치에서 복합과거는 '완료상'을 반과거는 '미완료상'을 나타낸다.

(30a) Eric a chanté(에릭은 노래했다).: 복합과거 – 완료상

(30b) Eric chantait(에릭은 노래하고 있었다).: 반과거 – 미완료상

그레비스Maurice Grevisse(1895~1980)는 그의 저서 『le Bon usage』(1936, 1쇄)[84]에서 동사의 시상을 '행위의 전개 과정procès 내에서 고려되는 특수한 관점'으로 보고 다음과 같이 분류했다. 이 9 가지 종류의 시상 중에서 순간상, 지속상, 시작상, 반복상, 진행상, 미래근접상, 과거근접상은 시제로 표현되는 문법적인 상과는 다른 특성을 보이는 어휘상이다. 동사 시제에 따라 표현되는 문법적인 상과 어휘상을 함께 섞어 사용하는 경우가 많은데 분명히 구분해야 한다.

① **순간상**aspect momentané: La bombe éclate.

② **지속상**aspect duratif: Je suis en train de lire. / Je le pourchasse.

③ **시작상**aspect inchoatif: Il se mit à rire. / Il s'endort.

④ **반복상**aspect itératif: Je relis la lettre. / Il buvote son vin.

⑤ **진행상**aspect progressif: Il ne fait que rire. / Le mal va croissant.

⑥ **완료상**aspect perfectif: Elle a vécu. / J'ai trouvé une solution.

---

84) 2016년 16쇄까지 출간되었고 온라인(유료)으로도 접근 가능하다.

⑦ **미완료상**aspect imperfectif: Je cherche une solution.

⑧ **미래근접상**proximité dans le futur: Il va lire. / Il est sur le point de lire.

⑨ **과거근접상**proximité dans le passé: je viens de le voir.

벤들러Zeno Vendler(1921~2004)는 상적 특성을 영어 술어에 적용하여 술어의 동작activité, 성취accomplissement, 종결achèvement, 상태état의 네 부류로 나누었다. 이러한 분류는 프랑스어의 술어에도 적용할 수 있다. 많은 언어학자들이 시상을 분류했는데 이들 중 데클레Jean-Pierre Desclés와 퀼리올리Antoine Culioli(1924~2018), 케니Anthony Kenny(1931~), 무어라토스Alexander P.D. Mourelatos(1936~) 등의 분류를 간략하게 검토, 비교해 보면 다음과 같다.

A	B	C	
état	processus	événement	(Desclés)
état	activité	performance	(Kenny)
compact	dense	discret	(Culioli)

위는 삼분법으로 시상을 분류한 것이고 사분법으로 분류한 경우는 C가 다시 두 유형 C1, C2로 다음과 같이 하위 분류된다.

A	B	C1	C2	
état	activité	accompliss-ment	achèvement	(Vendler)
état	processus	développe-ment	occurrences ponctuelles	(Mourelatos)

위 분류에서 상태를 나타내는 A 유형의 동사로는 être, exister, avoir, connaître 등이 있다. 이 유형의 동사들은 '시작'이나 '지속'을 나타내는 se mettre à, être en train de와 같은 표현과는 함께 사용될 수 없다.

동작을 나타내는 B 유형의 동사로는 marcher, courir, réfléchir 등이 있다. 이 동사들은 행위의 시작début은 있지만 끝fin이 없는 동사로 계속 끝없이 이어지는 동사 A 유형과는 구분이 된다. 이 유형의 동사는 '~동안'의 의미를 지니는 'pendant + 지속 시간durée'과 사용할 수 있지만 '~만에'의 의미를 가지는 'en + 지속 시간'과는 사용 할 수 없다. 하지만 C 유형은 'en + 지속 시간'과 사용될 수 있지만 'pendant + 지속 시간'과는 사용할 수 없다.

마지막으로 éclater, exploser, trouver와 같은 C2 유형의 동사는 행위의 종결을 나타내는 동사이기 때문에 '시작'이나 '지속'의 의미를 지니는 commencer à, continuer à와 사용할 수 없다.

언어학자들의 논란의 대상이 되고 있는 시상은 어휘나 시제 등 여러 변수에 따라 의미가 결정된다. 예를 들어 L'eau de la fontaine continuait à tomber라는 구문은 반과거나 주어 등과 같은 변수에 따라 지속상을 갖는다. 하지만 시상의 가치는 어떤 변수로 항상 불변의 가치를 가지는 것이 아니다. 같은 구문이라도 문맥에 따라 확연하게 다른 시상을 가지는 것으로 해석될 수 있기 때문이다. 예를 들어 Il est encore premier와 같은 구문에서 'encore'는 지속상과 반복상을 동시에 지닌다. 즉 시상의 가치는 더 넓은 문맥에 의존적이라고 할 수 있다. 예를 들어 dormir나 pleuvoir가 현재 형태에서 'encore'와 쓰인 경우 동사의 속성에 따라 보통 지속상을 나타낸다. 하지만 Tiens ! Aujourd'hui il pleut encore나 Voilà que le chat dort encore와 같이 화자의 발화시 놀라움을 나타내는 'Tiens' 이나 'Voilà que', 'Voici', '!' 등과 쓰인 구문에서는 반복상을 나타낸다. 이러한 표현들은 현재의 미완료의 가치를 중화시키기 때문이다. 지금까지 살펴본 것과 같이 시상의 가치는 더 넓은 문맥에 따라 결정된다. Il est encore le premier에서 두 가지 시상을 가지는 'encore'의 의미는 문맥에 따라 아주 상이한 시상을 갖는다.

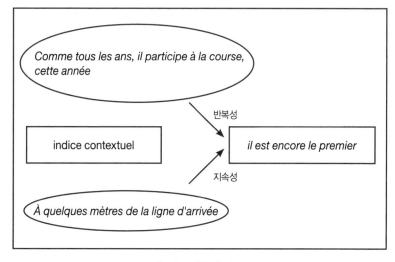

[그림 8-5] 문맥 지표

이러한 시상의 결정에 주요한 역할을 하는 문맥 지표indice contextuel[85] 연구는 시상의 보다 적확한 분석을 위해 반드시 필요하다.

---

85) 문맥이나 상황에 따라 동일한 구문이 상이한 상을 가질 때, 그 문맥이나 상황을 '문맥 지표'라고 한다.

✓ 연습 문제

1. 다음 용어들을 정의하시오.

① 의소sème

② 어의소sémantème

③ 환유métonymie

④ 동형동음어homographe

⑤ 미완료상aspect inaccompli

⑥ 환언paraphrase

⑦ 문맥 지표indice contextuel

2. 아래 표에 열거된 교통수단들을 의소 분석 하시오.

	A			B	C		
	①	②	③		①	②	③
bicyclette							
moto							
automobile							
autobus							
tramway							
métro							
train							

+: 있음 / −: 없음 / ±: 둘 다 가능

A: 사람의 운송

① 1인승

② 다인승(소수)

③ 다인승(다수)

B: 화물 운송

C: 동력

    ① 모터

    ② 전기

    ③ 다른 수단

3. 다음 단어들은 어떤 종류의 반의 관계에 있는지 쓰시오.

    ① gentil/méchant

    ② grave/aigu

    ③ prêter/emprunter

    ④ pair/impair

    ⑤ élève/professeur

    ⑥ arriver/partir

    ⑦ aimer/détester

4. 아래 문장들에서 밑줄 친 단어를 상위어 또는 하위어로 바꾸시오.

    ① Le chasseur a abattu un canard. (상위어)

    ② Toutes les fleurs ont fleuri. (하위어)

    ③ Chaque villa devrait être équipée de ce système. (상위어)

    ④ Je n'ai pas vu de renard. (상위어)

    ⑤ Il y a un instrument dans l'armoire. (하위어)

5. 어휘 route가 다의어인지 동음이의어인지 사전에서 의미를 찾아본 후 설명하시오.

6. 아래 문장들 중에서 Marie est malade가 전제가 될 수 있는 문장은 어느 것인지 고르시오.

① Claude sait que Marie est malade.

② Claude ignore que Marie est malade.

③ Claude se doute que Marie est malade.

④ Claude fait semblant que Marie est malade.

⑤ Claude s'imagine que Marie est malade.

7. 아래의 두 문장은 어떤 의미적 관계에 있는지 설명하시오.

① Gustave Eiffel a construit la tour Eiffel.

② C'est Gustave Eiffel qui a construit la tour Eiffel.

8. 크노Queneau는 『문체 연습Exercices de style』에서 동일한 줄거리의 이야기를 여러 방법으로 표현하고 있습니다. '한 젊은 남자(un jeune homme)'도 다음과 같이 여러 단어로 바꾸어 썼습니다. 그렇다면 이 단어들의 대치에 따른 구문들이 모두 환언 관계에 있다고 볼 수 있는지 의소 분석을 통해 설명하시오.

un type / un individu / un personnage / un éphèbe
/ un goudelureau / un zazou / un zozo

9. 마르탱Martin은 두 개의 기준점으로 프랑스어의 시제 체계를 설명하고 있습니다. 이 두 개의 기준점은 무엇이며 본문에서 빗금(/)의 구분은 무엇을 의미하는지 설명하시오.

10. pendant과 en 중 적당한 표현을 빈칸에 넣어보고, marcher 동사와 réfléchir 동사가 en/pendant과 양립할 수 없는 이유에 대해 이 동사와 유사한 시상을 가지는 다른 동사의 예를 들어 함께 설명하시오.

① Il a marché _____ une heure.

② J'ai franchi la frontière _____ une heure.

제9장
화용론 La pragmatique
- 발화와 의사소통

언어 내적 의미 작용signification을 추구하는 것이 의미론이라면 화용론은 언어 표현 자체에서 드러나지 않는 언어 외적 의미sens, 즉 맥락에서 의미 사용과 화자의 의도를 연구한다. 화용론이 등장하기 이전에는 언어란 세계를 비추는 거울로 실제 세계를 반영한다는 생각이 주를 이루었다. 그러나 후기 비트겐슈타인Ludwig Wittgenstein[86](1889~1951)과 오스틴John Langshaw Austin(1911~1960) 등이 "언어는 사용하는 사람들의 의도나 맥락을 고려해야 한다."고 주장하면서 이것이 화용론의 배경이 되었다.

---

86) 초기 비트겐슈타인 이론은 러셀Bertrand Russell(1872~1970)이나 프레게Friedrich Gottlob Frege(1848~1925)와 같이 논리적 언어가 세계를 정확하게 묘사할 수 있다고 보았다. 하지만 그는 1936년 『철학적 탐구』를 집필하기 시작하면서부터 이전과는 상반된 이론을 펼친다. 비트겐슈타인의 후기 이론은 언어가 획일적 법칙을 가지는 것이 아니라 말이 사용된 상황에 따라 변한다고 보았다.

모리스Charles William Morris(1901~1979)는 기호들 사이의 관계를 연구하는 것을 통사론으로, 기호와 대상 사물들과의 관계를 연구하는 것을 의미론으로, 그리고 기호와 기호를 사용하는 사람들의 상호 관계를 고려하여 연구하는 것을 화용론으로 보았다.[87]

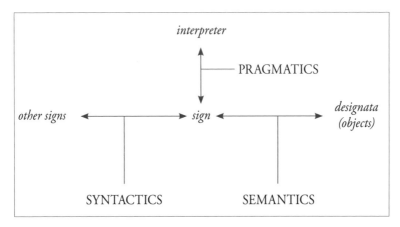

[그림 9-1]

모리스의 이러한 관점이 여전히 유효하지만 오늘날 화용론은 사용 맥락 전체를 고려한다. 언어 표현의 의미는 언어를 사용하는 사람들의 상황으로 결정된다고 할 수 있으므로 화용론에서는 발화에 따라 지시체가 바뀌는 직시사déictique나 전제, 화행, 격률 등을 체계적으로 연구한다.

---

87) C. Morris(1971), pp.21~22 참조.

1. 직시사

직시사는 발화가 이루어지는 맥락 속에서 상황을 고려하지 않으면 해석될 수 없는 'je(나)', 'ici(여기)', 'maintenant(지금)'과 같은 특수한 언어 단위들로, 발화가 이루어지는 맥락 속에서만 의미를 지닐 수 있다.

직시사는 연동사embrayeur라고도 한다. 연동사라는 용어는 원래 자동차 엔진의 수직 운동을 바퀴가 돌 수 있게 바꿔 주는 장치인 '연동기'라는 공학 용어에서 따온 것으로, 직시사가 언어 차원인 유형type을 담화 차원인 사례token로 바꿔 주는 역할, 즉 언어langue를 담화discours 차원으로 변환시키는 역할을 하기 때문이다. 또한 모든 화자가 'je'가 되기 때문에 직시사를 변화사shifter라고도 한다.

〈표 9-1〉

	직시사	비직시사
사람	je/tu/vous	le docteur
사람	mon/ton	la maison
사람	moi/toi	Paul
공간	ici	Paris
공간	là	à la maison
공간	gauche/droite	en France
시간	maintenant	le premier janvier
시간	demain/hier	le jour de l'élection
시간	tout à l'heure	la veille/le lendemain

직시사에는 인칭의 직시사déictiques personnels('je', 'tu', 'nous', 'vous' et 'on'), 시간의 직시사déictiques temporels('aujourd'hui', 'il y a trois jours', 'cet automne'), 공간의 직시사déictiques spatiaux('ici', 'là', 'aller', 'venir'), 담화적 직시사déictiques discursifs, 사회적 직시사déictiques sociaux('mon cher collègue')가 있다. 공간적 직시를 나타내는 'aller'는 화자로부터 멀어지는 쪽으로 움직이는 것을 가리키고 'venir'는 화자가 있는 방향으로 움직이는 것을 가리키기 때문에 "Venez à moi !"라는 표현은 괜찮지만 "Allez à moi !"라는 표현은 불가능하다.

2. 화행 이론

일상에서 하는 말을 행위의 측면에서 보고 이를 체계화한 이론을 발화 행위 이론 혹은 화행론speech act theory, théorie des actes de langage이라고 한다. 화행이란 단언, 선언, 진술, 명명 등과 같이 말로 하는 행위로 단순히 무언가를 말하기 위해서 사용되는 것이 아니라 무언가를 적극적으로 행하기 위해 사용한다. 말이 없으면 할 수 없는, 즉 발화를 통해 어떤 행동을 행하는 것을 말한다. 영국의 언어학자 오스틴은 하버드 대학에서 8차례에 걸쳐 화행론 강연을 했고 이를 묶어서 『How to Do Things with Words』(1962)[88]로 출간했다. 이 책은 언어행위 이론의 선구

---

[88] 이 책은 프랑스에서는 1970년에 『Quand dire, c'est faire』라는 제목으로 번역, 출간되었다.

적 역할을 한 연구로 인정받고 있다.

2.1. 초기 이론

전통적으로 언어는 현실을 묘사하는데 사용되며 하나의 명제가 사실에 부합하면 참이 되고 그렇지 않으면 거짓이 된다고 보았다. 이것은 야콥슨의 언어의 6가지 기능[89] 중 지시적 기능만을 고려한 것으로 오스틴은 이런 진리 조건적 관점을 기술의 환상illusion descriptive이라고 비판한다. 그는 모든 문장을 진술문énoncés constatifs과 수행문énoncés performatifs으로 나누어서 설명했다. 진술문은 "Le soleil brille."와 같이 참과 거짓 중 하나의 진리치를 가질 수 있는 문장인 반면 수행문은 진리치vérité를 말할 수 없고 행위를 묘사하는 것이 아니라 다음 문장들과 같이 행위를 수행한다고 보았다.

---

[89] 로만 야콥슨은 의사소통이 가능한 언어의 6가지 요소(발신자, 수신자, 상황, 메시지, 접촉, 코드)로 언어의 기능을 모델화했다('제1장 3. 야콥슨의 의사소통 이론' 참조).

CONTEXTE(상황)
fonction référentielle(지시적 기능)
|
DESTINATEUR발신자 —— MESSAGE(전언) —— DESTINATAIRE(수신자)
fonction expressive(표현적 기능) fonction poétique(시적 기능) fonction conative(권유적 기능)
|
CONTACT(접촉)
fonction phatique(친교적 기능)
|
CODE(기호)
fonction métalinguistique(메타언어적 기능)

(1) La séance est ouverte(개회를 선언합니다).

(2) Je te baptise au nom du Père, du Fils et du Saint-Esprit(성부와 성자와 성령의 이름으로 세례하노라).

(3) Je le jure(나는 맹세합니다).

(4) Je lègue ma maison à Chloé(나는 이 집을 클로에에게 물려줍니다).

(5) Je vous déclare mari et femme(나는 당신들을 남편과 아내로 선언합니다).

(6) Je baptise ce bateau le Voltaire(나는 이 배를 볼테르로 명명합니다).

이 예문들은 발화하는 순간 새로운 상황을 만들고 단순한 진술 이상을 의미하기 때문에 진리 조건이 아니라 만족 조건condition de satisfaction을 고려해야 한다. 이 예문들에서 사용된 동사들을 '수행 동사verbe performatif'[90]라 하고, 수행문에서는 동사가 현재형이고 주어는 1인칭이다. 그런데 "Je t'aime(난 널 사랑해).", "Les délais sont dépassés(기한이 지났습니다)."처럼 이런 기준에 맞지 않는 수행문들도 있다.

2.2. 수정 이론

오스틴은 이러한 문제점을 해결하기 위해 모든 문장은 발화 행위acte locutoire, 발화 수반 행위acte illocutoire, 발화 효과 행위acte perlocutoire와 같은 세 가지의 언어 행위 중 하나에 속한다는 수정 이론을 제시했다.

---

[90] 수행동사의 예로 ordonner, accuser, déclarer, baptiser, permettre 등을 들 수 있다.

발화 행위는 화자가 무엇인가를 말하는 행위로 글자 그대로의 의미 sens littéral를 말한다. 하지만 화자가 말을 할 때는 글자 그대로의 의미 이외에 다른 의미가 가능하다. 이는 문자상에는 드러나지 않는 화자의 의도를 나타내는 행위인 비언표적 발화 수반 행위로 화자가 무엇인가를 말하면서 단언déclaration, 약속promesse, 금지interdiction[91] 등을 실행하는 행위를 말한다. 발화 수반 행위는 발화된 문장에 드러나지 않고 화자의 의도intention를 보여 주는 행위이다. 발화 효과 행위는 화자가 어떤 말을 할 경우 청자에게 영향을 주어서 청자로 하여금 어떤 반응이나 행위를 하게끔 하는, 발화 수반 행위가 가져온 효과를 말한다. 이 세 개의 행위는 다음과 같이 정리할 수 있다.

〈표 9-2〉

발화 행위	어떤 것을 말하는 행위	글자 그대로의 의미
발화 수반 행위	어떤 것을 말하면서 하는 행위	화자의 의도
발화 효과 행위	어떤 것을 말함으로 실행되는 행위	화자와 청자의 반응 (작용 ↔ 반작용)

예를 들어 한 교실에 A, B 두 사람이 있는데, A가 열려진 창문 가까이에 있는 B에게 "Il fait froid."라고 말했다고 하자. 이 상황에서 발화 행위는 문자 그대로 "Il fait froid."이다. 만약 A가 창문 옆에 있는 B가 창문을 닫아줄 것을 기대하면서 "Il fait froid."를 말했다면 A는 발화 행

---

91) - 단언: La neige est blanche.
   - 약속: Demain, j'arrêterai de fumer.
   - 금지: Je t'interdis de faire cela.

위를 하면서 동시에 발화 수반 행위를 한 것이다. 왜냐하면 이 행동은 창문을 닫으라고 암시적으로 요구를 했기 때문이다. 청자인 B가 이러한 발화가 자신에게 창문을 닫으라는 행위를 실행하라는 것임을 알아차리고 문을 닫는다면, 이 경우 화자의 발화가 청자에게 영향을 주어 어떤 행위를 하도록 작용하는 것이므로 발화 효과 행위를 한 것이다. 오스틴은 어떤 행위를 나타내기 위해 언어를 사용할 수 있다는 점을 최초로 직시하여 언어 연구에 큰 영향력을 끼쳤다고 볼 수 있다.

3. 격률

일상생활에서 상대방과 대화할 때 어느 정도 기준과 원칙을 가지고 대화에 임한다. 그라이스Paul Grice(1913~1988)는 대화하기 위해서는 상대방의 말을 경청하고 존중하는 협력의 원칙principe de coopération[92]이 요구된다는 점을 지적했다. 그라이스가 제안한 협력의 원칙은 상호 간에 대화를 이해하는 대원리로 이 원칙 아래 4가지 대화의 격률maxime de conversation, 즉 양의 격률maxime de quantité, 질의 격률maxime de qualité, 관계의 격률maxime de relation, 양태의 격률maxime de manière을 제시했다.

---

[92] "당신이 참여하는 대화에서 말할 때에는 대화의 목적이나 방향에 따라 필요한 말을 하도록 하라." (P. Grice(1975), p.45).

① 양의 격률

- 대화에서 요구되는 것만큼 충분한 정보를 주라(Que votre contribution soit aussi informative que nécessaire).
- 대화에서 요구되는 것 이상의 정보를 주지 말라(Que votre contribution ne soit pas plus informative que nécessaire).

② 질의 격률

- 거짓이라고 믿는 것을 말하지 말라(Ne dites pas ce que vous croyez être faux).
- 충분한 근거가 있지 않은 것을 말하지 말라(Ne dites pas ce que vous n'avez pas de raisons suffisantes de considérer comme vrai).

③ 관계의 격률

- 적합한 말을 하라(Soyez pertinent).

④ 양태의 격률

- 모호함을 피하라(Évitez de vous exprimer de manière obscure).
- 중의성을 피하라(Évitez l'ambiguïté).
- 간결하게 말하라(Soyez bref).
- 순서에 맞게 말하라(Soyez ordonné).

일상생활에서 화자들은 대부분 이러한 격률들을 위반하지 않고 지키려고 노력한다. 하지만 어떤 경우는 표현의 글자 그대로의 의미 이상인 함축적 의미를 더 잘 전달하기 위하여 의도적으로 격률을 위반하기도 한다. 이때 함축된 의미를 '대화상의 함축implicature conversationnelle'이라고 한다. 이것은 '말해진 것(Ce qui est dit)'과 '전달된 것(Ce qui est communiqué)' 사이에 의미의 차이가 나타나는 것으로 이는 의미적 해석과 화용적 해석의 차이라고 볼 수 있다.

예를 들어 다음 예문 (7)은 동의어가 반복되어 아무런 새로운 정보가 없어 보인다. 따라서 양의 격률을 위반했지만 화자는 "모든 남자는 마찬가지이다."라는 함축적 의미를 전달하는 것이다.

(7) Un homme est un homme(남자는 남자다).

은유적 표현은 질의 격률을 위반한 전형적인 경우이다. '내 마음'과 '호수'를 동일시하는 다음 예문 (8)은 내 마음이 넓고 잔잔하다는 것을, 청자 'Tu'를 '내 삶의 소금'과 동일시한 예문 (9)는 청자가 화자의 인생에서 반드시 필요한 존재임을 나타내는 함축적 의미를 갖는다.

(8) Mon cœur est un lac(내 마음은 호수요).
(9) Tu es le sel de ma vie(너는 내 삶의 소금이다).

중의성과 다의성은 모든 자연 언어에 내재하는 보편적 특성이기 때문에 일상에서 일어나는 대화에서 양태의 격률을 위반하는 경우는 너무도 많을 것이다. 또한 전혀 관련성이 없는 대화로 관계의 격률을 위반한 대화를 하는 경우도 종종 있다. 이처럼 다음과 같이 대화상의 격률을 의도적으로 위반하면서 화자의 함축된 의도를 전달하는 경우는 매우 흔하다.

(10) A: Tu peux me dire l'heure(몇 시인지 말해줄래)?

   B: Le facteur vient de passer(우체부가 지금 막 지나갔어).

(11) A: Sortons jouer au ballon(공놀이 하러 나가자).

   B: Tu as fini ton devoir(너 숙제 끝냈니)?

(12) A: Andre, va te brosser les dents(앙드레, 양치하러 가라).

   B: Papa, je n'ai pas sommeil(아빠, 나 잠 안 와요).

(13) A: Je suis en panne d'essence(휘발유가 떨어졌어).

   B: Il y a un garage au coin de la rue(길모퉁이에 주유소가 있어).

(14) A: Dans quelle ville habite Jean, maintenant(장은 지금 어느 도시에 살아)?

   B: Quelque part dans le midi de la France(프랑스 남부 어딘가에).

(15) A: Apparemment, Smith n'a pas de petite amie en ce moment(언뜻 봐서는 스미스가 지금 여자 친구가 없는 것 같아).

   B: Il s'est pourtant souvent rendu à New York ces derniers temps(그런데 요즘 뉴욕에 자주 가던데).

그라이스는 이렇게 우리의 대화에서 일어나는 복잡한 추론 양상을 격률과 대화상의 함축이론으로 명쾌하게 설명했다.

스페르베르Dan Sperber(1942~)와 윌슨Deirdre Wilson(1941~)은 그라이스의 4가지 격률 중 관계의 격률('적합한 말을 하라')을 가장 핵심적인 대화의 원리로 보고 '적합성pertinence'으로 의사소통을 설명하고자 했다.

(16) A: Combien gagnes-tu par mois ?

   B: 3 000 euros.

(17) A: Veux-tu du café ?

   B: Le café m'empêche de dormir.

예문 (16)에서 B는 실제로 2,987 유로를 번다하더라도 대부분의 대화 상황에서 '2 987 euros'라고 하지 않고 '3 000 euros'라고 한다. 왜냐하면 맥락적 함의sous-entendu의 측면에서 '2 987 euros'라고 답하는 것과 유사하고 정보 처리 비용이 훨씬 덜 들기 때문이다. 즉 동일한 조건에서 더 적은 노력으로 비슷한 맥락상 효과를 발휘하기 때문에 관여성의 원리에 부합한다.

예문 (17)에서 "Veux-tu du café ?"의 대답으로 "Oui, j'en veux." 나 'Non, je n'en veux pas.'로 대답하는 것이 겉으로 보기에 "Le café m'empêche de dormir."보다 적합한 답으로 보인다. B의 답변은 A의 질문에 대한 동문서답으로 보이지만 "Oui"나 "Non"이라는 답보다 상대방의 인지 환경을 변화시킬 수 있는 정보량이 더 많기 때문에 오히려 관여성이 높은 발화가 된다.

이 독창적이고 혁명적인 방법론은 스페르베르와 윌슨이 공동으로 저술한 『Relevance, Communication and Cognition』(1986)[93]에서 '관여성 이론'이라고 불리는 것이다. 이전의 화용론에 새로운 가능성을 제시했다고 볼 수 있다. 전통적 의사소통의 도식은 기호가 기호로, 다시 전언으로 변하는 신호 체계 중심적 의사소통이었지만 그들에게 의사소통 형식은 신호 체계를 부차적으로 보고 추론 작용 inférence을 중심으로 하는 복합적 체계를 띠고 있다. 발화체 해석을 위해 들어가는 노력 처리 비용이 인지적 노력 effort cognitif이며 이러한 인지 작용의 결과는 인지적 효과 혹은 맥락적 효과 effort contextuel로 부른다.

이 맥락적 효과는 결국 청자가 추정하는 화자가 '말하려는 바(vouloir dire)'라고 할 수 있다. 맥락은 대화자의 인지적 환경 environnement cognitif을 이루는 것으로 관여성 이론에서 핵심적인 요소라 할 수 있다. 그들은 의사소통에서 코드화 encodage와 해독 décodage을 전면적으로 부정하지는 않지만 이것으로는 충분하지 않고 추론의 과정이 추가되어야 한다고 보았다. 청자는 의사소통에서 화자의 말을 듣는 수동적인 수용자가 아니라 소통 과정에 적극적으로 개입해서 추론하는 능동적인 참여자가 되는 것이다. 스페르베르와 윌슨은 의사소통을 최소의 비용을 들여서 최고의 효과를 가질 수 있는 맥락 효과 effets에 비례하고 비용 coûts에 반비례하는 '최적의 적합성'으로 설명했다. 이들의 주장은 매번 변화하는 상황과 맥락의 의미 즉 화자의 의도를 고려하는 화용론의 이해를 돕기

---

93) 이 책은 프랑스에서 『La pertinence, communication et cognition』(1986)이라는 제목으로 번역·출간되었다. 예문 (16), (17)은 프랑스어판에서 가져왔음(p.59).

위해 큰 역할을 했다고 볼 수 있다.

✅ 연습 문제

1. 괄호 안에 알맞은 용어를 쓰시오.

의미론은 언어 내적 (   ) 을 연구하고 화용론은 언어 표현 자체에서 드러나지 않는
언어 외적 (   ), 즉 맥락에서의 의미 사용과 (   )의 의도를 연구한다.

2. 다음 중 오스틴의 수행문을 찾으시오.
   ① Je suis content de vous rencontrer.
   ② Je déclare ouvertes les 30ᵉ Olympiades.
   ③ Je pense que vous avez tort.
   ④ Je te promets de revenir.
   ⑤ Je te baptise, au nom du Père, du Fils et du Saint-Esprit, Amen.

3. 그라이스가 제안한 대화의 4가지 대화의 격률maxime de conversation은 무엇인
   지 쓰시오.

4. 시간의 직시사déictiques temporels의 예를 들어 보시오.

5. 일상생활에서 화자들은 격률을 위반하기도 하는데 그 이유를 설명하시오.

6. 화자가 무엇인가를 말하는 행위로 문자 그대로의 의미sens littéral를 오스틴은
   무슨 행위라고 했는지 쓰시오.

7. 스페르베르와 윌슨은 그라이스의 4가지 격률 중 어떤 격률을 핵심적인 대화
   의 원리로 보았는지 쓰시오.

8. "Veux-tu du café ?"의 대답으로 다음 중 어느 것이 더 관여성이 높은지 고르고 이유를 설명하시오.

  ① Le café m'empêche de dormir.

  ② Oui, j'en veux.

9. 다음은 대화의 격률 중 어떤 격률을 위반한 것인지 쓰고 이유를 설명하시오.

  ① Pouvez-vous me passer le sel ?

  ② Une guerre est une guerre.

  ③ Ma jeunesse ne fut qu'un ténébreux orage.

  ④ A: Tu peux me dire l'heure ?

    B: Le facteur vient de passer.

10. 다음 용어의 뜻을 쓰시오.

  ① déictiques

  ② principe de coopération

  ③ énoncés performatifs

제4부

언어학의 확장

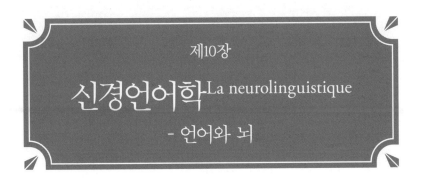

제10장
신경언어학 La neurolinguistique
- 언어와 뇌

1. 언어의 발생

인간은 음성과 의미라는 이원적 체계로 이루어진 언어를 보유하고 사용할 수 있는 능력을 지녔다는 점에서 다른 동물들과 구별되는 존재이다. 그렇다면 인간은 진화 과정에서 언제부터 그리고 어떻게 언어를 사용하게 되었을까?

인류의 진화와 언어의 사용은 밀접한 관계가 있을 것으로 추측된다. 인류는 직립 보행, 도구의 제작 및 사용, 발성 기관의 진화, 두뇌 용량의 증가 등 일련의 사건을 거쳐 진화했다. 이러한 사건들 가운데서 사냥과 같은 사회·경제적 활동은 인류 진화 과정에서 매우 중요한 의미를 갖는다. 생존과 관련된 집단 행위, 즉 사회적 활동이 반복됨에 따라 개인들 간의 원활한 의사소통이 필요하기 때문이다. 또한, 생존을 위해 식량 확보에서 손 기술의 발전과 도구의 발명은 인간의 두뇌 진화를 급격히 촉진시킨 원인이 되었을 것이다. 집단 활동의 의사소통은 처음에는 손짓과 몸짓 혹은 비분절적인 음성을 통해 이루어지고, 후에 발성 기관이 진화되면서 분화된 음성 언어가 생겨났을 것으로 가정할 수 있다. 결국, 인간은 사회적 상호 작용이 복잡해지면서 기술의 발전과 두뇌의 진화가 일어나 오늘날의 이원적인 언어 체계를 사용하게 되었다고 할 수 있다.

이 장에서는 인간 언어 발생의 기원이자 언어 사용과 가장 직접적으로 연관되는 뇌의 구조와 기능에 대해서, 그리고 인간 언어의 사용과 뇌의 관계를 언어 습득의 측면에서 살펴보고자 한다.

2. 신경언어학

제1장에서 마르티네André Martinet가 규정한 이중 분절의 개념을 언급하면서 인간의 언어와 동물의 신호체계는 엄연히 다른 것임을 확인했다. 여러 동물들 가운데 오로지 인간만이 분절성을 갖춘 언어를 구사할 능력을 지니고 있기에 언어 능력이야말로 인간을 인간이게 하는 특성이다.

인간이 언어를 구사하는 능력은 두뇌에서 기인한다. 따라서 뇌에 손상을 입으면 실어증과 같은 언어 기능 장애가 발생한다. 이와 같이 언어 활동과 관련된 뇌 기능에 관한 연구를 신경언어학neurolinguistique이라고 한다. 뇌를 직접 관찰하여 구조를 연구함으로써 언어 처리의 메커니즘을 규명하고자 하는 분야가 신경언어학이라면 언어 처리의 메커니즘을 인간 행동을 바탕으로 하는 기능적 측면에서 연구하는 분야는 심리언어학psycholinguistique이다. 심리언어학이 인간 언어 처리와 관련된 모든 측면을 연구하는 분야인 만큼 신경언어학은 심리언어학의 하위 분야로 볼 수도 있을 것이다.[94)]

인간의 언어 능력이 뇌의 작용과 관련되는 것이라면 언어 능력은 인간 두뇌의 어떤 영역과 관련되는 것일까? 이를 바탕으로 우선 인간의 언어 활동과 뇌의 관계에 대해 살펴본 후 심리언어학적 관점에서 인간의 언어 습득 과정을 연구하는 이론에 관해서 살펴보자.

2.1. 언어 사용 능력과 관련된 대뇌 영역

인간이 지닌 언어 사용 능력과 대뇌 영역 간의 연관성은 이미 수많은 연구를 통해 입증된 바 있다. 대뇌는 좌·우 두 개의 반구체로 이루어져 있다. 이 두 개의 반구는 뇌량corps calleux이라는 신경 다발로 이어져 있다. 왼쪽 반구체, 즉 대뇌 좌반구는 언어 기능을 담당하며 신체의 우측 기관의 작용을 관장하고 오른쪽 반구체, 즉 대뇌 우반구는 신체의 좌측 기관의 감각과 운동을 관장한다. 대뇌 반구의 외피를 감싸고 있는 2~3mm의 회백질 부분을 대뇌 피질cortex cérébral이라 한다. 대뇌 피질은 아래 그림과 같이 전두엽, 측두엽, 후두엽, 두정엽 등으로 구성된다. 전

---

94) 강범모(2010), 275쪽.

두엽은 대뇌 앞쪽 부분으로 기억력, 사고력 등을 주관하며 언어 정보를 생성해 낸다. 뇌의 뒷부분인 후두엽은 언어 정보를 저장하고 부분적으로 처리하는 기능을 담당하는 것으로 여겨진다.

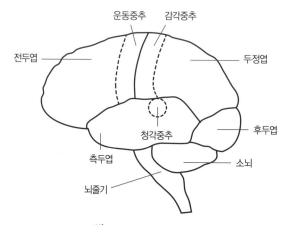

[그림 10-1] [95] **4개의 엽으로 이루어진 대뇌 반구**

2.1.1. 브로카 영역

프랑스의 브로카Paul Broca(1824~1884)[96]는 최초로 대뇌 좌반구가 언어 기능과 밀접한 관계가 있음을 밝혀낸 의학자이다. 따라서 좌반구 대

---

95) 서유헌(1997)(〈https://blog.naver.com/lszeelee/110092515614〉에서 가져옴).

96) 브로카는 최초로 대뇌 기능의 편재화latéralisation des fonctions cérébrales와 대뇌 기능의 국부화localisation des fonctions cérébrales 이론을 수립하였다. 대뇌 기능의 편재화 이론은 좌뇌와 우뇌가 기능적으로 분리되어 있으며 언어 기능은 주로 대뇌 좌반구에서 담당한다는 점을, 국부화 이론은 대뇌 피질의 여러 영역이 각각 다른 기능과 관련된다는 점을 설명한다.

뇌 피질의 영역을 브로카 영역aire de Broca이라 부른다. 브로카 실어증 aphasie de Broca이란 대뇌 피질의 브로카 영역에 손상을 입으면 발생하는 언어 장애를 말한다. 이 언어 장애는 운동성 실어증aphasie motrice으로 불리며 대뇌 좌반구 전방부에 손상을 입었을 때 나타난다. 그 부위는 발음에 필요한 근육 조직을 통제하는 운동성 언어 중추와 가까운 곳으로 브로카 실어증 환자가 보이는 일반적인 증상은 다음과 같다. 첫째, 발음 기관은 어느 정도 기능을 하지만 반대쪽인 오른쪽 신체가 마비된다. 둘째, Mary gave John balloons처럼 문법 구조가 간단한 문장은 비교적 잘 이해하지만 The balloons were given to John by Mary 같이 좀 더 복잡한 구조의 문장을 들으면 누가 누구에게 공을 준 것인지 이해하는데 어려움을 보일 수도 있다. 셋째, 말이 유창하지 못하고 애를 쓰고 더듬으면서 말하며 억양이 없는 것이 특징이다. 넷째, 마치 전보문에서와 같이 문법 형태소(관사, 복수표지, 전치사, 동사 시제 등) 없이 명사, 형용사, 동사와 같은 단순 어휘들을 더듬더듬 나열한다. 다음은 브로카 실어증 환자의 대화를 받아 적은 것이다.[97] 대화에 나타난 '…'는 말 중간에 휴지기pause를 나타낸다.

질문자: Pouvez-vous me dire quel est votre âge ?

환자: C'est … le c'est le je le … dix neuf cent soixante neuf …
cinquante neuf …

질문자: Oui, alors ça vous fait quel âge ? En gros ?

---

97) https://www.youtube.com/watch?v=WLrfoXWeEYg.

환자: Soixante ······ Voilà.

질문자: C'est pas bien grave. Quel est votre nom ?

환자: Annie ··· euh ··· mille neuf cent ··· euh ··· mais attends, attends ··· dix-neuf cent ··· soixante ··· Non, c'est pas ça je pouvais dire ······

질문자: Oui, et où est l'esprit sont tombé la date(?? 식별이 어려운 문장). Dites-moi votre nom.

환자: Ah··· euh ··· je ··· sais que c'est Annick.

질문자: D'accord. Bon.

환자: Mille ··· Attends.

질문자: Bon. Est-ce que, en quelques mots vous pourriez essayer, essayer de me dire ce qui vous est arrivé ?

환자: Et ··· un centre dans les ······ je suis ··· comment dirais je ······ me suis fait un peu de, comment dirais je ··· me suis ······ je suis tombée un petit peu, eh dans ··· dans les ··· comment il s'appelle ···

질문자: Eum, d'accord. La première fois que je vous ai ···

환자: Oui, ça m'était fait ça.

질문자: D'accord. Le lieu des maladies dans le passé ···

환자: Non j'ai si ··· j'ai ··· les ça fait me suis ··· c'est pour aller ··· comment ça s'appelle ···

질문자: C'est scia ··· ?

환자: Non, c'est pas la sciatique.

질문자: C'est pas la sciatique. Bon. C'est quoi, alors ?

환자: ······

질문자: Bon. Peu importe. (···)

다섯째, 말하기뿐만 아니라 읽고 쓰기에서도 동일한 장애가 나타난다. 환자가 언어의 의미를 이해하는 것은 어느 정도 가능하나 표현에 문제가 있으므로 표현성 실어증aphasie expressive으로 불리기도 한다.

2.1.2. 베르니케 영역

독일 의학자 베르니케Carl Wernicke(1848~1905)[98]는 1874년 브로카 영역과 다른 대뇌 좌반구의 측두엽 후방부에 손상을 입을 경우 언어를

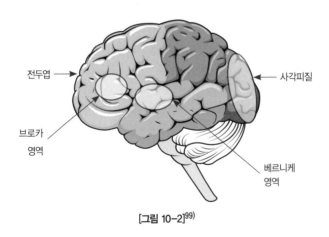

[그림 10-2][99]

---

98) 독일의 의학자, 신경 병리학자.

99) D.A. Sousa(2006), p.179.

알아듣거나 읽고 이해하는 능력에 장애를 보인다는 사실을 발견하였다. 이 부분은 발견자의 이름을 따서 베르니케 영역aire de Wernicke으로 불린다. 이 영역의 손상으로 생기는 실어증이 베르니케 실어증aphasie de Wernicke이다. 증상은 일반적으로 다음과 같다. 첫째, 청각 능력 자체는 정상이며 주저함 없이 유창하고 정상적인 억양으로 말을 한다. 둘째, 환자의 말은 음운 규칙에 맞게 유창하고 정확하나 두서없고 무의미하다. 또한, 베르니케 실어증 환자는 브로카 실어증의 경우와 달리 자신이 틀리게 말하고 있다는 것을 전혀 인지하지 못한다.

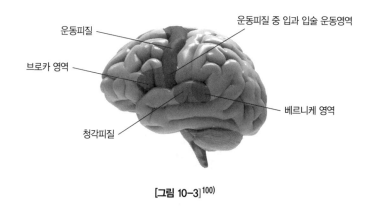

[그림 10-3][100]

다음은 베르니케 실어증을 지닌 환자의 대화이다.[101]

질문자: Bonjour, monsieur. Bonjour.

---

100) http://brain.brainworld.com/front/page/BrainKeek/TemporalLobe.aspx?menu=6&category=Keek.

101) https://www.youtube.com/watch?v=2gDfS7kfEDo.

환자: Je vous écoute.

질문자: Quel âge avez-vous ?

환자: J'ai mon gain horaire du média mais à ce moment face aux crises…

질문자: Quel est votre âge ?

환자: Je suis … mon chef des âges.

질문자: Comment vous appelez-vous ? Quel est votre nom ?

환자: J'ai un esprit dessert. Oui.

질문자: Qu'est-ce qui vous est arrivé ?

환자: Je désherbe de disais tu avais dit ça. Ce sont des pauvres que j'avais avec l'ancien que j'ai aspiré le du remontage.

질문자: Euh hmm

환자: J'ai perdu un peu en ce moment.

질문자: Qu'est-ce que vous avez perdu un peu ?

환자: Oui.

질문자: Qu'est-ce que vous avez perdu un peu ?

환자: …… Je veux le clignant il possible de ce bombardement(?).

질문자: Pardon ?

환자: Oui.

질문자: Euh. Où est-ce que nous sommes ici ?

환자: Je vous sommes ……

질문자: Nous sommes où ? Ici … ?

환자: J'ai mal d'heures d'âge en ce moment avec l'organe du thym.

질문자: D'accord. Tenez monsieur. Pouvez-vous me dire quel est cet objet ? Qu'est-ce que c'est que ça ?

환자: J'ai un ⋯ un de comment un yuppé pic de rénul(?).

질문자: Un yuppé pic de rénul ! ⋯⋯ Oui. D'accord. Très bien. Tenez, et ça, qu'est-ce que c'est ?

환자: Oui.

질문자: Qu'est-ce que c'est que ça ?

환자: La chaque ⋯ chaque tourne content mais ⋯

질문자: Ça s'appelle ⋯ ? Ça s'appelle comment, cet objet ? Qu'est-ce que c'est ? C'est une ⋯ ?

환자: Euh ⋯

질문자: Oui ? Une ⋯ ?

환자: Une grande show des gars j'ai mon W̶&̶&̶@̶@̶W̶@̶@̶ tour.

질문자: D'accord, d'accord. Très bien, et ceci, là. Qu'est-ce que c'est que je vous montre là ?

환자: Oui.

질문자: Oui.

환자: ⋯⋯ Pour mon tard je sais pouvoir le devenir par fin en gage.

질문자: D'accord.

2.1.3. 언어 처리 과정

브로카 영역과 베르니케 영역은 상호 간 교류에 따라 언어를 처리한다. 귀에서 감지된 말소리가 청각 신경을 거쳐 대뇌 측두엽의 청각 중추에 전달되면 말의 의미가 베르니케 영역에서 이해된다. 그 다음, 전두엽의 브로카 영역에서 운동 중추에 명령이 전달되면 입술, 혀, 후두 등의 조음 기관을 움직여서 말소리를 낸다.

뇌에서 이루어지는 언어 정보 처리 과정을 밝히는 것은 인간을 이해하고 궁극적으로 인간의 복지를 증진하는 데 기여한다는 점에서 매우 중요하다. 브로카 영역과 베르니케 영역의 발견은 인간의 언어 사용에 있어서 뇌의 세부 구조 및 기능을 밝히는 데 큰 영향을 미쳤다. 뇌 인지 과학의 발전과 더불어 뇌의 언어 처리 기능이 점차 규명되고 있다. 최근까지는 브로카의 뇌의 편재화 및 국지화 가설에 따라 뇌의 특정 영역, 즉 좌반구의 브로카 영역과 베르니케 영역이 언어 활동(언어의 이해와 사용)을 가능하게 하는 중추 역할을 담당한다고 보았다. 하지만 현재는 대뇌 우반구 역시 언어와 관련하여 중요한 역할을 수행한다고 알려져 있다. 우뇌는 언어에 수반되는 비언어적 측면, 즉 감정이나 정서 등을 인지하는 기능을 담당하고 있으므로 우뇌에 손상을 입은 환자는 언어의 억양을 이해할 수도, 나타낼 수도 없다고 한다.[102] 또한 연구를 통해 뇌 관련 지식이 축적됨에 따라 어떤 특정 영역들만이 언어의 생성에 관여한다는 주장은 점차 설득력을 잃고 있다. 오늘날에는 언어 기능이 뇌 전반에 걸쳐 분산되어 있다는 주장이 설득력 있는 이론으로 부상하고 있다.[103]

과학 기술의 발전과 함께 살아 있는 사람의 뇌를 관찰할 수 있는 뇌

---

[102] 김기혁 외, 앞의 책, 63쪽.

[103] C. Keneally(2007) 참조.

기록 장치들이 개발되면서 좌·우 반구의 구조와 기능적 차이에 관해 더욱 자세한 탐구가 가능해졌다. 대표적인 촬영 기술로 뇌파 기록(EEG), 단층 촬영술(PET), 자기 공명 영상(MRI), 기능적 자기 공명 영상(fMRI) 등이 있다. 이와 같은 첨단의 기술 장비를 활용하여 편재화와 양쪽 반구의 구조와 기능에 관한 연구들이 이루어졌으며 지금도 활발히 진행 중이다.[104]

3. 언어 습득 이론

인간은 자신의 생각을 언어로 표현할 수 있는 능력을 가진 유일한 존재이다. 인간은 탄생 이후 적절한 시기가 되면 주어진 언어 환경에 따라 모국어를 습득한다. 언어 연구의 흐름 속에서 인간이 탄생 이후 언어를 구사하게 되기까지 발전 과정에 관한 연구는 20세기 후반에 본격적으로 시작되었다. 인간이 태어나서 모국어를 익히는 과정을 언어 습득 acquisition de langue이라 한다. 모국어 습득은 누구나 적절한 시기에 적절한 언어 환경에 놓여 자극을 받으면 매우 빠른 기간을 거쳐 이루어지는 과정이므로 학습이 아닌 습득이라고 불리는 것이다. 아기가 태어나서 부모와 주변 사람들의 말을 듣고 언어를 습득하는 과정에 대해 많은 실험과 연구가 이루어졌고, 그 결과 여러 이론이 등장한다.

---

104) Buzan & Buzan(1996) 참조(『네이버 지식백과』, '편재화[偏在化, lateralization]'에서 재인용).

20세기에 형성된 언어 습득 이론으로는 행동주의 이론, 상호 작용 이론, 생득주의 이론을 들 수 있다. 다음에서 이들 각각의 특성에 관해 살펴보자.

3.1. 행동주의 이론

언어 습득 시, 주변 자극에 대한 아동의 반응이 후속 자극에 따라 유지 혹은 소멸된다는 이론으로, 행동주의 심리학자 스키너Burrhus Frederic Skinner(1904~1990)를 중심으로 성립되었다. 행동주의에 입각한 이 언어 이론은 아동의 언어 습득도 다른 행동들과 마찬가지로 자극-반응-강화의 메커니즘에 따른 조건화의 과정이라 설명하고 있다. 부모의 언어가 작용하여(자극) 그것을 아동이 모방하며(반응), 그때 부모가 칭찬이나 다른 물리적 보상 등의 방식을 통해(강화) 아동이 다시 그 행동을 하도록 한다. 이와 같이 행동주의자들은 언어를 익히는 과정을 모방과 학습을 통한 습관 형성의 문제로 보았다. 어린아이는 부모와 주변 사람들이 말하는 소리와 양식을 반복해서 접하고 그것을 흉내 내다가 마침내 모국어를 습득하게 된다는 것이다.

3.2. 생득주의 이론

인간은 특정 언어에 국한되지 않은 보편적 언어 능력을 타고 난다는 이론이다. 이와 같은 선천적 언어 능력 이론은 1950년대 후반 촘스키가 제시한 변형생성문법 이론의 바탕을 이루고 있다. 이 이론에 따르면 인간은 태어날 때부터 뇌 안에 어휘를 습득하고 문법을 운용할 수 있는 보편 문법 기제가 장착되어 있다. 이와 같은 인간의 선천적 언어 능력, 즉 보편 문법grammaire universelle은 통사에 대한 선천적 지식inherent knowledge of syntax이며 모든 문장은 심층구조와 표층구조로 구성된다. 언어의 표층구조는 인간이 지닌 타고난 언어 능력에서 설정되는 심층구조를 기반으로 형성되는 것이다.

변형생성문법은 이처럼 언어가 인간에게 고유한 능력이며 이러한 선천적인 언어 능력을 통해 보편 문법의 존재를 증명하고자 한다. 언어 습득 이론들 중에서 인간 언어와 두뇌의 관련성을 가장 잘 포착하고 있는 것은 다름 아닌 생득주의 이론이다. 인간은 자신이 처한 환경에 따라 어떤 언어든지 습득할 수 있다는 점을 근거로 들 수 있다.

3.3. 상호 작용 이론

위에서 언급한 행동주의 이론에 따르면 어린아이는 부단히 반복과 훈련을 통해서 언어를 습득한다. 또한 생득주의에 입각한 습득 이론에 따르면 인간은 두뇌 속에 일종의 언어 습득 장치를 지니고 태어나기 때문에 적절한 언어 환경에 노출되어 때가 되면 언어를 저절로 습득한다. 하지만 그러한 언어 습득 과정에서 빼놓을 수 없는 중요한 요인은 어린아이를 돌보는 사람과의 상호 작용이다. 어린아이가 태어날 때부터 지니고 있는 선천적인 능력과 아이의 엄마 혹은 돌보는 다른 사람을 포함해 환경 간의 복합적인 상호 작용의 결과로 언어가 습득된다. 이 주장이 상호 작용 이론의 입장이다. 대표적인 상호 작용 이론으로 피아제Jean

Piaget(1896~1980)의 구성주의 이론과 비고츠키Lev Vygotsky(1896~1934)의 사회적 상호 작용주의 이론을 들 수 있다.

3.3.1. 피아제의 구성주의

피아제는 인간의 언어 능력이 내재적이고 선천적인 것이 아니라 구성적인 것이라는 이른바 구성주의를 주장한다. 구성주의에 따르면 언어를 습득하는 인간과 환경의 상호 작용이 발휘하는 기능은 형성적인 역할을 수행한다. 이는 인간에게 주어진 환경이 언어 습득을 촉발시키는 요인으로 작용한다고 주장하는 생득주의 이론과 대비된다고 할 수 있다. 이 이론에서 인간이 언어 능력을 발휘하는 환경은 그 능력을 구성하게 하는 형성적 요인shaping role으로 작용한다. 그의 이론에 따르면 영유아기의 언어 사용은 인지 발달이 우선되어야 하며 개인의 인지 수준에 영향을 받아 언어의 습득이 이루어진다. 이러한 의미에서 피아제의 구성주의는 인지적 상호 작용주의에 속한다. 구성주의에서는 특히 언어 습득의 당사자인 어린이의 능동적인 참여를 강조하여 어린이를 환경을 스스로 탐색하며 문제를 해결하는 주체로 파악하고 있다.

3.3.2. 비고츠키의 상호 작용주의

비고츠키는 근접 발달 영역zone of proximal development [105] 개념을 도입

---

[105] 『다음백과』〈https://100.daum.net/encyclopedia/view/47XXXXXXb550〉 및 『네이버 지식백과』 '근접 발달 영역' 참조.

한 상호 작용주의 이론을 통해 어린이의 언어 습득을 설명하려 했다. 근접 발달 영역은 어린이가 스스로 문제를 해결하는 능력인 실제적 발달 수준actual development level과 보다 지적으로 우수한 동료와의 협력이나 성인의 지도를 통해 문제를 해결하는 능력인 잠재적 발달 수준potential development level 간의 차이를 말한다. 어린이가 어떤 일을 수행할 때 어른이나 친구의 도움을 받으면 근접 발달 영역이 그만큼 확장되어 혼자 할 때보다 더 어려운 일을 할 수 있게 된다고 비고츠키는 보았다. 그는 또한 어린이의 언어 습득도 자신보다 지적 수준이 높은 또래 어린이들과 부모나 교사 같은 어른들의 도움을 통하여 도달하는 과정으로 보았다.

이와 같이 비고츠키는 사람을 다른 사람들과의 상호 작용을 통해 성장하는 사회적 존재로 규정한다. 그리고 어린이의 언어 습득을 비롯한 인지 발달에서 교사와의 관계 및 다른 어린이들과의 관계를 통해 이루어지는 사회적 상호 작용의 중요성을 강조하였다.

인간의 언어 습득의 원리와 과정을 설명하기 위한 이론들 가운데서 상호 작용주의 이론은 언어 능력과 관련하여 극단적 이성주의에 속하는 생득주의 이론과 극단적 경험주의를 대변하는 행동주의 이론의 중간 지점에 놓여있다.

이상 살펴본 바와 같이 인간이 언어를 습득하고 구사하는 원리는 모두 뇌와 관련되며 그 중 일부 특정 영역들에서 중추적인 역할을 한다고 가정할 수 있다. 이러한 가정은 뇌 과학이 발전함에 따라 다양한 영역에서 증명되고 있다.

1. 다음 설명을 읽고 참(V)인지 거짓(F)인지 표시하시오.

	VRA	FAUX
① 인간의 언어 능력이 뇌의 어떤 메커니즘에서 실현되는지를 연구하는 학문을 심리언어학이라 한다.	□	□
② 인간의 뇌의 상태에 따라 언어 기능 장애(실어증)가 발생할 수 있다.	□	□
③ 인간의 대뇌 좌반구는 언어 기능과 인지 기능을 담당하는 영역이다.	□	□

2. 신경언어학을 정의하시오.

3. 브로카 실어증과 베르니케 실어증의 차이에 대해 설명하시오.

4. 대뇌를 감싸고 있는 대뇌 피질을 구성하는 네 개의 주요 영역의 이름을 쓰시오.

5. 대뇌 우반구의 기능에 대해 설명하시오.

6. 대뇌 좌·우반구의 특정 영역들의 구조 및 각 영역이 담당하는 기능의 규명을 가능하게 한 과학 기술 장비를 쓰시오.

7. 언어 습득 이론들 중에서 행동주의 이론과 생득주의 이론을 비교해서 설명해 보시오.

8. 비고츠키가 자신의 상호 작용주의 이론에 도입한 개념인 '근접 발달 영역'이란 무엇인지 설명하시오.

제11장
사회언어학 La sociolinguistique
- 언어, 사회 그리고 문화

1. 사회언어학의 정의와 등장 배경

앞서 우리는 언어를 구성하는 다양한 단위들의 소리, 의미 그리고 구조와 기능 등 언어 내적인 요소들에 대해서 살펴보았다. 이 장에서는 인간 언어가 사회 속에서 어떠한 기능을 하는지 사회 현상으로서의 언어를 간략하게 살펴보고자 한다.

사회언어학은 언어를 하나의 사회 현상으로 보는, 다시 말해 언어를 사회와의 관계 속에서 분석하고 기술하려는 학문이다. 촘스키Noam Chomsky의 언어학은 언어의 보편성을 추구하면서 인지주의적 관점에서 선천적 언어 능력을 중심으로 언어 습득 장치에 관심을 둔다. 반면, 사회언어학은 언어의 다양성을 추구하면서 행동주의적 관점에서 언어를 후천적 학습의 결과로 간주한다. 사회언어학은 어떤 특정 이론을 통해 생긴 학문이 아니라 분석 대상이 되는 공동체를 중심으로 생성된 것이다. 언어를 사용하는 집단의 성별, 연령, 직업, 교육, 사회 계층 등 사회적 변인으로 발생하는 사회 현상으로서 언어, 그리고 사회 현상과 관련된 언어 문제들을 모두 연구 대상으로 삼는다.

사회언어학은 크게 미시 사회언어학과 거시 사회언어학으로 구분하기도 한다. 전자는 담화 상황에 따른 언어의 미세한 내적 구조나 언어 변이 등을 연구한다. 후자는 언어의 분포나 광범위한 사회적 기능과 관련된 문제, 예를 들어 언어의 문제가 인간의 삶에 얼마나 중요한지, 언어 정책과 언어 교육이 언어 변화와 어떤 관계가 있는지 등을 연구한다.[106]

프랑스에서 사회언어학은 1960년대 초, 소쉬르주의의 이론적 해석의 틀 속에 갇힌 구조주의 언어학을 비판하면서 탄생했다. 소쉬르 덕분에 일반 언어학linguistique générale이 하나의 독립된 학문 분야로 자리 잡았지만 과도한 단순화라고도 볼 수 있다. '파롤parole'의 영역은 심리학, 철학, 혹은 사회학으로 돌리고 (기호체계로서의) '랑그langue'의 기능 작용만을 연구했기 때문이다. 화용론의 초기 업적들이 구축되기 이전, 일반 언어학은 언어로 의사소통하는 실제 상황을 연구 영역에서 제외시켰다. 또한 의미(작용)의 문제를 극도로 단순화하여 언어의 기능 설명에 종속시켰다. 당시에는 언어적 요소의 기능에 관한 연구와 언어의 기능에 관한 연구를 확연히 구별해야 한다는 인식이 지배적이었다. 미국에서는 1950년대 이후 촘스키가 '언어 능력compétence'과 '언어 수행performance'

---

106) 김미형·서은아(2019) 참조.

을 구분하고 '언어 능력'만을 언어학의 연구 대상으로 삼았다. '파롤'이
아니라 '랑그'에 부여된, 혹은 '언어 수행'이 아니라 '언어 능력'에 부여된
당시의 연구 특성은 실제적인 발화를 고려하지 않는다는 측면에서 이
상적인, 즉 실제로 존재하지 않는 화자와 청자를 만들기도 했다.

이런 상황 속에서 동질적인 체계로 간주되는 '랑그'에만 관심을 갖는
단순화 지향의 구조주의의 타당성에 이견을 제시하고 '파롤'의 영역인
다양성, 변화의 구조주의를 시작하면서 언어에 관한 새로운 시각을 제
시하는 사회언어학이 탄생하게 된 것이다.

2. 사회언어학의 하위 분야와 연구 영역

사회언어학에는 다양한 하위 분야가 존재하는데 일반적으로 크게 세
가지로 분류한다. 첫 번째는 변이 사회언어학sociolinguistique variationniste
이다. 이것은 언어가 사회 속에서 보이는 변이variations sociales, 다시 말
해 연령, 성별, 사회 계층 등과 관련된 다양한 언어적 사실들을 관찰하
면서 출발한다. 또한 가능한 한 객관적으로 이러한 변이를 기술하고 근
본적인 원인을 규명하는 것을 목표로 한다. 예를 들어, 노년층이 사용
하는 언어는 청소년층의 언어와는 다른 점을 보이며 성직자와 노점상의
언어의 경우도 차이가 있을 것이다. 또한 변이 사회언어학은 언어와 사
회적 관습들(가족, 학교, 직업과 관련된) 간의 관계를 분석할 수 있게 이론
적 틀을 제안하고 언어의 사회적 기능 작용을 설명하고자 한다. 이 분

야에서 중요한 연구 주제는 방언dialecte[107])이고, 방언을 연구하는 학문을 방언학dialectologie이라고 한다. 대표적인 학자로는 윌리엄 라보브William Labov(1927~), 피터 트루질Peter Trudgill(1943~) 등이 있다.

두 번째는 민족지학 또는 의사소통의 민족지학ethnographie de la communication이다. 언어에 대한 기능적 연구인 이 분야는 사회적 맥락에 따른 언어 사용의 여러 측면을 기술하고 특정 사회에서의 말하기 방식, 그 사용 조건, 의미, 유형과 기능들을 비교하고 분석하는 것을 목표로 한다. 일반 언어학의 이론과 방법 등에 근본적인 이의를 제기하면서 언어는 본질적으로 의사소통이라는 사회 행위이며 언어형식은 그 사회적 기능에 의해 결정된다고 보고 새로운 언어이론을 수립해야 한다고 주장한다. 대표적인 학자로는 델 하임즈Dell Hymes(1927~2009), 존 조셉 검퍼즈John Joseph Gumperz(1922~2013)가 있다. 연구 영역으로는 담화분석, 대화분석, 문화 간 의사소통, 경어법 등이 있다.

세 번째는 언어 사회학sociologie du langage이다. 앞서 언급한 변이 사회언어학은 사회적 맥락에서 얻은 언어의 연구 결과로 순수 언어학 이론을 체계화하고 보완하는 데 목적을 두고 있다. 반면, 언어 사회학은 언어학의 발전에 기여를 하려는 것이 아니라 언어와 사회 간의 상관관계를 실용적인 측면에서 분석하고 기술하는 것을 목표로 한다. 다언어 사회 내에서 언어들 간의 접촉 문제, 예를 들어 언어 간 접촉에서 빚어지는 갈등의 양상이나 다언어주의의 사회적 기능에 관해 제

---

107) 4절 '언어 변이의 요인'에서 '방언'의 정의 참조.

기되는 문제들, 피진과 크레올[108] 같은 변종 언어 체계, 언어의 소멸과 유지, 언어 정책, 언어 교육 등이 이 분야의 연구 주제이다. 대표적 학자로는 우리엘 바인리히Uriel Weinrich(1926~1967), 조슈아 피시먼Joshua Fishman(1926~2015) 등이 있다.

3. 사회언어학의 연구 방법

사회언어학 연구 방법으로는 현지 조사, 설문 조사, 면담, 말뭉치 분석이 대표적이다. 언어 변화의 결과만을 관찰 대상으로 하는 전통적인 언어학적 연구와 달리 사회언어학적 연구는 동시대에 진행 중인 언어 변화를 관찰해야 한다. 따라서 신빙성이 있는 적절한 자료를 수집하여 합리적이고 정확하게 분석하는 것이 중요하다.

현지 조사는 사피어, 블룸필드 등 미국 구조주의 언어학자들이 아메리카 원주민 언어를 연구하고 기술하기 위해 사용한 것이 시작이다. 당시에 수집한 연구 자료는 질적 자료였으나 최근에는 설문 조사나 실험적 방법을 통해 양적 자료도 확보하고 있고 현지 조사의 결과 보고에는 사진과 영상 자료를 활용하여 자료의 기록과 유지에 힘쓰고 있다.

---

108) 사람들 간의 의사소통을 위해 한 언어가 공동의 언어로 사용될 때 이것을 링구아 프랑카lingua franca라고 한다. 링구아 프랑카는 한 언어일 때도 있지만 언어들의 접촉 과정에서 한 언어가 간략화된 형태로 변형되어 링구아 프랑카로 사용되기도 한다. 이것을 피진pidgin이라고 한다. 이 피진이 하나의 모국어로 기능할 때 이것을 크레올creole 이라고 한다(강범모, 앞의 책, 327~328쪽 참조).

설문 조사를 활용한 선구적인 연구는 유럽과 미국의 방언학자들의 연구이다. 현지 조사에 비해 짧은 시간에 많은 양의 자료를 수집할 수 있지만 설문의 답이 선다형이어서 응답자의 심층적 의견이나 성실한 답변을 도출하기 힘들다는 단점이 있다. 최근에는 전화나 온라인을 통해 설문이 많이 이루어지고 있다.

면담을 자료 수집 방법으로 개발한 학자는 라보브이다. 앵글로 색슨의 전통에서 현대 사회언어학의 창시자라 할 수 있는 그는 『뉴욕시에서 사용되는 영어의 사회적 계층The Social Stratification of English in New York』 (1966)에서 중점을 두고 면담이 이루어져야 하는 변수들은 다음과 같은 특성을 가져야 한다고 밝히고 있다.

① 사용 빈도가 높아야 한다.
② 의식적인 통제에 대한 면책이 있어야 한다.
③ 더 상위의 구조에 속해야 한다.
④ 선형 층위 구조로 쉽게 표시할 수 있어야 한다.

이런 조건들을 가장 용이하게 만족시키는 것은 음성학적 변수들이지만 문법적 변수들도 사용하며 드물게는 어휘적 변수들까지도 사용할 수 있다. 면담을 통한 자료 수집이 성공적이기 위해서는 제보자가 면담을 공식적인 상황으로 의식하지 않고 답변에 몰두할 수 있어야 하며 연구자와 제보자 사이에 신뢰가 구축되어야 한다.

말뭉치 분석은 IT 기술이 발전하고 전자 말뭉치의 구축과 사용이 용

이해지면서 더 활기를 띠게 되었다. 기존의 전사한 말뭉치[109]의 제약을 뛰어넘는 최근의 구어 말뭉치의 개발과 진화는 사회언어학의 여러 분야에서 말뭉치 분석을 통한 연구를 더욱 가속화시킬 것이다.

4. 언어 변이의 요인

한 언어 공동체의 구성원들은 서로 이해 가능한 같은 언어를 사용하지만 연령, 성별, 사회 계층 등 다양한 환경 속에서 살아가는 사람들의 언어 사용이 동일할 수는 없다. 이러한 것을 언어 변이 혹은 방언이라 한다. 사회적 신분에 따른 언어 변이를 사회 방언으로, 지역적 차이에 의한 언어 변이를 지역 방언으로 일컫는데 방언이라는 용어는 흔히 후자의 의미로 많이 사용하고 있다.

사회언어학적 연구에서는 다루는 주제에 따라 광범위한 사회적 구성 요소들을 고려하게 되는데 주로 출신 지역, 연령, 성별, 사회 계층, 언어 사용 맥락의 다섯 가지 사항이 변이의 요인으로 작용한다.

4.1. 출신 지역

출신 지역origine géographique은 변이의 요인으로서는 쉽게 파악이 가

___

109) 아메리카 원주민 언어를 연구했던 미국 구조주의 언어학자들, 유럽과 미국의 방언 학자들은 구어로 된 언어 자료를 수집하여 글로 옮겨 씀으로써 말뭉치를 구축했다.

능하고 자칫 진부한 소재로 여겨질 수도 있는 요인이다. 프랑스어는 일드 프랑스Ile-de-France의 파리 프랑스어가 표준어이지만 지방 프랑스어들도 존재한다. 또한 퀘벡, 아프리카 등 프랑스어권 지역에서도 다양한 프랑스어를 사용하고 있다. 예를 들어 화자가 퀘벡에 거주하는 프랑스어 사용자라면 특정 단어 혹은 표현들(예를 들어 퀘벡 프랑스어의 "Pantoute !" 혹은 "Pas-pantoute !"는 "Pas du tout."를 의미하며, "Tiguidou !"는 "C'est d'accord !"에 해당함.), 특정 문법 구조들(의문문 뒤에 'tu'를 첨가하여 "Il en veut-tu ? Ils en veulent-tu ? Tu m'ecoutes-tu ? Je l'ai-tu ?"와 같이 표현함 110)), 특정 발음들('-oir'로 끝나는 단어들은 'Avoèr(avoir)', 'à soèr(ce soir)', 'la bouilloère(bouilloire)'등과 같이 '-oèr'로 발음되며, 'è' 소리는 단어 끝에서 'a' 소리를 내는 경우가 있어서 'Je l'sava(je le savais)', 'jama(jamais)', 'parfa(parfait)'처럼 발음됨.)을 통해 알 수 있다.

4.2. 연령

언어 사용자들의 세대를 알 수 있는 연령âge은 다양성의 한 요인이다. 젊은이, 노인, 어린이, 청소년 등 연령에 따라 다양한 언어가 존재하는데, 예를 들어 '젊은 세대의 언어langage des jeunes'를 살펴보면 다음과 같다.

① **단축법**troncation – 젊은 프랑스어 화자들은 어말음 탈락apocope이나 어두음 탈락aphérèse을 자주 사용한다.

---

110) https://www.authentikcanada.com/fr-fr/faq/la-parlure-quebecoise 참조.

deg ← dégueulasse

prof ← professeur

leur ← contrôleur

zic ← music

② **음절 뒤집기**[verlan] - 이 현상 역시 젊은이들 사이에서 빈번하다.

keum ← mec

reum ← mère

féca ← café

③ **젊은이들은 특정 접미사**를 즐겨 사용한다.

les musicos, 혹은 zicos

④ **은어적 의미를 지닌 신조어**[néologisme] - 은유적으로 쓰인 일부 신조
어에서는 자극적인 의미의 표현을 사용하기도 한다.

coussins gonflables ← poitrine

4.3. 성별

성별에 따라 언어 사용에 차이가 있으며 '언어와 성'은 사회언어학의

하위 분야이기도 하다. 사회언어학에서 언어 변이의 요인으로서 성별은 생물학적 성별을 가리키는 것이 아니라 심리적 혹은 성 정체성과 관계 있는 성을 가리킨다.

여러 연구에서 여성 화자들이 남성 화자들보다 더 표준적이고 문법적인 언어를 사용한다는 결론을 내리고 있다. 그 외에도 성별은 사회에서의 권력(데보라 캐머론Deborah Cameron(1958~)의 권력 접근법), 상이한 사회화 과정에 기인한 차이(제니퍼 코츠Jennifer Coates(1942~)의 차이 접근법) 등 다양한 사회적 요인과 결부되어 언어 변이의 요인으로 작용할 수 있음을 여러 학자들이 연구를 통해 제시하였다.[111]

4.4. 사회 계층

사회 계층origine sociale 역시 사회·언어적 변이의 문제 가운데 하나이다. 사회 계층은 사회의 구성원들을 사회·경제·교육적 지위를 감안하여 몇 개의 위계 집단으로 나누는 사회·정치적 개념이다. 계층 구분에는 주로 경제적 요소가 중요하게 작용하므로 사회 계층을 '사회 경제적 계층' 혹은 '사회 경제적 지위'라고도 한다.

경제적 요소 외에도 직업, 학력, 거주지 유형 등도 계층 구분의 지표가 되기도 한다. 국가나 사회에 따라 구분 기준이 다를 수 있고 학자마다 사회 계층의 개수나 명칭이 다르다. 프랑스어에서 사회 계층에 따라 드러나는 언어 변이의 몇 가지 예를 들어보면 다음과 같다.

---

111)강현석 외(2014) 참조.

① **관계사의 분산**le décumul du relatif – 통속 프랑스어fraçais populaire에서는 표준 프랑스어français standard의 관계대명사 대신에 접속사 'que'를 사용하는 경향이 있다. 이 경우 종속절 안에 인칭대명사 같은 문법적 장치가 함께 사용되기도 한다. 예를 들어 표준 프랑스어의 'l'homme que j'ai vu'와 'ceux que le malheur des autres amusent' 대신 'l'homme que je l'ai vu'와 'ceux que le malheur des autres les amusent'가 종종 사용된다.[112]

② **발음 강조**articulation emphatique – 비표준어에서 보이는 현상의 하나로 "Je suis allé à un colllloque sur le sonnnet en Holllande avec quelques collllègues..."처럼, 특정 음소를 강조하여 발음한다.

③ **모든 연음 발음하기** – 연음이 가능한 경우마다 모두 발음하는 것은 화자가 철자법을 잘 알고 있으며 따라서 상위 계층의 문화에 속해 있다는 것을 표시하기 위한 방법의 하나이다. 그런데 이와 같이 연음을 지키려고 하다가(J'en suis fort aise. [...fɔʀtɛz]처럼) "J'en suis bien t'aise."와 같은 오류를 범할 가능성도 있다.

④ **과잉 정정**hypercorrection fautive – après que 뒤에는 직설법indicatif을 사용해야 하는데 "On l'applaudit après qu'il eût parlé."[113]처럼 접속법

---

112) P. Guiraud(1966) 참조.

113) http://academie-francaise.fr 참조.

subjonctif을 사용함으로써 잘못된 문장을 만들어 내기도 한다. 이는 접속법을 써서 보다 정확하고 세련된 표현으로 고치려다가 오히려 어색한 표현이 되는 경우이다.

4.5. 언어 사용 맥락

언어의 실제 발화parole 상황에서 그 발화 행위의 모든 환경(장소, 시간, 대화 상대자의 위상, 대화의 목적 등), 즉 언어 사용 맥락contextes d'utilisation은 언어 변이의 요인이 된다. 언어 사용역registre[114]이나 화계niveaux de langue[115]가 이에 해당한다. 프랑스어에서 그 예를 찾아보면 다음과 같다.

① **일상어와 행정어**langage usuel vs langage administratif – 일상어에서는 'mort'를, 행정 용어로는 'décédé'를 쓴다. 마찬가지로, 'habiter'와 'être domicilié', 'mec'과 'mari, époux, conjoint'의 경우도 일상적 용법과 행정적 용법이 대비된다.

---

114) 언어 사용의 사회적 상황에 따라 화자가 의도적으로 선택하는 다양한 발화 요소들을 '언어 사용역'이라 한다. 예를 들어 같은 직종에 종사하는 사람들은 자신들의 집단에서만 통용되는 말과 표현을 주로 사용한다. 그러나 다른 직종의 사람들을 만나면 표현을 바꾸게 될 것이다. 언어 사용역은 일반적으로는 친밀어langage familier, 표준어langage courant, 세련어langage soutenu로 구분한다.

115) "프랑스어의 화계는 전통적으로 여섯 가지로 구별하는데, 세련 프랑스어français soutenu, 규범 프랑스어français norme, 통용 프랑스어français courant, 친밀 프랑스어français familier, 민중 프랑스어français populaire, 저속 프랑스어français argotique가 그것이다. 화계에 따라 발음, 어휘, 구문, 표현이 조금씩 다르다."(홍재성·김현권(2013), 177쪽). 다른 한편, 언어 사용역과 화계를 구분하지 않고 유사한 개념으로 사용하는 입장도 있다.

② **단순 부정과 이중 부정** - 부정문에서 보통은 ne ... pas를 쓰지만(Je ne sais pas.), 일상어에서는 ne 없이 pas만으로 부정을 나타내기도 한다(Je sais pas.).

지금까지 간략하게 살펴본 언어 변이의 다섯 가지 요인 외에도 민족성, 권력도 언어 변이에 영향을 미친다. 사회언어학은 언어 변이 및 그 다양한 용법을 언어 공동체 내에서, 사회적 변이variation sociale와 상관하여 관찰하고 분석하는 분야이다. 그러한 변이들과 용법들은 이 언어 공동체의 구성원들이 분명히 인지하고, 정의하며, 평가한다. 역동적인 언어적 상황은 사회언어학적 연구의 실행과 표현의 면밀한 검토를 통해서만 진정으로 평가할 수 있을 것이다.

5. 언어와 문화

인류학자 전경수는 그의 책『문화의 이해』에서 문화를 문명, 교양, 예술과 혼동하여 사용하는 것을 경계하면서 "문화는 인간이 집단을 이루어서 살아가는 삶을 말하는 것이다. 그 삶이 표현하고 있는 행위와 행위를 이루어 내는 전 과정의 사고, 그리고 그에 관련된 삶의 현상으로 '총체적 삶'을 그 자체에 반영한다고 볼 수 있다."[116]라고 언급했다. 한 사

---

116) 전경수(1999), 7쪽.

회의 사람들의 모습 즉 그들의 문화는 그들의 언어 활동을 통해서 이해할 수 있다. 즉 그 사회에서 사용되는 언어 없이 그들의 문화를 이해할 수 없기 때문에 언어가 바로 문화라고는 말할 수 없지만 언어와 문화는 서로 주요한 영향을 주고받는 필수불가결한 관계에 있다고 볼 수 있다.

1820년 훔볼트는 '세계 언어의 다양성은 기호나 음성의 다양함이 아니라 세계관의 다양성'이라고 언급하며 언어가 세계관을 결정한다고 주장했다. 그의 이러한 생각은 20세기 사피어Edward Sapir(1884~1939)와 워프Benjamin Lee Whorf(1899~1941)[117]에 와서 더욱 구체화되었다. "언어가 사고를 결정한다(la langue détermine la pensée)"는 사피어-워프 가설 Hypothèse de Sapir-Whorf(HSW)에 따르면, 사용하는 언어에 따라 사람들이 세계를 보고 인식하는 방식이 다르다. 그것을 입증하는 예로 에스키모어의 눈 관련 어휘, 세계 여러 나라 언어들의 색채어와 시제의 경우를 제시했다.

에스키모어에는 눈에 대한 단어가 다른 언어들보다 많은데, 이러한 이유로 에스키모인들의 눈에 대한 인식이 더욱 특별하다는 것이다. 실제로 눈이나 얼음에 관한 에스키모인들의 단어가 수십 수백 개라는 주장도 있지만 60~100여 개 정도라는 주장이 일반적이다.[118]

---

117) 사피어는 "각 언어는 그 나름대로 현실을 분할한다. 그래서 서로 다른 언어를 말하는 사람은 세계를 다르게 본다. 사고가 언어를 형성한다."라고 언급했다(E. Sapir(1921) 참조).

118) akuvijarjuak = thin ice in the sea, anijo = snow on the ground, aput = snow on the ground, hiko = ice (generic), hikuliaq = thin ice, ivuneq = high pack ice, kaniktshaq = snow (generic), kanut = fresh snow without any ice, kuhugaq = icicle, manelaq = pack ice, maneraq = smooth ice, nahauliq = snow bunting, nilak = freshwater ice, peqalujaq = rather old ice, pugtaq = drift ice, qanik = falling snow, quahak = fresh ice without any

언어에 따라 세계를 다르게 분할하는 것은 색채어에서 쉽게 찾아볼 수 있다. 흰색과 검정색, 혹은 따뜻한 색과 차가운 색 같이 두 종류의 단어로 색채를 표현하는 언어가 있는가 하면, 수십 가지의 색채어를 가진 언어도 있다. 가령 우리는 무지개를 빨강, 주황, 노랑, 초록, 파랑, 남색, 보라의 일곱 가지 색깔로 알고 있지만 이전의 무지개의 색은 다섯 가지였다. 영미권에서는 남색을 뺀 여섯 개의 색으로, 고대 마야족은 다섯 개로 인식했다. 또한, 과거, 현재, 미래 시제가 있는 영어와 달리 미국 원주민 호피족 언어에는 이러한 시제가 없다. 이러한 언어적 특성이 특정 유형의 사고를 하도록 우리를 유도한다는 것이 사피어-워프의 주장이다.[119]

언어가 현실을 반영하는 것을 보다 구체적으로 보여주는 예를 들어 보자. 한국어에서 '큰아버지, 작은 아버지, 외삼촌, 고모부, 이모부'를 프랑스어에서는 모두 'oncle'로, '큰 어머니, 작은 어머니, 외숙모, 고모, 이모'는 모두 'tante'로 나타낸다. 따라서 프랑스어 화자들은 한국인이 느끼는 이런 단어들의 서로 다른 정감의 차이를 느끼지 못할 것이다.

또한, 한국어 화자들은 '나무'라는 단어에서 주변이나 산에서 볼 수 있는 '나무'를 떠올릴 수도 있고 불을 피우기 위한 '땔감'이나 가구를 만드는 '목재'를 생각할 수 있다. 프랑스어에서 숲을 나타내는 'forêt'나 '나무'를 나타내는 'arbre'가 있기는 하지만 'bois'는 '나무', '땔감', '가구', '숲' 모두를 가리키기도 한다. 따라서 한국어의 '나무'와 프랑스어의

---

snow, tsikut = large broken-up masses of ice blocks, tugartaq = firm winter ice...(Geoffrey Pullum(1991), p.166).

119) 워프는 "우리는 모국어에 의해 이미 처리된 방침에 따라 자연을 분할한다."고 주장했다.

'bois'가 지시하는 바가 다르기 때문에 사람들은 '나무'와 'arbre'를 듣고 각기 다른 모습을 머릿속에 떠올리게 되는 것이다.

		Lexical items			
		Danish	French	German	Spanish
ANALYTICAL PRIMITIVES	TREE	Træ	arbre	Baum	árbol
	WOOD (mat.)		bois	Holz	madera
	FIREWOOD				leña
	FOREST (small)	Skov		Wald	bosque
	FOREST (large)		Forêt		selva

[그림 11-1][120]

현대 언어학자들은 사피어-워프의 가설에 대해 강한 해석과 약한 해석을 구분한다. "언어가 사고를 지배한다."는 강한 해석에 해당하는 '언어 결정론'은 현대에 와서 더 이상 받아들여지지 않고 있다. 반면 "언어는 사고에 영향을 끼친다."는 약한 해석에 해당하는 '언어 상대주의relativité linguistique'는 논쟁이 있기는 하지만 일반적으로 받아들여지고 있다.

다른 한편, '언어 상대성'[121]에 반대하는 '언어 보편성'의 입장도 존재한다. 초기에는 눈이나 얼음에 관한 에스키모인들의 단어가 수십 수백

---

120) T. Georgakopoulos, & S. Polis(2018) 참조.
121) 본고에서는 '언어 상대주의'와 '언어 상대성'이라는 용어를 구분해 사용했다. 사피어-워프 가설에 대해 이 두 용어를 혼용하여 사용하는 경우가 많은데, 여기서는 '언어 상대주의'는 사피어-워프 가설의 약한 해석을 가리키고, '언어 상대성'은 '언어 보편성'의 반대 개념을 뜻한다.

개라는 주장도 있었지만 이후에는 60~100여 개 정도라는 주장이 일반적이다.[122] 실제로는 '공기 중에 있는 눈'과 '땅위에 쌓인 눈'을 가리키는 어휘 quik과 aput end밖에 없다는 주장도 있었다. 에스키모어보다 한국어에 상대적으로 눈 관련 어휘가 적은 것 같지만, 가랑눈, 눈보라, 길눈, 가루눈, 눈서리, 도둑눈, 싸라기눈, 진눈깨비, 함박눈 등 한국어에도 에스키모어 못지않게 눈을 나타내는 어휘가 풍부하다.

스펙트럼에 따른 빛의 구분에도 언어의 보편적 특성이 반영된다. 베를린Brent Berlin(1936~)과 케이Paul Kay(1934~)에 따르면 어떤 언어는 흰색과 검정색의 두 가지 색채를 사용하고 어떤 언어는 빨강을 추가해서 3개의 색채를, 또 다른 언어는 여기에 노랑과 파랑을 추가해서 다섯 가지의 색채를 사용한다는 것이다. 이를 도식으로 정리해보면 다음과 같다.

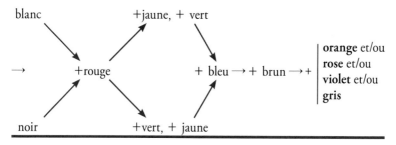

[그림 11–2][123]

---

122) akuvijarjuak = thin ice in the sea, anijo = snow on the ground, aput = snow on the ground, hiko = ice (generic), hikuliaq = thin ice, ivuneq = high pack ice, kaniktshaq = snow (generic), kanut = fresh snow without any ice, kuhugaq = icicle, manelaq = pack ice, maneraq = smooth ice, nahauliq = snow bunting, nilak = freshwater ice, peqalujaq = rather old ice, pugtaq = drift ice, qanik = falling snow, quahak = fresh ice without any snow, tsikut = large broken-up masses of ice blocks, tugartaq = firm winter ice... (Geoffrey Pullum, *Op. cit.*).

이 예는 색의 스펙트럼으로 구분 짓는 가짓수가 문화에 따라 다르다고 할지라도 완전히 자의적인 것은 아님을 보여 준다. 즉 따라서 언어 상대성의 근거로 제시되는 색채어나 에스키모의 눈에 대한 어휘가 인간의 보편적인 지각을 보여 준다는 입장도 간과해서는 안 될 것이다. 인지 언어학에서는 언어 상대성과 정반대로 인간이 세계를 인식하는 방법이 언어의 구조를 결정한다는 주장을 한다. 이렇듯 언어와 사고, 문화 사이의 연계성에 대한 논란은 계속 이어지고 있지만 언어는 그 사회에 있는 사람들의 역사이며 기억으로[124] 그 사회를 이루는 주요한 구성 요소 중 하나라는 사실은 부정할 수 없다.

6. 언어 정책

일 드 프랑스Ile-de-France를 지배하던 프랑크 족이 프랑스 전역을 통일하면서 프랑크족의 언어인 프랑시앵le francien이 오늘날의 프랑스어로 발전하게 되었다. 프랑시앵이 프랑스 전체가 사용하는 프랑스어가 되기까지 프랑스는 그들의 정체성과 국민 통합을 위해 '하나의 국가, 하나의 언어'라는 강력한 언어 정책을 펼친다. 오늘날의 영어 획일주의와 유럽 통합에 맞서 프랑스는 프랑스어의 지위를 방어하며 국제어로서 프랑스

---

123) B. Berlin & P. Kay(1969) 참조.

124) "Une langue c'est aussi une mémoire et une histoire."(Marina Yaguello(1993), p.42).

어의 보호와 확산에 노력하고 있다.

6.1. 초기의 언어 정책

1539년 프랑수아 1세는 모든 행정 절차와 공문서에서 라틴어 대신 프랑스어를 사용하도록 하는 빌레르코트레 칙령ordonnance de Villers-Cotterêt을 선포한다. 이는 종교로부터 사법과 행정을 분리시키고 당시 지배어였던 라틴어의 사용을 지양하고 지방어를 견제하여 프랑스어를 전 국민의 언어로 발돋움하게 한 최초의 언어 정책[125]이라고 할 수 있다.

중세를 거치면서 문인들은 통속 라틴어latin vulgaire였던 프랑스어에 대한 문법적인 연구와 함께 라틴어-프랑스어 사전을 편찬하는 등 프랑스어를 고전 라틴어latin classique와 동등한 수준으로 끌어올리기 위해 노력했다. 시인 뒤벨레Joachim du Bellay(1522년경~1560)는 『프랑스어의 옹호와 선양Défense et illustration de la langue française』[126] 을 통해 프랑스어의 위상

---

[125] 빌레르코트레 칙령으로부터 1994년 투봉법la loi Toubon에 이르는 동안 생긴 언어 관련 주요 기구와 법령은 다음과 같다.
- 1539년 빌레르코트레 칙령 반포
- 1635년 아카데미 프랑세즈의 창설
- 1794년 혁명 정부의 언어에 관한 법령
- 1882년 초등 교육의 무상, 의무, 세속화(종교적 중립) 제도화
- 1966년 프랑스어 보호와 확장을 위한 고등 위원회
- 1975년 바-로리올Bas-Lauriol 법
- 1984년 프랑스어권 고등 자문 위원회
- 1989년 프랑스어 전체 심의회, 프랑스어 최고 자문 위원회
- 1992년 "(프랑스)공화국 언어는 프랑스어이다"라는 조항 헌법 추가
- 1994년 투봉법
[126] "…시간이 흐르면서 어떤 언어들은 다른 것들보다 좀 더 흥미롭게 짜였기 때문에

을 높이는 데 큰 기여를 했다.

라틴어와 프랑스어의 습관적인 혼용을 비판하고 프랑스어의 문법을 정비하고 실질적으로 프랑스어를 체계화한 사람은 프랑스 궁정 시인이 었던 프랑수아 드 말레르브François de Malherbe(1555~1628)이다. 말레르브의 정신은 프랑스어 문법과 철자를 확립한 아카데미 프랑세즈Académie française로 이어졌다. 루이 13세 통치 시기 프랑스 절대 왕정의 공헌자였던 리슐리외Richelieu 추기경(1585~1642)이 1635년 설립한 아카데미 프랑세즈는 1698년에는 공식 프랑스어 사전을 편찬했고 오늘날까지 프랑스어 문법, 어휘, 어법에 대한 프랑스 최고의 권위 기관으로 남아 있다.

1789년 프랑스 대혁명 시기에 하나의 중앙 집권 체제를 구축하기 위해 프랑스 공화국은 프랑스어를 혁명의 언어로 전 국민에게 전파하는 강력한 언어 정책을 펼친다. 인권주의 정치인이었던 그레구아르 사제abbé Grégoire(1750~1831)가 작성한 『프랑스어 사용의 전국화의 필요성과 방법에 대한 보고서Rapport sur la nécessité et les moyens d'anéantir le patois et d'universaliser l'usage de la langue française』(1794년)에 따르면 전 국민의 12%인 300만 명 정도가 프랑스어로 대화를 나눌 수 있지만 이들 중 소수만이 프랑스어를 사용하고 대부분이 지방어를 사용했다고 한다. 그레구아르

좀 더 풍부한 것은 사실이다. 그러나 그것은 그러한 언어들의 천복으로 돌려서는 안 되며 오직 사람들의 능란함과 재치의 결과로 돌려야 한다. 우리나라 사람들이 고대 그리스인들이나 로마인들보다 못할 것이 하나도 없는데도 프랑스어로 쓰인 것을 눈썹 까딱하지 않고 모조리 멸시하고 배척하는 사람들의 어리석은 거만함과 무모함은 아무리 비난해도 모자란다. 그리고 마치 하나의 창작품이 오직 그 언어 때문에 훌륭하거나 훌륭하지 않다고 평가되어야 하는 양 우리의 세속어가 문학과 학문을 담당할 능력이 없을 거라고 생각하는 사람들을 볼 때, 나는 그들의 그 이상한 의견을 도저히 훌륭하다고 생각할 수 없다."(뒤벨레(2019) 참조).

는 '공화국의 언어를 프랑스어(La langue de la République est le français)'로 보고 교육을 종교와 분리시키며 지방어의 사용을 금지하여 하나 된 혁명 정부의 하나의 언어인 프랑스어를 통해 프랑스 전 국민을 하나로 통합하는 교육 정책의 토대를 마련했다. 100여 년이 흐른 1882년 쥘 페리 Jules Ferry(1832~1893)가 혁명 초기의 교육 정책을 바탕으로 초등 교육의 무상, 의무, 종교적 중립(laïque) 법안을 마련함으로써 공화정 체제가 확립되었고, 프랑스어는 프랑스 전 국민을 하나로 결속시키는 하나의 언어가 되었다.

6.2. 현대의 언어 정책

1966년 드골 대통령이 '프랑스어 수호와 보급을 위한 고등 위원회 Haut comité de défense et d'expansion de la langue française'를 만들었고, 이것은 1973년 '프랑스어 고등 위원회Conseil supérieur de la langue française'로 명칭이 바뀐다. 1975년 국회 위원이었던 바Bas와 로리올Lauriol의 발의로 프랑스어 사용에 의한 바-로리올 법안이 만장일치로 통과되었으나 강력한 제재 조항이 없는 선언적인 법이라는 평가를 받는다.

프랑스인들의 정체성은 바로 프랑스어라는 확고한 원칙 아래, 1992년 프랑스 상하 의원들의 만장일치로 '프랑스 공화국의 언어는 프랑스어'라는 조항이 프랑스 헌법에 추가된다. 1994년 당시 문화부 장관이던 자크 투봉Jacques Toubon(1941~)이 제정한 투봉법(프랑스어 사용 관련법, La Loi n° 94-665 du 4 août 1994, Relative à l'emploi de la langue française)은 1992년 개정된 헌법의 원칙에 입각한 프랑스어 사용에 관한 법으로 상품 광고

나 라벨 등에 프랑스어 사용을 의무화한 법[127]이다.

인터넷의 발달과 영어의 세계화를 통한 문화 획일주의에 맞서 프랑스는 영어의 범람에서 프랑스어를 지키면서 지방어를 보호하는 다문화주의 정책을 펼치고 있다. 다른 한편으로는 프랑스어를 공통으로 사용하는 국가들을 국제기구(프랑코포니Francophonie[128])화하여 문화 다양성과 언어 다원주의를 표방하고 국제어로서 프랑스어 지위를 방어하며 프랑스어의 확산에 노력을 경주하고 있다.

1989년 설립된 '프랑스어 총국Délégation générale à la langue française de France'은 2001년 '프랑스어와 프랑스의 언어들 총국Délégation Générale à la Langue Française et aux Langues de France'으로 공식 명칭이 변경된다. 2009년 11월 17일 법령에 따라 국가적 차원에서 프랑스의 언어 정책을 총괄하고 있는 총국은 '공화국의 언어는 프랑스어'라는 헌법 조항에 기초해서 프랑스어 사용의 장려와 함께 다문화주의 언어 정책을 펴나가는 것을 목표로 하고 있다. 다양한 언어가 공존하는 프랑스 사회에서 프랑

---

127) 이 법은 영어로 모든 것이 좋다는 의미를 가지는 'Allgood법'으로 불리기도 한다.

128) 프랑코포니는 세계의 프랑스어 사용 지역을 가리키는 말로 1880년 지리학자 오네짐 르클뤼Onésim Reclus(1837-1916)의 글에 처음 사용되었다. 프랑스를 비롯하여 모로코, 알제리, 튀니지와 같은 마그레브Maghreb지역 그리고 캐나다의 퀘벡 주 등은 모국어 및 공식어, 혹은 교육 언어로 프랑스어를 사용하고 있다. 1950년 언론인들이 '프랑스어 언론 및 기자 국제 연합'을 창설했고 1970년 '문화 기술 협력 기구Agence de coopération culturelle et technique(ACCT)'라는 프랑스어권 최초의 공식 협력 기구가 탄생한다. 1997년 베트남 하노이에서 열린 정상 회의에서 ACCT는 '프랑스어권 국제기구Organisation internationale de la Francophonie(OIF)'로 이름이 바뀌었다. 이 국제기구(OIF)는 프랑스어권 국가들 간 프랑스어 증진 및 문화·언어 다양성 촉진, 평화·민주주의·인권 수호, 교육·연수·고등 교육·연구 지원, 지속가능한 개발 협력 및 경제 발전 장려 등의 임무를 수행하고 있다. 2020년 현재 54개 정회원국을 비롯해 7개 준회원국, 그리고 27개 옵서버 국가가 가입했으며, 한국은 2016년 옵서버 국가로 신규 가입했다.

스어가 공화국의 언어라는 언어의 단일성에 대한 주장은 서로 대립되어 여전히 갈등의 요인으로 남아 있다. 프랑스어-지역어의 이중 언어 교육의 발전을 장려한 2013년 7월 8일자 법령은 지역어를 프랑스어와 대등한 교육 언어로 승격시킨 사례라고 볼 수 있다. 총국은 프랑스어의 풍부화, 언어와 디지털, 프랑스의 언어들, 다중 언어 사용을 주요 정책 내용으로 하여 프랑스어와 지역어에 대한 장려 정책을 적극적으로 펴나가고 있지만 지역어 사용자들은 위기를 느끼고 있다. 프랑스 교육부는 의무 교육 기간 중 프랑스어와 두 개의 외국어를 숙달시키는 것이 목표이지만 90% 이상이 첫 번째 외국어로 영어를 선택하고 두 번째 외국어로 독일어, 스페인어 등을 선택하며 아랍어를 선택하는 비율은 아주 낮다. 2016년 프랑스 교육부가 이주민을 위해 만들어진 언어와 문화 교육 Enseignement des Langues et Cultures d'Origines(ELCO) 프로그램[129]을 폐지함에 따라 수용이 아니라 또 다시 프랑스에서 이주민을 배제한다는 비난을 받고 있다. 프랑스 정부가 2017년 1월 1일 설립한 '사회 응집을 위한 프랑스어 기구Agence de la langue française pour la cohésion sociale'에서 "프랑스어는 사회 통합을 위한 언어가 되어야 한다. 프랑스인들뿐만 아니라 프랑스에 정착하고자 하는 외국인들과 이민자들을 위한 것이기도 하다." 라고 밝히며 '모두를 위한 프랑스어Le français pour tous' 정책을 구현하고자 했다. 프랑스는 프랑스어가 '단일하고 분리될 수 없는 공화국'의 언어

---

129) 1977년 유럽 지침에 따라 만들어진 ELCO 프로그램은 이주민의 출신 언어를 다음 세대가 습득할 수 있도록 지원하는 문화 교육 프로그램이다. 이민 자녀들이 학교생활에 성공적으로 적응할 수 있도록 이 프로그램에 참여하는 국가들(알제리, 모로코, 튀니지, 크로아티아, 스페인, 이탈리아, 포르투갈, 세르비아, 터키)은 프랑스에 해당 언어 교사를 지원한다. 수업은 정규 수업이 아니라 방과 후 과정으로 진행된다.

라는 생각에 유연성을 보여 이제는 상호 문화주의 흐름을 받아들이며
인정하는 움직임을 보이고 있다.

✅ 연습 문제

1. 사회언어학이란 무엇인지 정의하시오.

2. 사회언어학을 미시 사회언어학과 거시 사회언어학으로 구분하기도 하는데 이 둘의 차이를 설명하시오.

3. 언어는 본질적으로 의사소통이라는 사회 행위이며 언어 형식은 그 사회적 기능으로 결정된다고 보고 담화 분석, 대화 분석, 문화 간 의사소통, 경어법 등을 연구하는 사회언어학의 분야는 무엇인지 쓰시오.

4. 사회언어학에서 말하는 언어변이 혹은 방언이란 무엇인지 정의를 쓰고, 주로 다루어지는 변이의 요인 다섯 가지를 나열하시오.

5. 젊은 세대 화자들은 그들만의 특징을 지닌 언어를 사용하는데 프랑스어에서 볼 수 있는 예를 두 가지만 드시오.

6. 관련된 것끼리 연결하시오.

   (1) Ordonnance de Villers–Cotterêts   (a) Louis XIV
   (2) Unification de la langue   (b) Jacques Toubon
   (3) Loi Allgood   (c) Abbé Grégoire
   (4) Académie française   (d) François Ier

7. 통역과 번역의 어려움의 주된 요인은 무엇인지 생각해 보고 그 이유를 기술해 보시오.

8. 사피어–워프 가설이 무엇인지 설명하시오.

9. 사회적 관점에서 바라본 언어학이 촘스키의 언어학과 어떻게 다른지 설명하시오.

10. 프랑스에서 1977년 만들어진 **ELCO** 프로그램에 대해 설명하시오.

[연습문제] 해답

제1장 언어와 언어학

1. 공시태synchronie는 일정한 시기의 언어 상태를 가리키고 통시태diachronie는 시간의 흐름에 따라 변화하는 언어의 국면을 가리킨다. 소쉬르는 통시적 연구보다 공시적 연구를 우위에 둔다.

2. 발화체의 1차 분절의 단위는 기호소monème이다. 기호소란 소리(형식)와 의미(개념)를 모두 갖춘 언어의 최소 단위를 말한다. 발화체의 2차 분절의 단위는 음소phonème이다. 그 자체로는 의미가 없으나 발화체의 의미 변화를 일으키는 최소 소리의 단위이다. 모든 언어는 유한 수의 음소들을 조합하여 무한 수의 기호소들을 생성해 낼 수 있다. 이중 분절을 통해 인간 언어의 분절성, 창조성과 그에 따른 경제성을 이해하고 설명할 수 있다.

3. ① 권유적 기능은 수신자와 관련된 기능으로 수신자(혹은 청자)를 행동하게 하는 기능이다. 예를 들면, 발신자가 수신자에게 "Tu veux bien m'écouter ?" 라고 하면 수신자는 발신자의 말에 귀를 기울이게 된다.

   ② - 표현적 기능 〉 발신자

   - 친교적 기능 〉 접촉

   - 메타언어적 기능 〉 코드(부호)

   - 지시적 기능 〉 상황

   - 시적 기능과 권유적 기능 〉 메시지와 수신자

   - 권유적 기능 〉 수신자

4. ① 상징 ② 신호 ③ 상징 ④ 자연지표

5. 음소phonème → 형태소morphème → 단어mot → 구syntagme → 문장phrase

6. 동일한 물리적 소리가 언어마다 다른 의성어로 표현되는 것은 언어의 자의성을 보여주는 예이다.

7. 언어 활동은 기호학적 기능의 존재를 전제로 음성 기호를 사용하여 의사소통할 수 있는 인간의 생득적 능력faculté을 말한다. 랑그langue는 어떤 언어 공동체에서 사용되는 약속의 체계code로서의 언어를 말하며 파롤parole은 이 약속 체계로서의 언어가 구체적으로 사용되고 개별적으로 발화된 것을 말한다.

8. 언어 기호는 음성적 표현인 기표와 의미적 내용인 기의로 이루어져 있다. 이 둘은 종이의 앞뒷면과 같이 뗄 수 없는 양면성을 갖고 있다. 또한, 기표와 기의의 관계는 자의적인 동시에 한 언어 집단 내에서의 약속이므로 필연적이다.

제2장 음성학

1. 음성학이 인간 언어의 소리를 물리적 실체로서 연구하는 학문이다. 하위 분야로는 음향 음성학, 청취 음성학, 조음 음성학이 있다. 음향 음성학은 인간 언어의 음성이 지닌 특성을 바탕으로 한 음파의 전달에 관한 연구이다. 청취 음성학은 인간이 음성을 청취하고 감지하는 방식에 대한 연구이다. 조음 음성학은 인간이 말소리를 만들어내는 방식에 관한 연구이다.

2. 모음: 입술 모양(원순/평순), 혀의 높낮이(개음/폐음), 혀의 위치(전설/후설).

   자음: 성대의 진동(유성/무성), 조음 위치(양순음/순치음...), 조음 방법(폐쇄음/마찰음/공명음).

3. 발동 기관(폐) → 발성 기관(성대) → 조음 기관(비강/구강)

4. [+consonne], [+sonore], [+palato-alvéolaire], [+fricative]

5. ① /ma sœʀ səʀa la/

   ② /œ̃ elefɑ̃ ʒeɑ̃ sə kuʃ paʀ tɛʀ/

6. [ɑ̃]: an, am, en, em, aon

   [ɔ̃]: om, on

   [ɛ̃]: ain, aim, ein, eim, in, im, un, um, (i)en

7. 프랑스어에서 모음은 입술의 모양과 혀의 위치와 관련된 자질로 대립된다. [i]는 평순 모음, 전설 모음이고, [o]는 원순 모음, 후설 모음이다.

8. ① nasale, apico-dentale, sonore: [n]

    ② occlusive, vélaire, sonore: [g]

    ③ fricative, alvéolaire, non sonore: [s]

9. ① 전설, 구강, 반개모음, 평순: [ɛ]

    ② 후설, 구강, 반폐모음, 원순: [o]

    ③ 후설, 비강, 개모음, 평순: [ɑ̃]

    ④ 전설, 구강, 폐모음, 원순: [y]

제3장 음운론

1. 음성학이 자연 과학적 측면에서 실험적 방법을 사용하여 인간 언어를 구성하는 말소리의 특성을 밝혀내는 학문이라면 음운론은 인문 과학적 관점에서 인간 언어의 말소리 체계 및 기능 작용을 연구하는 학문이다.

2. 음소는 다른 음소로 대치되면 그것이 속한 단어의 의미를 변화시킨다.

    ① [tʀwa] trois ≠ [tʀua] troua에서 두 모음 [w]와 [u]는 단어의 의미를 결정한다. 따라서 [w]와 [u]는 음소이다.

    ② fuite는 [fɥit]로도 발음되고 [fyit]로도 발음된다. nuée의 경우에도 [nɥe]와 [nye]로 발음될 수 있다. [ɥ]와 [y]는 의미의 변화를 일으키지 않고 자유롭게 대체될 수 있다. 따라서 [ɥ]와 [y]는 동일한 음소의 자유 변이형variante libre이다.

    ③ 다음은 [j]와 [i]를 포함한 최소 대립쌍들이다.

abeille [abɛj] ≠ abbaye [abɛi]

paye [pɛj] ≠ pays [pɛi]

ail [aj] ≠ haï [ai]

houille [uj] ≠ ouï [ui]

따라서 [j]와 [i]는 서로 다른 두 음소이다.

3. ① le-stʀat-dy-sol-gʀi

    ② lɛ-se-kʀwtʀ-de-fœj-ze-de-fʀɥi

③ ɥi‑stʀi‑syʀ‑lə‑my‑ʀokʀ

4. ① /t/: [+occlusive], [+apico‑dentale], [−sonore]

② /z/: [+fricative], [+alvéolaire], [+sonore]

③ /k/: [+occlusive], [+vélaire], [−sonore]

④ /e/: [orale], [non‑arrondie], [mi‑fermée], [antérieure]

⑤ /u/: [orale], [arrondie], [fermée], [postérieure]

⑥ /ɑ/: [orale], [non‑arrondie], [ouverte], [postérieure]

⑦ /ø/: [orale], [arrondie], [mi‑fermée] [antérieure]

5. ① pain − vin; pain − pont

② temps − sans; temps − teint

③ feu − peu; feu − fou

④ champs − camp; champs − chat, chaud

⑤ goût − fou; goût − gai

6. [sø‑bɛʀ‑ʒe / mɛn‑se‑ʃevʀ / pɛtʀ‑lɛʀ‑be‑pɛs / de‑vɛʀ‑ʒe‑de‑se‑vɛn]

7. 이음에는 조합 변이음variantes combinatoires과 자유 변이음variantes libres이 있다. 조합 변이음은 위치와 관련된 변이음으로 예를 들어, 음소/p/, /t/, /k/는 r앞에서 각각 기식음aspirée /pʰ/, /tʰ/, /kʰ/로 발음하고 모음 앞에서는 비기식음 /p'/, /t'/, /k'/로 발음한다. 자유 변이음은 두 개의 서로 다른 음성 단위가 같은 환경에서 대립 관계를 이루지 않고 나타날 수 있을 때를 말한다. 전형적인 예로는 프랑스어에서 [r]와 [ʀ]을 들 수 있는데, 이 두 소리는 음운론적 관점에서 변별적이지 않다.

8. 철자 'x'는 /ks/, /gz/, /s/, /z/ 또는 묵음으로 실현되었다.

9. 보통은 소리 나지 않는(muet) 단어의 끝 자음이 일정한 환경이 주어질 때 뒤이어 오는 단어의 첫 모음과 만나 소리 나게 되는 현상을 연음liaison이라 한다. 한 단어가 자음으로 끝나고 뒤이어 오는 단어가 모음으로 시작될 때 앞 단어의 끝 자음이 연속되는 단어의 모음에 실려 발음되는 것을 연독enchaînement이라 한다. 연음의 예로는 dix ans [dizɑ̃], 연독의 예로는 il‿est [ilɛ]를 들 수 있다.

10. et 뒤에서, 단수 명사와 후행 형용사 사이에서는 연음하지 않는다.

un garçon et une fille [e(*t)yn]

repas infect [ʀəpɑ(*z)ε̃fεkt]

제4장 형태론

1. ① F ② V ③ V

2. ① OS(영어 Operating System): 영어로부터 차용emprunt된 약어sigle

   ② logiciel: 혼성어mot valise(logi~que~ + ~matériel~)

   ③ logithèque: 합성어mot composé(logi(ciel) + thèque(자료실)의 합성)

   ④ indéniablement: 파생어mot dérivé([접두사 in- + [동사 déni(er) + 접미사 -able 〉형용사 déniable]] 〉형용사 indéniable + 접미사 ment 〉부사 indéniablement)

   ⑤ préexistant: 파생어([접두사 pré- + [[동사 exister + 접미사 -ant] 〉형용사 existant]] 〉형용사 préexistant)

   ⑥ montrer patte blanche: 관용 표현expression idiomatique(동사 + 명사 + 형용사의 합성)

   ⑦ internaute: 합성어(inter + naute의 합성)

3. 프랑스어와 독일어의 예들은 성genre이 의미적 관점에서 변별적인 기능을 지니고 있음을 드러낸다. 이처럼 단어가 동일한 형태로 되어 있을 경우에 의미를 구분해주는 것은 그것의 성이다. 다른 한편으로 언어 사용자는 명사의 성을 결정하는 데 있어 아무런 영향력을 행사할 수 없다는 것을 알 수 있다. 언어에서 성은 바뀔 가능성이 없이 명사에 내재되어 있기 때문이다. 따라서 수nombre 혹은 한정성définitude과는 달리 성은 언어 사용자가 자유로이 결정할 수 없으므로 문법 범주가 아니다.

4. 부정을 나타내는 프랑스어의 문법 형태소들은 다음과 같다.

   접두사(préfixe): [ε̃] (indéterminé, impossible), [in] (inadapté, inimaginable), [i] (irresponsable, illégal), [de] (déformation, défavorable), [dez] (désinformation, désintéressé), [a] (atypique, anormal)

5. 프랑스어 동사의 접속법 현재는 직설법 현재 및 반과거를 바탕으로 형성된다. 2군 동사 finir를 예로 들어보자.

	⟨présent indicatif⟩	⟨imparfait⟩	⟨présent du subjonctif⟩
1sg.	je [fini]	[finisɛ]	que je [finis]
2sg.	tu [fini]	[finisɛ]	que tu [finis]
3sg.	il/elle [fini]	[finisɛ]	qu'il/elle [finis]
1pl.	nous [finisɔ̃]	*[finisɔ̃]*	que nous *[finisɔ̃]*
2pl.	vous [finise]	*[finisje]*	que vous *[finisje]*
3pl.	ils/elles [finis]	[finisɛ]	qu'ils/elles [finis]

접속법 현재의 1·2·3인칭 단수와 3인칭 복수는 구어 차원에서 직설법 현재의 3인칭 복수와 일치하며(진한 글씨) 접속법 현재의 1·2인칭 복수는 직설법 반과거의 1·2인칭 복수와 일치한다(이탤릭체). 구어 차원에서 접속법 현재는 3개의 형태로 구성되나 이러한 단순성은 문어文語에서는 드러나지 않는다.

6. 이형태allomorphe는 하나의 의미를 갖고 다양한 형태로 실현되는 형태소들을 말한다. 두 형태가 환경과 무관한 상태로 교차된 분포를 보이는 경우를 자유 변이형variantes libres, 두 형태가 환경과 관련이 있고 상보적 분포를 보이는 경우를 조합 변이형variantes combinatoires이라 한다. 자유 변이형의 예로는 payer 동사(je paie/paye...)를 들 수 있다. 결합 변이형으로는 je/j', le/l' 등을 들 수 있다.

7. ① commercialisation = commerc(명사 어근)-ial(형용사화 접미사)-is(동사화 접미사)-ation(명사화 접미사)

② incapables = in(접두사)-cap(명사 어근)-able(형용사화 접미사)-s(복수 접미사)

③ fortement = fort(형용사 어근)-e(여성화 접미사)-ment(부사화 접미사)

④ préhistorique = pré(접두사)-histor(명사 어근)-ique(형용사화 접미사)

⑤ anticonstitutionnellement: anti(접두사)-constitu(동사 어근)-tion(명사화 접미사)-(n)el(형용사화 접미사)-le(여성화 접미사)-ment(부사화 접미사)

8. 성, 수, 인칭, 시제 변화와 같은 문법상의 변화를 굴절flexion이라고 하며 단일한 자립(어휘) 형태소에서 출발하여 단일어mot simple를 만들어 내는 과정을 파생dérivation이라 한다. vrai가 복수 표지와 결합하여 복수 형태 vrais가 되는 것은 굴절이지만 vrai라는 단일 형태소에 부사 파생 접미사 -ment이 결합하여 vraiment이라는 부사가 생겨나는 과정은 파생이다. 굴절은 문법 범주의 변화를 일으키지 않지만, 파생은 문법 범주나 의미를 변화시킨다.

9. 두문자어란 여러 단어의 머리글자를 한데 모아 한 단어처럼 사용하는 것을 말한다. O.N.U.는 한 단어처럼 [ony]라고 읽는 음절 약어acronyme이고 T.G.V.는 [teʒeve]라고 철자 각각을 읽는 약어sigle이다.

10. 예를 들어 bavardage의 -age, enlèvement의 -ment는 '행위'를 의미하는 접미사이다.

제5장 어휘론

1. ① 어휘소lexème는 가능한 모든 형식상의 변화를 배제한 철자법상 단어의 기본 형태를 말한다. 사전 표제어로 쓰이는 형태이다. 예를 들어 형용사는 남성 단수, 동사는 원형 형태이다.

    ② 개인의 어휘vocabulaire는 화자 각자가 지니고 있는 단어들의 집합을 말한다. 따라서 화자가 각각 갖고 있는 '개인의 어휘'는 양적으로나 질적으로 같지 않다.

    ③ 어휘 총체lexique는 한 언어 공동체의 모든 화자의 어휘를 아우르는 '가상의' 전체 집합을 말한다.

2. voiture의 개념장: 유의어 – automobile, bagnole, auto, ...

    관련된 사람들 – conducteur, camionneur, garagiste, mécanicien automobile, conseiller service AV, carrossier...

    차종 – berline, 4×4, décapotable, monospace, citadine, cabriolet, coupé, Break, utilitaire, camionnette...

    부품 및 구성 – moteur, boîte de vitesses, embrayage, suspension, direction, coffre, siège, volant, rétroviseur...

    연료원 – essence, gas-oil, électricité, GPL, GNV, bioéthanol, hybride, hybride rechargeable, hydrogène

    관련 장소 – garage, parking, autoroute, salon automobile...

    관련 활동 – conduire, klaxonner, stopper, s'arrêter, rouler, stationner, braquer, démarrer, freiner, accélérer, camionner...

    위에서 제시한 voiture의 개념장은 예시이므로 기의 분야를 더 추출하여 이보다 훨씬 광범위한 개념장을 만들 수 있을 것이다.

3. ① mange-: mangeable, mangeoire, mangeaille, mangeotter, manger, mangeur, mange-tout

   ② intro-: introduction, introductif, introducteur, introductoire, introduire, introduit, introït

   ③ -oir: trottoir, séchoir, dortoir, arrosoir, parloir, fumoir, accoudoir, isoloir…

4. aube의 개념장: aurore, commencement, début, crépuscule, matin

   의미장: à l'aube, dès l'aube, aube de la vie, à l'aube du jour, être à l'aube de, navire à l'aube…

   aube라는 어휘는 위와 같은 개념장과 의미장을 갖는다. 랭보는 자신이 경험하고 느낀 인생의 시작, 즉 소년기에서 성인으로 넘어가는 과정을 이 어휘를 통해 표현하고 있다.

5. se casser는 예문 ①에서는 "자신의 ~을 부러뜨리다(~이 부러지다)"의 의미로 사용되었고 예문 ②에서는 관용적으로 사용되어 '골치를 썩다'를 의미한다. 이런 차이는 해당 동사가 다의어임을 보여준다.

6. ①의 casser un jugement은 타동사 casser와 목적보어 un jugement이 결합된 것으로 목적보어 자리에 다른 명사구가 대체될 수 있고(casser les prix), 다른 요소의 수식을 받을 수 있다는 점에서(casser un jugement original) ②의 동사 관용구와는 다르다. 관용구는 요소들 사이의 내적 결합성이 강하여 다른 요소로 대체되거나(*casser du sel) 다른 요소의 수식을 받는 것(*casser du sucre canadien)은 불가능하다.

제6장 통사론 I

1. ① V ② F ③ V

2. 이 명사구는 'un coiffeur pour dames qui est d'excellente qualité'와 'un coiffeur qui n'a comme clients que des dames de la haute société'의 두 의미 중 하나로 해석될 수 있다. 첫 번째 의미로 해석되는 경우에는 de qualité가 명사구 un coiffeur pour dames를 한정하는 부가 형용사이며 두 번째 해석의 경우에는 전치사구 pour dames de qualité가 명사구 핵어 coiffeur를 한정하는

요소이다. 이 두 해석에 대응하는 각각의 통사적 구조는 다음과 같다.

① [un [[coiffeur pour dames] [de qualité]]]

② [un [[coiffeur] [pour [dames de qualité]]]]

3. Un homme grand은 'un homme qui est décrit comme étant de grande taille' 즉 '키가 큰 사람'으로 해석되고 un grand homme은 'un homme célèbre dans l'histoire, qui possède une certaine grandeur morale, intellectuelle ou autre'로 해석된다. 형용사 grand이 전자에서는 '키가 큰'이라는 명사의 특성을 나타내지만, 후자에서는 명사와 결합해서 새로운 의미의 어휘를 형성한다. 따라서 두 명사구의 통사적 구조는 다음과 같다.

[un [[homme] grand]]

[un [grand homme]]

4. ① Philippe aide Juliette.

이 문장에서 어순을 바꾸면 Juliette aide Philippe가 만들어지고 동사를 중심으로 주어와 목적어 기능이 바뀐다.

② Vous désirez manger.

Désirez-vous manger ?와 같이 주어와 동사의 순서를 바꾸면 평서문이 의문문으로 바뀐다.

③ C'est une ancienne gare.

위치에 따라 의미가 달라지는 형용사들이 있다. ancien은 명사 앞에 놓이면 '이전의'라는 의미이고 뒤에 놓이면 '오래된'의 의미이다. 그러므로 이 문장에서 명사와 형용사의 순서를 바꾸어 "C'est une gare ancienne."가 되면, "이곳은 예전에 기차역이었다."에서 "이곳은 오래된 기차역이다."로 문장의 의미가 바뀐다.

④ Nous pourrions tous les dégager.

이 문장에서 tous는 주어 nous와 연관된 대명사이다. 그러나 tous를 문장 끝에 위치시켜 "Nous pourrions les dégager tous."가 되면, tous의 의미가 더 이상 nous와 관련이 없고 dégager의 목적보어인 les와 연관된다.

5. ① Le garçon dort.

(i) P → SN SV

(ii) SN → Dét N

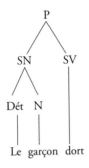

② Une dame achète un livre.

(i) P → SN SV

(ii) SN → Dét N

(iii) SV → V SN

(iv) SN → Dét N

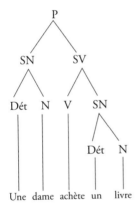

6. ① boire: SN1 _____ SN2   SN1 (sujet) = [+N], [+animé]

                                           SN2 (objet) = [+N], [+comestible], [−solide]

ex) Anne boit un jus de fruits.

*La radio boit un jus de fruits. / *Anne boit un sac en plastique.

boire의 주어로는 반드시 유정 명사 혹은 그러한 지시 대상을 가리키는 대명사가 선택되어야 하고, 목적어로는 '식용의', '액체인' 대상을 가리키는 명사가 선택되어야 한다는 제약이 있다. 단, boire가 자동사로 쓰이는 경우에는 목적어 명사구 SN2가 생략된다.

② futur: Dét _____ N

ex) Anne est une future patineuse.

*Anne est une patineuse et elle est future.

futur는 부가 형용사adjectif épithète로 명사구 내에서 명사를 수식할 수 있으나 주어의 속성을 나타내기 위한 서술적 형용사adjectif prédicatif로는 쓰일 수 없다.

7. ①

le paysage et le temps merveilleux

②

le paysage et le temps merveilleux

③

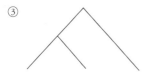

le paysage et le temps merveilleux

①은 세 구성 성분의 관계가 순서에 따라 나열된 구조로 보는 것이고 ②는 merveilleux가 temps만을 수식하는 구조로 보는 것으로 '경치와 멋진 날씨'로 해석된다. ③은 merveilleux가 paysage와 temps 둘 다 수식하는 구조로 보는 것으로 '멋진 경치와 멋진 날씨'의 의미를 지닌다.

제7장 통사론 II

1. ① V ② V ③ F

2. 각각의 문장은 동사가 지닌 결합가에 따라 두 가지 해석이 가능하다.

① Nous vivons bien le temps de l'après-midi.

(i) le temps de l'après-midi가 문장의 상황사로 기능하며 'pendant le temps de l'après-midi'로 해석된다. (동사 vivre는 1가 동사)

(ii) le temps de l'après-midi가 동사 vivons의 목적보어로 기능하며 'le temps que nous vivons bien'으로 해석된다. (동사 vivre는 2가 동사)

② Il chante le soir.

(i) le soir가 상황사로 기능하는 명사구인 경우이며 문장은 "Il chante dans la soirée"를 의미한다.

(ii) le soir가 동사(chante)의 목적보어로 "Il fait les louanges du crépuscule"를 의미한다. 예를 들어 시인이 저녁을 노래하는 상황이다.

3. ① Ils / composent le numéro.

② Les chats des rues / ont un sort injuste.

③ Le sort des chats des rues / est injuste.

④ Ceux qui travaillent dans cette société / méritent un traitement équitable.

⑤ De plus en plus d'adolescents / partent en vacances avec leurs copains.

⑥ Tout le monde / aime mieux être en vacances que travailler.

4. 주부와 술부

5. ① Cette petite fille a réussi l'examen. (6 constructions)

- Cette petite fille a réussi l'examen

- Cette petite fille

- a réussi l'examen

- petite fille

- a réussi

- l'examen

② L'excellent fromage de la Normandie est en vente dans cette épicerie. (10 constructions)

- L'excellent fromage de la Normandie est en vente dans cette épicerie.

- L'excellent fromage de la Normandie

- L'excellent fromage

- excellent fromage

- de la Normandie

- est en vente dans cette épicerie

- est en vente

- en vente

- dans cette épicerie

- cette épicerie

6. ① <u>Ces misérables</u>   n'avaient rien pour se protéger de la chaleur.

   Les enfants   hurlent

   Ils   souffrent

   ② <u>L'équipe des anglais</u>   <u>va gagner.</u>

   Elle   gagnera

   ③ <u>Les entreprises</u>   font des profits grâce à des placements osés.

   Elles   spéculent

   ④ <u>beaucoup de</u>   <u>jeunes gens</u>

   Un tas de   pommes de terre

7. ① L'oiseau pose ses pattes sur une branche.

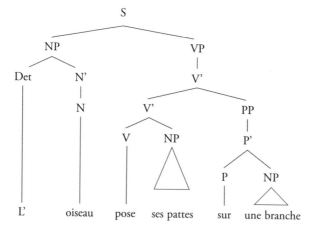

② Le grand pianiste joue bien.

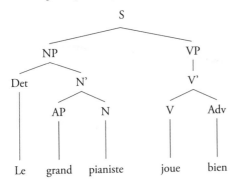

③ La fille de Sophie va à la crèche.

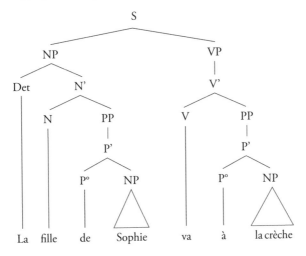

8. 서술동사의 예: Luc a pris un café.

   기능동사의 예: Luc a pris la décision de partir.

9. faire, pratiquer, effectuer, exercer, procéder à

10. 관용 표현은 의미가 불투명하므로, 다시 말해 글자 그대로의 의미를 유추하는 것이 불가능하므로 분석할 수 없다. casser sa pipe가 '죽다'의 의미인 관용 표현일 때는 다음의 변형들이 불가능하다.

   – 관계 대명사화: *sa(la) pipe que Paul a cassée

- 명사구 변형[130]: *la pipe de Paul / ≠ la casse de la pipe de Paul

제8장 의미론

1. ① 의소^{sème}: 의미의 최소 변별 단위. 기의(Sé)는 형식적으로 분해가 불가능하나 의미적으로 분해될 수 있다. 이때 분해된 의미 단위들을 의소라고 한다.

② 어의소^{sémantème}: 의소들의 집합.

③ 환유^{métonymie}: 어떤 단어가 무엇을 가리킬 때 한 단어 대신 다른 단어를 사용하는 것. 포함하는 것이 포함되는 내용을 대신하는 경우, 원인이 결과를 대신하는 경우, 물질적인 것이 정신적인 혹은 추상적인 것을 대신하는 경우, 부분이 전체를 가리키는 경우 등이 있다.

④ 동형동음어^{homographe}: 동음이의어가 철자도 발음도 같은 경우를 말한다. 예로 le port(항구)/ le port(착용)을 들 수 있다.

⑤ 미완료상^{aspect inaccompli}: 복합과거와 같이 완료된 것이 아니라 반과거처럼 지속적인 상을 말한다.

⑥ 환언^{paraphrase}: 환언 관계에 있는 문장 사이에는 '같음^{pareil}'과 '다름^{pas pareil}'이 함께 존재하기 때문에 '의미의 동일성'으로 보기보다는 공통 불변수에 따른 의미의 등가성으로 보는 것이 타당하다.

⑦ 문맥 지표^{indice contextuel}: 시상의 가치는 더 넓은 문맥에 의존적이라고 할 수 있다. 예를 들어 dormir나 pleuvoir가 현재 형태에서 'encore'와 쓰인 경우 동사의 속성에 따라서 보통 지속상을 나타낸다. 하지만 encore와 같이 화자의 발화시 놀라움을 나타내는 'Tiens' 이나 'Voilà que', 'Voici', '!' 등과 쓰인 구문에서는 반복상을 나타낸다. 이때 'Tiens' 이나 'Voilà que', 'Voici', '!' 등을 문맥 지표라고 한다.

---

130) 문장에서 동사가 기능동사일 경우 명사구로 변형시킬 때 기능동사는 생략되지만 동사가 서술동사이면 어떤 형태로든 명사구에 남는다. 이에 대해서는 '제7장 3.4.2.' 참조.

2.

	A			B	C		
	①	②	③		①	②	③
bicyclette	+	±	−	±	−	−	+
moto	+	±	−	±	+	−	−
automobile	±	±	−	±	+	−	−
autobus	−	−	+		+	−	
tramway	−	−	+	−	−	+	−
métro	−	−	+	−	−	+	−
train	−	−	+	±	±	±	−

3. ① gentil/méchant: '친절하다/심술궂다'의 의미로 정도 반의어.

② grave/aigu: '저음/고음'의 의미로 정도 반의어.

③ prêter/emprunter: '빌려주다/빌리다'의 의미로 관계 반의어.

④ pair/impair: '홀수/짝수'의 의미로 상보 반의어.

⑤ élève/professeur: '학생/교수'의 의미로 관계 반의어.

⑥ arriver/partir: '도착하다/떠나다'의 의미로 방향성 반의어.

⑦ aimer/détester: 사랑하다/미워하다의 의미로 정도 반의어.

4. ① Le chasseur a abattu <u>un canard</u>. (상위어) → un oiseau

② <u>Toutes les fleurs</u> ont fleuri. (하위어) → Toutes les roses / tulipes, etc.

③ <u>Chaque villa</u> devrait être équipée de ce système. (상위어) → Chaque habitation

④ Je n'ai pas vu de <u>renard</u>. (상위어) → d'animal

⑤ Il y a un <u>instrument</u> dans l'armoire. (하위어) → une guitare, un violon, etc.

5. route는 다의어이다. 사전적 의미로 '도로, 도로교통, 진로, 항로, 여정, 시동, 착수' 등이 있는데 이런 의미들은 route가 가진 본래적 의미인 '길'에서 출발하여 '인생의 여정', '사업의 착수', '자동차의 시동' 등으로 확장되어 사용된다. 서로 다른 어원에서 온 것이 아니므로 동음이의어가 아닌 다의어로 보아야 한다.

6. ①, ②.

7. 이 두 문장은 의미의 동일성으로 인한 환언 관계가 아니라 의미의 등가성으로

의한 환언 관계에 있다.

8. 제시된 7개의 단어들은 모두 인간[+humain]이라는 원原의미소archisémème를 갖는다. 그러나 다른 암시connotation를 가진 것들도 있으므로 모든 문맥에서 바꿔 쓸 수 없기 때문에 환언 관계에 있다고 볼 수 없다. 사전적 정의로 해당 단어들의 의소 분석을 해보면 다음과 같다.

	sème 1	sème 2	sème 3	sème 4	sème 5	sème 6	sème 7
type	+	+	+				
individu	+		+				
personnage	+						
éphèbe	+	+	+	+	+		
goudelureau	+	+	+				
zazou	+		+	+		+	
zozo	+	+	+	+		+	+

(sème 1: [humain] / sème 2: [sexe masculin] / sème 3: [nuance dépréciatif] / sème 4: [jeune] / sème 5: [nuance d'ironie] / sème 6: [naïf] / sème 7: [vulgaire])

9. 기준점: 현재présent, 반과거imparfait / 빗금은 시상aspect을 나타낸다.

non accompli 미완료

/

accompli완료

10. ① pendant

② en

진행상을 지닌 marcher 동사는 완료의 의미를 지니는 en une heure(한 시간 만에)와 사용할 수 없다. 또 franchir는 경계의 의미를 지니기 때문에 pendant une heure (1시간 동안)와는 양립이 불가능하다.

제9장 화용론

1. 의미 작용signification, 의미sens, 화자locuteur

2. ② ④ ⑤

3. 양의 격률maxime de quantité, 질의 격률maxime de qualité, 관계의 격률maxime de relation, 양태의 격률maxime de manière

4. 'aujourd'hui', 'il y a trois jours', 'cet automne'...

5. 함축적 의미를 더 잘 전달하기 위해서이며 이를 '대화상의 함축implicature conversationnelle'이라고 한다.

6. 발화 행위acte locutoire

7. 관계의 격률('적합한 말을 하라')을 가장 핵심적인 대화의 원리로 보고 '적합성pertinence'이라는 개념으로 의사소통을 설명하고자 했다.

8. ①의 답변은 질문에 대한 동문서답으로 보이지만 ②의 답변보다 상대방의 인지 환경을 변화시킬 수 있는 정보량이 더 많기 때문에 관여성이 더 높은 발화이다.

9. ① 이 문장은 글자 그대로 소금을 전해 줄 수 있는가를 묻고 있지만 화자는 이미 소금을 전해 줄 수 있다는 것을 알고 있기 때문에 불필요한 정보를 요구하는 것이므로 양의 격률을 위반했다.

   ② 위 문장은 "전쟁은 전쟁이다."를 의미하며 아무런 새로운 정보가 없기 때문에 양의 격률을 위반했다고 볼 수 있다. 하지만 전쟁에는 항상 비참, 잔인, 참혹함 등이 수반되므로 이 문장은 어쩔 수 없다는 체념을 함축한다.

   ③ 이 문장은 "거짓이라고 믿는 것을 말하지 말라." 그리고 "충분한 근거가 있지 않은 것을 말하지 말라."는 질의 격률을 위반한 것이다. 이와 같은 은유는 질의 격률을 위반하는 전형적인 경우이다.

   ④ 이 문장의 글자 그대로의 의미는 "조금 전에 우편배달부가 지나갔다."이기 때문에 "적합한 말을 하라."는 관계의 격률을 위반한 것이다. 하지만, 현재의 정확한 시간은 알 수 없으나 그것을 추측할 수 있다는 화용론적 정보를 제공한다.

10. ① 직시사déictiques는 'je(나)', 'ici(여기)', 'maintenant(지금)'과 같이 맥락이나 상황을 고려해야만 해석될 수 있는 요소를 말한다. 직시사는 언어langue를 담화discours 차원으로 변환시키는 역할을 하기 때문에 연동사embrayeur라고도

불린다. 모든 화자가 발화하는 순간 'je'가 되기 때문에 직시사를 변화사shifter
라고도 한다.

② 협력의 원칙principe de coopération은 그라이스가 제안한 원칙으로 상호 간에
대화를 이해하는 대원리라고 할 수 있다. 그는 이 원칙 아래 4가지 대화의 격
률, 즉 양의 격률, 질의 격률, 관계의 격률, 양태의 격률을 제시했다.

③ 오스틴은 모든 문장을 진술문énoncés constatifs과 수행문énoncés performatifs
으로 나누어 설명했다. 진술문은 "Le soleil brille."와 같이 참과 거짓 중 하나
의 진리치를 가질 수 있는 문장인 반면 수행문은 진리치를 말할 수 없고 행
위를 묘사하는 것이 아니라 "La séance est ouverte.", "Je te baptise au nom du
Père, du Fils et du Saint-Esprit." 같이 행위를 수행하는 문장을 말한다.

제10장 신경언어학

1. ① F ② V ③ V
2. 뇌를 직접 관찰하여 구조를 연구함으로써 언어 처리의 메커니즘을 규명하고
   자 하는 분야이다. 주로 언어 활동과 관련된 뇌 기능에 관한 연구를 한다.
3. 브로카 실어증은 대뇌 피질의 브로카 영역에 손상을 입으면 발생한다. 브로카
   실어증 환자는 언어를 듣고 이해하는 능력은 양호하나 인접한 근육 운동 중추
   의 손상 때문에 조음 기관의 작동에 장애가 생겨 말을 유창하게 하지 못하고
   더듬는 증상을 보인다. 반면, 베르니케 실어증은 측두엽 후방부의 베르니케 영
   역의 손상으로 발생한다. 베르니케 실어증 환자는 청각 능력에는 문제가 없으
   나 말을 듣고 의미를 이해하고 반응하는 데 장애를 보인다. 유창하고 정상적인
   억양으로 말을 하지만 무의미한 단어들을 나열하며 자신이 틀리게 말한다는
   것을 알아채지 못한다. 다시 말해서 브로카 영역의 손상은 정상적으로 조음
   기관을 작동하여 말을 생성하지 못하게 하고, 베르니케 영역의 손상은 소리를
   의미와 제대로 연결시키지 못해 말은 유창하나 내용을 이해할 수 없는 무의미
   한 말을 하게 한다.
4. 전두엽, 측두엽, 후두엽, 두정엽
5. 대뇌 우반구는 인체의 좌측 기관의 감각과 운동을 담당하며 언어와 직접적으
   로 관련되지는 않으나 언어에 수반되는 감정이나 정서를 인지하는 기능을 담

당한다.

6. 뇌파 기록(EEG), 단층 촬영술(PET), 자기 공명 영상(MRI), 기능적 자기 공명 영상(fMRI).

7. 행동주의 이론은 아동의 언어 습득을 자극-반응-강화의 메커니즘에 따른 과정, 즉 부모나 다른 어른들의 말을 반복적으로 청취하고 모방하면서 경험적으로 이루어지는 과정으로 보았다. 이와 같이 개인의 경험과 습관을 중요시하는 행동주의와 달리, 변형생성문법으로 대표되는 생득주의 이론에서는 언어 습득이 인간의 선천적 언어 능력을 통해 이루어지는 과정이라고 본다. 인간이라면 누구나 언어를 습득할 수 있는 생득적 능력을 가지고 태어나며 적절한 환경 속에서 일정한 시기가 되면 특별한 노력 없이도 모국어를 습득할 수 있다는 점이 생득주의 이론을 뒷받침해 준다.

8. 어린이가 스스로 문제를 해결하는 능력인 실제적 발달 수준actual development level과 보다 지적으로 우수한 동료와의 협력이나 성인의 지도를 통해 문제를 해결하는 능력인 잠재적 발달 수준potential development level 간의 차이.

제11장 사회언어학

1. 언어를 하나의 사회 현상으로 보고, 언어를 사회와의 관계 속에서 분석하고 기술하려는 학문이다.

2. 미시 사회언어학은 담화 상황에 따른 언어의 미세한 내적 구조나 언어 변이 등을 연구한다. 거시 사회언어학은 언어의 분포나 광범위한 사회적 기능과 관련된 문제를 다루는 분야로서 언어의 문제가 인간의 삶에 얼마나 중요한지, 언어 정책과 언어 교육이 언어 변화와 어떤 관계가 있는지 등을 연구한다.

3. 민족지학 또는 의사소통의 민족지학.

4. 한 언어 공동체의 구성원들은 서로 이해가 가능한 같은 언어를 사용하지만 다양한 사회적 환경 속에서 살아가는 사람들의 언어 사용이 동일할 수는 없다. 이때 각자가 사용하는 언어를 언어 변이 혹은 방언dialecte이라 한다. 주로 출신 지역, 연령, 성별, 사회 계층, 언어 사용 맥락의 다섯 가지 사항이 변이의 요인으로 작용한다고 본다.

5. 젊은 프랑스어 화자들은 어말음 탈락apocope이나 어두음 탈락aphérèse을 하는

단축법troncation을 자주 사용한다. 그 예로 prof(← professeur), zic(← music)을 들 수 있다. 또 다른 예로는 reum(← mère), féca(← café) 같은 음절 뒤집기verlan가 있다.

6. (1) (d)

   (2) (c)

   (3) (b)

   (4) (a)

7. 통역이나 번역이 어려운 주된 이유 중 하나는 통역과 번역 대상인 두 언어 간의 문화 차이가 존재하기 때문이다. 두 언어에서 외연적 의미와 내포적 의미가 다르기 때문에 통역이나 번역을 일대일로 해서는 안 된다.

8. 다른 언어를 사용하는 사람들은 세계를 보고 인식하는 방식이 다르다는 것이 사피어-워프 가설hypothèse de Sapir-Whorf(HSW)이다. 즉 "언어가 사고를 결정한다(La langue détermine la pensée)."는 주장으로 '눈'에 관한 어휘는 이를 잘 설명해 주는 예이다. 영어에는 눈snow이라는 한 가지 표현 밖에 없지만 에스키모어에는 '내리는 눈(falling snow), 바람에 휩쓸려온 눈(wind-driven snow), 녹기 시작한 눈(slushy snow), 땅 위에 있는 눈(snow on the ground), 단단하게 뭉쳐진 눈(hard-packed snow)' 등 다양한 어휘가 있다. 이것으로 에스키모인들이 눈을 인식하는 방식이 다른 언어를 사용하는 사람들보다 훨씬 다양할 것이라 짐작할 수 있다.

9. 촘스키의 언어학이 인지주의적 관점에서 선천적 언어 능력을 중심으로 하는 언어 습득 장치에 관심을 두는 반면, 사회언어학은 행동주의적 관점에서 언어를 후천적 학습의 결과로 파악한다.

10. ELCO는 이민자들을 위한 언어와 문화 교육 프로그램으로 이민자들을 적극적으로 수용하는 정책이었으나 2016년 프랑스 교육부가 이 프로그램을 폐지함으로써 프랑스에서 이주민을 배제한다는 비난을 받았다. 2017년 프랑스 정부는 "프랑스어는 사회 통합을 위한 언어가 되어야 하며, 이것은 프랑스인들뿐만 아니라 프랑스에 정착하고자 하는 외국인들과 이민자들을 위한 것이기도 하다."라고 밝히며 '모두를 위한 프랑스어Le français pour tous' 정책으로 상호 문화주의 흐름을 받아들이는 움직임을 보이고 있다.

강범모, 2010, 『언어: 풀어쓴 언어학 개론』, 한국문화사.

강현석 외, 2014, 『사회언어학: 언어와 사회, 그리고 문화』, 글로벌콘텐츠.

강형식, 2012, 『프랑스 언어학』, 글누리.

김경석, 2012, 「Reichenbach(라이헨바흐) 시제 체제에 대한 재해석」, 『프랑스어문교육』 제41집, 113~133쪽.

김기혁 외4, 2010. 『언어 이야기』, 도서출판 경진.

김경랑·최내경, 2011, 『프랑스어 발음연습』, 학일출판사.

김미형·서은아, 2019, 『한국어 교원을 위한 사회언어학』, 한국문화사.

김방한, 2015, 『언어학의 이해』, 민음사.

김미정, 2007, 「이차술어의 다의성, 대상부류, 그리고 전자사전 기술」, 『프랑스어문교육』 제24집, 231~255쪽.

김성도, 2017, 『언어인간학』, 21세기북스.

김형엽·이현구·김현진, 2002, 『언어, 그 신비로운 세계』, 경진문화사.

나이다 유진, 송태효 옮김, 2002, 『언어 간 의사소통의 사회언어학』, 고려대학교 출판부.

노윤채, 1999, 「기능동사와 서술명사에 대하여」, 『동계학술대회논문집』, 한국불어불문학회.

딘 버넷, 임수미 옮김, 2018, 『뇌 이야기』, 미래의창.

뮤리엘 사빌 트로이케, 황한성 외3 옮김, 2009, 『언어와 사회-의사소통의 민속지학 입문』, 한국문화사.

박동열, 2005, 「시제교육과 정신역학이론의 시제 체계」, 『프랑스어문교육』 제20집, 37~59쪽.

박정섭, 2010, 「프랑스어 분열구문, 'C'est X qu-...'의 정보구조와 한국어 번역」, 『프랑스어문교육』, 제35집, 185~210쪽.

서유헌, 1997,『바보도 되고 천재도 되는 뇌의 세계』, 중앙교육연구원.

서정목, 1998,『문법의 모형과 핵 계층 이론』, 태학사.

송기형, 2015,『현대 프랑스의 언어정책』, 한국문화사.

송도규, 1997,『인지언어학과 자연언어 자동처리』, 홍릉과학출판사.

송완용, 1996,『언어학 기초이론』, 신아사.

스콧 부르제, 허진 옮김, 2011,『프랑스어학의 이해』, 신아사.

조르주 무냉, 오원교 옮김, 1978,『언어학 안내』, 신아사.

엄정호 외5, 2020,『언어와 문화』, 한국문화사.

오토 예스페르센, 이환묵 옮김, 1996,『문법철학』, 한신문화사.

윤애선, 1992,「자연언어 처리를 위한 어휘 의미 표현」,『불어불문학연구』, 27권, 317~330쪽.

이선경, 2001,「양상 modalité에 관하여」,『한국프랑스학논집』, 21권, 273~294쪽.

이성범, 2019,『소통의 화용론』, 한국문화사.

이성헌, 2001,「서술명사 기술을 위한 대상부류 개념의 활용 – 불어 사건명사의 예」,『프랑스 어문교육』, 제12집, 129~149쪽.

이정 외, 1992,『불어학 개론』, 과학사.

이정민·배영남·김용석, 2000,『언어학사전』, 박영사.

장승일, 2004,「시간 논항과 다중 지정어: 한국어의 시제와 상」,『프랑스어문교육』, 제18집, 265~293쪽.

_____, 2016,『참은 참이라고 말한 것이다: 텍스트의 정합성을 위하여』, 한국문화사.

장영준, 2014,『언어학 101』, 한국문화사.

전지혜, 2018,「상호문화주의와 프랑스의 언어정책: 현실과 원칙의 갈등」,『프랑스학연구』 제83권, 63~89쪽.

전경수, 1999,『문화의 이해』, 일지사.

정계섭, 2012,「선형논리의 통사론」,『한국수학사학회지』, 제25권, 29~39쪽.

_____, 2019,『말로 배운 지식은 왜 산지식이 못 되는가』, 어문학사.

정계섭·김이정·전재연·최내경, 2013,『프랑스어학개론』, 어문학사.

조홍식, 2008,「민족국가와 언어의 정치: 프랑스와 프랑스어의 관계에 대한 역사적

고찰」, 『국제지역연구』, 17권 3호, 105~130쪽.

조아생 뒤벨레, 손주경 옮김, 2019, 『프랑스어의 옹호와 현양』, 아카넷.

질 시우피, 단 반 람돈크, 이선경·황원미 옮김, 1999, 『언어학 이해를 위한 주제 100선』, 동문선.

천호재, 2013, 『언어의 이해』, 어문학사.

크리스틴 케닐리, 전소영 옮김, 2009, 『언어의 진화: 최초의 언어를 찾아서』, 알마.

홍재성·김현권, 2013, 『프랑스어학의 이해』, 한국방송통신대학교 출판부.

Saville-Troike, M., 왕한석 외3 옮김, 2009, 『언어와 사회-의사소통의 민속지학 입문』, 한국문화사.

Austin, J., 1962, *How to do things with words*, New York: Oxford University.

Apothéloz, D., 2007, "La préfixation en RE-, l'antonymie directionnelle et les phénomènes de polarité sémantique", *French Language Studies*, n°17, pp.143~158.

Bar-Hillel, Y., Gaifman, C., Shamir, E., 1963, "On categorial and phrase-structure grammars", *Bulletin of the research council of Israel*, n°9.

Bar-Hillel, Y., 1964, *Language and information*, London: Addison-Wesley.

Benichou, M., 2006, *Le multiculturalisme*, Paris: Bréal.

Berlin, B. & Kay, P., 1969, *Basic color terms, their universality and evolution*, Berkeley and Los Angeles: University of California Press.

Boons, J.-P. & Guillet, A. et Leclère, C., 1976, *La structure des phrases simples en français: constructions intransitives*, Genève: Droz.

Bruxelles, S., Grangette, C., Guinamard, I., Van Der Veen, L., 2004, *Linguistique Française 1, langue orale, langue écrite – Documents et exercices*, Lyon: Université Lyon 2.

Buzan, T. & Buzan, B., 1996, *The Mind Map Book: How to Use Radiant Thinking to Maximize Your Brain's Untapped Potential*. New York: Plume.

Cervoni, J., 1987, *L'énonciation, Paris*: PUF.

Chomsky, N., 1956, "Three models for the description of language", *IRE Transactions on Information Theory* vol. IT-2, n°3, pp.113~124.

_____, 1957, *Syntactic Structures*, Mouton de Gruyter.

_____, 1965, *Aspects of the Theory of Syntax*, Cambridge, MA: MIT Press.

_____, 1981, *Lectures on Government and Binding*, Dordrecht: Foris.

_____, 1995, *The Minimalist Program*, Cambridge, MA: MIT Press.

Danlos, L., 1980, Représentation d'informations linguistiques: *constructions N être Prép X*, Thèse de 3e cycle, Paris: Université Paris VII.

Deniau, X., 1998, *La francophonie*, Paris: PUF.

Eluerd, R., 1993, *Pour aborder la linguistique*, Paris: Editions ESF.

Espéret, E., 1987, "Aspects sociaux de la psychologie du langage", Rondal J.-A. et Thibaut, J.-P., (éd.), *Problèmes de psycholinguistique*, Bruxelles: Mardaga, pp. 327~389.

Fuchs, C., 1982, *La paraphrase*, Paris: PUF.

_____, 1986, "De quelques approches linguistiques du phénomènes de la paraphrase", *Le français moderne*, 48-2.

Fuchs, C. & Le Goffic, P., 1975, *Initiation aux problèmes des linguistiques contemporaines*, Paris: Hachette.

Gardes-Tamine, J., 1998, La grammaire. *Lexicologie. Méthode et exercices corrigés*, Paris: Armand Colin.

Georgakopoulos, T. & Polis, S., 2018, "The semantic map model: state of the art and future avenues for linguistic research", *Language and Linguistic Compass* 12: e12270.

Germain, C. & Leblanc, R., 1982, *Introduction à la linguistique générale, vol.1: La phonétique*, Les Presses Universitaires de Montréal.

_____, 1982, *Introduction à la linguistique générale, vol.2: La phonologie*, Les Presses Universitaires de Montréal.

_____, 1982, *Introduction à la linguistique générale, vol.3: La morphologie*, Les Presses Universitaires de Montréal.

_____, 1982, *Introduction à la linguistique générale, vol.4: La syntaxe*, Les Presses Universitaires de Montréal.

_____, 1982, *Introduction à la linguistique générale, vol.5: La sémantique*, Les presses de l'Université de Montréal.

_____, 1982, *Introduction à la linguistique générale, vol.6: La sémiologie de la communication*, Les Presses Universitaires de Montréal.

Giry-Schneider, J., 1987, *Les prédicats nominaux en français. Les phrases simples à verbe support*, Genève: Droz.

_____, 1988, "L'interprétation événementielle des phrases en il y a", *Lingvisticae investigationes*, XII:1, pp.85~100.

Gougenheim, G., 1958, *Dictionnaire fondamental de la langue française*, Paris: Didier.

_____, 1977, *Dictionnaire fondamental de la langue française*, Paris: Didier.

Grice, H. P., 1975, "Logic and conversation" in P. Cole & J. L. Morgan (éds.), *Syntax and Semantics*, vol.3, pp.41~58.

_____, 1979, "Logique et conversation", *Communication* n°30, pp.57~72.

_____, 1989, *Studies in the way of word*, Cambridge, MA: Havard University Press.

Gross, G., 1989, *Les constructions converses du français*, Genève/Paris: Droz.

Gross, G. & Vivès, R., 1986, "Les constructions nominales et l'élaboration d'un lexique-grammaire", *Langue française*, n°69, pp.5~27.

Gross, M., 1975, *Méthode en syntaxe*, Paris: Hermann.

_____, 1981, "Les bases empiriques de la notion de prédicat sémantique", *Langages*, n°63, pp.7~52.

_____, 1983, "Syntaxe et localisation de l'information", *Information et Communication*, Séminaires interdisciplinaires du Collège de France réalisés avec la collaboration de l'Institut collégial européen et de l'I.S.M.E.A., pp.85~109.

_____, 1990, "La caractérisation des adverbes dans un lexique-grammaire", *Langue Francaise*, n°86, pp.90~102.

Guelpa, P., 1997, *Introduction à l'analyse linguistique – Rappels du cours et exercices corrigés*, Paris: Armand Colin.

Guillaume, G., 1929(1965), *Temps et aspect*, Paris: Champion.

_____, 1985, *Leçons de linguistique, 1945~1946* (série C): Grammaire particulière du français et grammaire générale (I), publiées sous la direction de R. Valin, W. Hirtle et A. Joly, Québec et Lille: Presses de l'Université Laval et Presses universitaires de Lille.

Guillet, A. et Leclère, C., 1992, *La structure des phrases simples en français 2: Les constructions transitives locatives*, Genève: Droz.

Guiraud, P., 1966, "Le système du relatif en français populaire", *Langages*, n°3, pp.40-48.

Hagère, C., 1996, *Le français, histoire d'un combat*, Paris: Éditions Michel Hagère.

Harris, Z., 1968, *Mathematical structures of language*, New York: Interscience Publishers.

Harris, Z., 1976, *Notes du cours de syntaxe*, Paris: Seuil.

Hymes, D.-H., 1972, "On Communicative Competence" In J.B. Pride and J. Holmes (eds.), *Sociolinguistics, Selected Readings*, pp.269~285.

Imbs, P., 1960, *L'empoi des temps verbaux en français moderne*, Paris: Klincksieck.

Jespersen, O., 1971, *La philosophie de la grammaire*, tr. par Anne-Marie Lonard, Paris: Minuit.

Kenneally, C., 2007, *The first word: The research for the origins of language*, New York: Viking Books.

Labelle, J., 1974, *Etudes de constructions avec l'opérateur AVOIR (nominalisations et extensions)*, Thèse de 3e cycle, LADL, Paris: Université Paris VII.

Labov, W., 1966, *The social stratification of English in New York City*, Cambridge: Cambridge University Press.

Lambek J., 1958, "The mathematics of Sentence structure", *American Mathematical Monthly* 65, pp.154~165.

Lees, R.-B., 1960/1968, *The Grammar of English Nominalization*, Bloomington: Indiana University, The Hague: Mouton.

Lyons J., 1978, *Eléments de sémantique*, Paris: Larousse.

Martin, R., 1971, *Temps et aspect, essai sur l'emploi des temps narratifs en moyen français*, Paris: Klincksieck.

Martinet, A., 1961, *Eléments de linguistique générale*, Paris: Colin.

Meunier, A., 1981, *Nominalisations d'adjectifs par verbes supports*. Thèse de 3ᵉ cycle, LADL, Paris: Université Paris 7.

Ministère de la Culture et de la Communication, 2019, *Chiffres clé: statistiques de la culture et de la communication*.

Mœschler, J., 1994, *Langage et pertinence*, Nancy: Presses universitaires de Nancy.

Mœschler, J. & Auchlin, A., 2009, *Introduction à la linguistique contemporaine*, Paris: Armand Colin (Cursus), 3ᵉ édition.

Monneret, P., 1999, *Exercices de linguistique*, Paris: Presses universitaires de France.

Mounin, G., 1971, *Clefs pour la linguistique*, Paris: Seghers.

_____, 1997, *La sémantique*, Paris: Payot.

Morris, C., 1971, *Writings on the General Theory of Signs*. La Haye: Mouton.

Parret, H., 1988, "Vers une théorie énonciative de la paraphrase", *Modèles linguistiques* vol.19.

Piaget, J., 1980, *The language and thought of the child*, London: Routeledge and Kegan Paul.

Polguère, A., 2000, 2001, 2002, *Notions de base en lexicologie* (version préliminaire septembre 2002, pour LNG 1080), Observatoire de Linguistique Sens-Texte(OLST), Département de Linguisitique et traduction, Université de Montréal.

Pottier, B., 1985, *Linguistique générale* ; théorie et description, Paris: Klincksieck.

Prieto, L., 1968, "Sémiologie" dans *Le langage*, André Martinet (ed.), Encyclopédie de La Pléiade, Paris: Gallimard.

Pullum, G., 1991, *The Great Eskimo Vocabulary Hoax and Other Irreverent Essays on the Study of Language*, Chicago: University of Chicago Press.

Queneau, R., 1981, *Exercices de style*, Paris: Gallimard.

Reboul, A. & Mœschler, J., 1998, *La pragmatique aujourd'hui. Une nouvelle science de la communication*, Paris: Editions du Seuil.

Reboul, A. & Mœschler, J., 1998. *Pragmatique du discours. De l'interprétation de l'énoncé à l'interprétation du discours*, Paris: Armand Colin.

Reichenbach, H., 1947, *Elements of symbolic Logic*, New York: Dover.

Robert, J.-P., 2008, *Dictionnaire pratique de didactique du FLE*, Paris: Ophrys.

Saint-Robert, M.-J., 2000, *La politique de la langue française*, Paris: PUF, coll. Que sais-je?, n°3572.

Sapir, E., 1921, *Language, An Introduction to the Study of Speech*, New York: Harcourt Brice.

Saussure, F., 1916, *Cours de linguistique générale*, 1979, Paris: Payot.

Schott-Bourget, V., 1994, *Approches de la linguistique*, Paris: Nathan.

Siouffi, G. & Van Raemdonck, D., 1999, *100 fiches pour comprendre la linguistique*, Paris: Bréal.

Sousa, D.A., 2006, *How the Brain Learns* (3rd ed.), Thousand Oaks, CA: Corwin Press.

Sperber, D. & Wilson, D., 1986, *Relevance, Communication and Cognition*, Oxford: Basil Blackwell.

_____, 1989, *La pertinence: communication et cognition* (trad. de l'angl. par A. Gerschenfield et D.Sperber), Paris: Minuit.

Tait, W., 1981, "Finitism", *Journal of philosophy* 78, pp.524~546.

Tesnière, L., 1965, *Eléments de syntaxe structurale*, Paris: Klincksieck.

Vendryes, J., 1968, *Le langage, introduction linguistique à l'histoire*, Paris: Albin Michel.

Vet, C., 1980, *Temps, aspects et adverbes de temps en français contemporain*, Genève: Droz.

Vivès, R., 1983, *Avoir, prendre, perdre: constructions à verbe support et extensions aspectuelles*, Thèse de 3e cycle, LADL, Paris: Université Paris 7.

_____, 1984, "Perdre, extension aspectuelle du verbe support avoir", *Revue québécoise de lingustique* vol.13, n°2, pp.13~57.

_____, 1984, "L'aspect dans les constructions nominales prédicatives: avoir, prendre, verbe support et extensions aspectuelles", *Lingvisticae investigationes* VIII:1, pp.161-185.

_____, 1993, "La prédication nominale et l'analyse par verbe support",

Information grammaticale n°59, pp.8~15.

William, L., 1966, *The Social Stratification of English in New York City*, Washington DC: Center for Applied Linguistics.

Yaguello, M., 1993, *La planète des langues*, Paris: Editions du Seuil.

http://academie-francaise.fr

https://www.aphasia.org/aphasia-resources/brocas-aphasia/

https://www.assimil.com/blog/apprentissage-d-une-langue-comment-le-cerveau-fonctionne-t-il

https://www.authentikcanada.com/fr-fr/faq/la-parlure-quebecoise

http://brain.brainworld.com/front/page/BrainKeek/TemporalLobe.aspx?menu=6&category=Keek

http://www.britannica.co.kr/

http://www.code.ucl.ac.be/mh/PSP1125-Partie4bis.pdf (SP1125 – Sciences du langage, chapitre 9 – la sociolinguistique)

https://100.daum.net/encyclopedia/view/47XXXXXXb550 (『다음 백과』)

https://www.eila.univ-paris-diderot.fr

http://www.encyclopedie-incomplete.com/?Les-600-Mots-Francais-Les-Plus#nb1

http://www.etudes-litteraires.com/lexicographie.php#ixzz21iGKkWwK

https://www.francophonie.org/sites/default/files/2019-09

https://fr.babbel.com/fr/magazine/benefices-apprentissage-langues-cerveau

https://fr.wikipedia.org/wiki/Fran%C3%A7ais_fondamental#cite_note-1 ≪L'échelle Dubois-Buyse≫ de François Ters, Georges Mayer et Daniel Reichenbach, éditions OCDL Paris.

http://fr.wikipedia.org/wiki/Lexique-grammaire

http://fr.wikipedia.org/wiki/Sociolinguistique (imprimé le 3 août, 2012)

http://www.hellopal.com/que-se-passe-t-il-dans-notre-cerveau-lorsquon-apprend-une-langue/

https://www.pourquoidocteur.fr/Articles/Question-d-actu/28295-Parler-langue-

etran gere-modifie-fonctionnement-cerveau
https://terms.naver.com/ (『네이버 백과』)
https://www.youtube.com/watch?v=2gDfS7kfEDo
https://www.youtube.com/watch?v=WLrfoXWeEYg

A

système secondaire 부차적 체계 217

프랑스 언어학의 이해

1판 1쇄 펴낸날 2020년 8월 31일

————

지은이 김이정·전재연·최내경

————

펴낸이 이민호
펴낸곳 봄싹
출판등록 제2017-23호
주소 10442 경기도 고양시 일산동구 일산로 142, 427호(백석동, 유니테크빌벤처타운)
전화 02-6264-9669 **팩스** 0505-300-8061
전자우편 book-so@naver.com
디자인 신미연
제작 두리터

————

ISBN 979-11-971514-0-8 03700

————